湖湘匠心·科教铸魂

——新时代湖南高校创新创业工匠培养机制探索

张晓燕　周湘杰　李胤潜◎编著

中国铁道出版社有限公司
CHINA RAILWAY PUBLISHING HOUSE CO., LTD.

内 容 简 介

本书根据《湖南省推进以创新为支撑的高校师生创业就业三年行动方案（2023—2025 年）》要求编写，分为十章，包括新时代科教融合的战略意义与实施路径、“湖湘工匠”创新创业培育的理念与实践、湖南高校创新创业教育现状分析、国际视野下的创新创业工匠培养经验借鉴、新时代湖南高校创新创业工匠培养机制构建、师资队伍建设与激励机制研究、校企合作与产教融合模式创新、创新创业教育与专业教育的深度融合、创新创业文化氛围的营造与提升、新时代湖南高校创新创业工匠培养的未来展望等内容。

本书紧紧围绕创新驱动发展战略，探索和建立高效的高校创新创业工匠培养机制、丰富的创新案例和实用的创业策略，以为高职院校创新创业教学和有志青年创业提供参考。

图书在版编目（CIP）数据

湖湘匠心·科教铸魂 ：新时代湖南高校创新创业工匠培养机制探索 / 张晓燕，周湘杰，李胤潜编著. 北京 ：中国铁道出版社有限公司，2024. 11. -- ISBN 978-7-113-31728-7

Ⅰ. G640

中国国家版本馆 CIP 数据核字第 2024UX7436 号

书　　名：湖湘匠心·科教铸魂——新时代湖南高校创新创业工匠培养机制探索
作　　者：张晓燕　周湘杰　李胤潜

策　　划：祁　云　刘梦珂　　**编辑部电话：**（010）63549458
责任编辑：祁　云　李学敏
封面设计：刘　颖
责任校对：苗　丹
责任印制：赵星辰

出版发行：中国铁道出版社有限公司（100054，北京市西城区右安门西街 8 号）
网　　址：https://www.tdpress.com/51eds
印　　刷：北京铭成印刷有限公司
版　　次：2024 年 11 月第 1 版　2024 年 11 月第 1 次印刷
开　　本：787 mm×1 024 mm　1/16　**印张：**12　**字数：**291 千
书　　号：ISBN 978-7-113-31728-7
定　　价：55.00 元

前言

在新时代的背景下，科教融合与创新创业教育已经成为推动社会发展和经济建设的重要力量。科技创新已成为国家综合国力竞争的核心，培养具有创新精神和实践能力的高素质工匠人才成为当务之急。湖南省作为我国重要的人才、科教大省，如何在新时代背景下紧紧围绕创新驱动发展战略，探索和建立高效的高校创新创业工匠培养机制，无疑具有重要的现实意义和深远的历史价值。

本书正是基于这样的背景和责任感撰写，旨在为湖南乃至全国的高校创新创业教育提供借鉴和指导。本书全面系统地分析了新时代科教融合的战略意义与实施路径，深入探讨了湖湘工匠创新创业培育的理念与实践，对湖南高校创新创业教育现状进行了客观分析，并且在国际视野下总结了创新创业工匠培养的经验与教训。

本书共十章，每一章都针对创新创业工匠培养的不同层面进行了深入细致的探讨和研究。从新时代科教融合的战略意义出发，到湖湘工匠的培育理念，再到高校创新创业教育现状的深度剖析，书中不仅总结了国内外的成功经验，还对存在的问题和挑战进行了透彻的分析。

本书的一大特色在于，它结合了湖南省的具体情况，提出了符合湖南特色的创新创业工匠培养机制。在师资队伍建设、校企合作、产教融合模式创新、创新创业文化氛围营造等方面，都提出了针对性的建议和对策。特别是在新时代湖南高校创新创业工匠培养机制构建方面，本书试图打破传统教育模式的束缚，探索更加灵活、有效的培养途径。

我们深知，探索和建立高效的高校创新创业工匠培养机制是一个复杂而艰巨的任务，需要各方面的智慧和努力。正是基于这个原因，本书在每一章的结尾都提出了对未来研究的展望，希望能够激发学术界、教育界以及社会各界的更多思考和探索。

本书由张晓燕、周湘杰、李胤潜编著。编者清醒地认识到自己的水平和视野还有限，书中的分析和观点难免有疏漏和不足之处，请广大读者批评指正。我们期待本书能够为新时代下湖南乃至全国高校创新创业工匠的培养提供一些有益的参考和启示，为我国的科教融合与创新创业教育贡献一份力量。

编　者

2024 年 7 月

目　录

第一章 新时代科教融合的战略意义与实施路径

第一节 新时代背景下的科教融合内涵解析

一、科教融合的历史沿革与现状

科教融合作为一个历史演进的过程，其发展轨迹既是对教育理念和科学技术进步相互作用的反映，也是社会经济和产业升级需求对人才培养模式不断推动的结果。追溯其历史沿革，可以将科教融合的发展分为几个重要阶段，每一阶段都有其显著的特点和深刻的影响。

（一）科教融合的历史沿革

早期的教育模式更多侧重于传统的知识传授和学术研究，而科学研究则主要在研究院所和专业科研机构中进行。这种分离的状态在很大程度上限制了科学研究与教育之间的互动，也影响了科技成果转化的效率和速度。

进入20世纪中叶以后，随着经济社会的快速发展和科技革命的推进，人们开始意识到科学研究与教育之间存在的脱节问题，并开始寻求两者更紧密的结合。一方面，政府和学术机构推动创新教学方法的探索，以科研项目为载体，将科研成果融入教学之中，让学生在参与科研的过程中学习知识和技能；另一方面，也鼓励科研人员参与到教育领域，将最新的科研成果和前沿的科技动态直接带进课堂。

随着信息技术的迅速发展和互联网的普及，科教融合进入了一个新的阶段。信息技术的广泛应用不仅改变了教育的方式和手段，使得远程教育和在线教育成为可能，也极大地促进了科研工作的效率和科研成果的传播速度。学生能够通过互联网迅速获取最新的科研信息和学术资源，科研人员也可以利用在线平台和社交媒体进行科研成果的推广和交流。这种基于信息技术的科教融合模式，不仅拓宽了教育资源的获取渠道，也为科研成果的传播和应用提供了更加便捷的途径。

（二）科教融合的现状

在21世纪的今天，科教融合正面临着更加广阔的发展空间和更多样化的实践形态。一方面，随着全球化的深入发展和知识经济时代的到来，高等教育机构和科研机构越来越重视跨国界、多学科、产学研一体化的合作模式，这种模式有助于集聚全球的智力资源，推动科学技术和教育事业的共同进步。另一方面，随着创新型经济的兴起和产业结构的调整，对于创新人才的需求日益增长，这就要求科教融合不仅要在知识和技能的传授上下功夫，更要注重培养学生的创新能力和实践能力，为社会培养更多既懂科技又会创新的高素质人才。

科教融合的历史发展轨迹显示，从早期的相对分离到后来的紧密结合，再到今天的深度融合和广泛合作，科教融合经历了从量变到质变的过程。这一过程不仅见证了科学研究与教育模式的不断革新和完善，也反映了社会发展和时代进步的需求。

科教融合在当前的教育与科技发展中扮演着至关重要的角色，它不仅是促进科学研究与教育教学深度融合的重要途径，也是推动社会进步和国家发展的关键力量。随着科技的迅猛发展和社会需求的不断变化，科教融合面临着新的实践机遇与挑战。

科教融合的实践主要体现在多个方面。一方面，教育领域越来越重视科研项目与教学内容的结合，鼓励学生参与科研活动，通过实践学习提高理论知识的应用能力。许多高校建立了科研实验室，为学生和教师提供从事科学研究的平台和设施，促进了教育和科研的有机结合。此外，一些高校与企业合作，通过实习、实训等方式，将教育培养与市场需求相结合，提升学生的职业技能与创新能力。

与此同时，科教融合也将教育拓展到了终身学习系统，鼓励社会各界人士参与到科学研究与学习中来，激发了公众对科学的兴趣和认知，推广了科学精神和科研方法的普及。通过在线教育平台大幅度拓宽了教育资源的获取，使得更广泛的人群能够接触到高质量的教育资源，实现了知识的均衡分配。

不过，科教融合在实践中也面临着诸多挑战。首先，资源分配不均是一个主要问题。在一些地区，由于资金、设备或师资力量的限制，科研与教学相结合的程度较低，难以满足学生的学习需求和科研兴趣。其次，教育体制与机制也面临着创新的挑战，否则将阻碍科教融合进一步深化。

此外，对教师而言，科研与教学的双重压力也是不容忽视的挑战。教师在承担教学任务的同时，还需投入大量时间和精力进行科学研究，这对于教师的时间管理和精力分配提出了较高要求。更进一步的挑战在于，随着科技的飞速发展，教育内容需要不断更新以适应新的科技进步，这就要求教师必须持续学习，不断提高自身的专业素养，这对于教师的专业发展提出了更高的要求。

面对这些挑战，需要从多方面着手推动科教融合的深入发展。一方面，政府和相关部门应加大对教育和科研的投入，优化资源分配，保证教学与科研所需的基础设施和资金支持。另一方面，教育体制和机制的改革也十分关键，应建立更为灵活多样的教育评价体系，鼓励和支持教师及学生的实践和创新。对教师而言，提高专业素养、学会高效的时间管理和资源整合同样重要。通过培训、研讨等方式，不断提升教师的科研和教学能力，以应对科教融合过程中的挑战。

在促进科教融合的过程中，关键在于形成全社会共同参与的良好氛围，培养和发现更多结合科研与教学的创新人才。通过构建开放共享的教育资源平台，促进教育资源的均衡分配，确保每个人都有机会接受优质的教育，实现个人潜能的发挥。此外，强化科技创新与教育培养的互动，形成正向循环的发展模式，对加速构建创新型国家具有重要意义。

二、新时代对科教融合的新要求

在新时代背景下，科教融合显得尤为重要，而创新能力的核心地位无疑是当前和未来发展的关键所在。随着社会进步和科技飞速发展，创新已成为推动经济发展和社会进步的第一动力。这一变化要求我们必须重视创新能力的培养，特别是在高等教育领域，应将提升创新能力作为教育改革和发展的核心任务。

（一）创新能力

创新能力指的是在既有知识基础上，通过新颖的思维方式解决问题的能力。这包括发现问题、分析问题和解决问题的能力，以及在此过程中运用创造性思维和方法的能力。在新时代背景下，对创新能力的要求不仅仅停留在个体层面，更体现为集体和国家层面的战略需求。

面对新时代的挑战和机遇，创新能力的培养显得尤为迫切。为此，我们必须深化教育体制改革，推动科教融合，通过完善教育体系、创新教育模式、优化课程设置等措施，系统性地培养学生的创新思维和实践能力。这既包括提升学生的基础研究能力，也包括加强应用研究和技术开发能力的培养。重视跨学科学习的重要性，鼓励学生跳出传统学科框架，进行跨学科的知识探索和技能学习，从而促进创新视野的拓展和创新思维的形成。

随着全球化进程的加深，国际交流合作成为创新能力提升的重要渠道。高等教育机构应积极开展国际合作交流，为学生提供海外学习、实习和研究的机会，通过国际视野的拓展，进一步提升学生的创新能力和竞争力。同时，高等教育也应密切关注产业界的动态，强化校企合作，将产业界的实际需求和前沿技术引入课堂和实践教学中，促进学生创新意识和能力的提升。

除了体制和模式创新外，创新能力的提升还需要一种支持性的环境，包括营造一种鼓励创新、宽容失败的文化氛围，为学生提供充分的实践机会，鼓励学生通过实践来探索和实现创新。此外，对于创新成果的认可和激励也是不可忽视的因素，通过建立科学的评价和激励机制，激发学生的创新热情和潜能。

创新能力的培养是一个长期、系统的过程，这不仅要求教育者不断探索和实践新的教育理念和方法，更要求社会各界共同参与和支持。通过高等教育与社会的深度融合，构建全社会支持创新的生态系统，为创新人才的成长营造良好的环境。在新时代背景下，创新能力的培养将是提升国家竞争力、实现高质量发展的关键，我们必须全面深化教育改革，加快科教融合步伐，为培养具有国际视野和创新能力的高素质人才打下坚实的基础。

（二）创业教育

创业教育在新时代科教融合中扮演着不可或缺的角色。随着经济全球化和科技的快速发展，社会对于具有创新精神和创业能力的高素质人才的需求日益增长。为此，高等教育体系中创业教育的广泛融入成为一种必然趋势，这不仅有助于提升学生的创新意识和创业实践能力，也是推动经济社会发展的重要动力。

创业教育的内涵正随着新时代的要求而不断扩展和深化。传统上，创业教育主要关注于为有志于创业的学生提供必要的知识和技能训练。然而，在当今社会，创业教育已经不再局限于传授创业技巧，更加注重于培养学生的创新思维、解决问题能力，以及承担社会责任的意识。它强调的是一种综合能力的培养，旨在让学生具备在复杂多变的社会环境中勇于尝试、不断探索的精神。

为了适应新时代对科教融合的新要求，高校创业教育的实施路径也在进行相应的调整。

一方面，高校在课程设置上开始更多地融入创新创业的相关内容，不仅在商学院，理工科、人文社科等领域的学生也有机会接触到创业教育。这种跨学科的创业教育模式有助于激发学生的创新潜力，使他们能够在各自的专业领域中发展出新的思路和方法。

另一方面，实践性的创业活动越来越成为创业教育的重要组成部分。通过学校孵化器、项目比赛等平台，学生们有机会将自己的创意转化为实际的产品或服务，这种从理论到实践的过程不仅加深了学生对于创业知识的理解，更重要的是培养了他们的项目管理能力、团队合作能力和应对挑战的韧性。这种“做中学”的教学模式，更加符合当前创业教育的发展趋势。

同时，高校也开始注重创业教育与地方经济社会发展的结合，通过校企合作、产学研结合等方式，将教育内容与实际需求紧密连接。这不仅拓宽了学生的视野，使他们能够更好地理解和把握市场需求，也为地方经济的创新发展提供了新鲜血液和动力。

此外，面对新时代科技发展的新特点，创业教育还积极引入先进的技术和方法，比如大数据、云计算、人工智能等，这些技术的引入使得创业教育的内容更加丰富，教学手段更加多样化，极大地提升了教学的效果和吸引力。

创业教育的广泛融入为高校培养创新创业人才提供了新的路径和方法。这种教育模式不仅有助于提升学生的个人能力，更有助于培养他们服务社会、贡献社会的责任感和使命感。在新时代的大背景下，创业教育的广泛融入无疑为高校培养具有国际视野和创新精神的高素质人才提供了坚实的基础，也为推动社会经济的持续健康发展注入了强大的活力。

（三）科教融合

新时代对科教融合的新要求强调了高素质人才的培养在竞争与发展的核心地位。在这一背景下，对高素质人才培养的要求也随之发生深刻变化，这不仅涉及知识技能的掌握，更重要的是综合素质与创新能力的培育。高素质人才在知识面、思维方式和实践能力上都需要达到新的高度，以适应日益复杂的社会与经济环境。

在知识面的要求上，高素质人才需要具备跨学科的知识结构，不再局限于单一领域的专业知识。这是因为现代社会的问题越来越表现为复杂性和交叉性，解决这些问题需要多领域知识的综合运用。因此，高素质人才的培养不再是简单的知识传授，而是通过深入浅出的方式引导学生理解知识的内在联系，培养他们跨学科的思考与应用能力。

在思维方式上，高素质人才需要具备创新思维和批判性思维。创新思维是指能够在现有知识基础上提出新的观点、方法或解决方案的能力，这对于推动社会进步和技术革新至关重要。批判性思维指的是对信息和论据进行分析、评价和质疑的能力，这能够帮助人才在复杂多变的信息环境中做出理性和独立的判断。这些思维方式的培养需要通过实践探究、案例研讨等教学方法来实现。

在实践能力上，高素质人才需要具有较强的动手能力和团队协作能力。这是因为无论是科学研究还是社会服务，都需要通过团队合作来完成复杂的项目任务。同时，实践能力也包括了能够将理论知识应用到实际操作中去的能力，这对于培养学生的创新意识和解决实际问题的能力至关重要。高素质人才实践能力的培养，需要通过实验、实训、实习等多种形式，让学生在真实或模拟的工作环境中学习和锻炼，从而提高其应对复杂问题的实际操作能力。

此外，高素质人才的培养还需注重道德素质和社会责任感的培育。在快速发展的社会中，人才不仅要有卓越的个人能力，更要有良好的职业道德和强烈的社会责任感。这要求教育者在培养学生专业技能的同时，更要加强对其人文精神和社会责任的教育，引导学生树立正确的价值观，成为既有能力又有担当的时代新人。

在新时代背景下，科教融合提出的高素质人才培养要求，凸显了教育改革的方向和目标。这不仅要求教育机构改革教学内容和方法，更要求教育者和学生共同努力，适应社会发展的新要求，培养出更多具有国际视野、创新能力和实践能力的高素质人才。这样的人才在未来的社会发展中将发挥无可替代的作用，推动社会进步和国家繁荣。

产教融合作为新时代科教融合的一个重要方面，面对新的历史条件和发展要求，其深度和广度都正在经历前所未有的拓展。这一过程不仅仅是学校教育和产业实践之间简单的物理接合，而是一种深层次、系统性的整合，旨在通过教育体系和产业体系的紧密结合，培养更加适应未来社会和经济发展的高素质人才。

在当前时代背景下，产教融合要求高等教育机构与企业、行业紧密合作，共同参与人才培养过程。这种合作关系的建立，既要求高等院校调整课程设置，更加注重实践技能的教学，将企业的最新需求、最新技术和工作过程引入课堂；又要求企业积极参与到专业建设、课程开发、师资队伍建设和实习实训基地建设中来，为学生提供实际工作环境中的学习机会。

深化产教融合的实施路径，在于形成“校企合作+工学结合+项目驱动”的教育模式。校企合作，重点在于构建稳定、长期的合作关系，通过共同设立实验室、研发中心等方式，促进资源共享和技术联合开发。工学结合，强调理论与实践的有机结合，通过定制化的实训项目、学徒制培养等方式，使学生在实际工作中学习和成长。项目驱动，则是通过企业真实的项目任务，激发学生的学习兴趣和创新意识，促进学生主动探索和解决问题的能力培养。

进一步来说，产教融合还涉及教育内容、教育方法和评价体系的创新。教育内容需要紧密跟随产业技术的发展和企业岗位的变化，及时更新；教育方法则更加强调互动性和实践性，鼓励采用案例分析、团队合作、项目实践等形式；评价体系则需要从知识掌握转向能力培养，更多地考量学生的实际操作能力和创新解决问题的能力。

在产教融合的深度拓展过程中，也面临着一系列挑战和问题。如何建立和完善校企合作的长效机制，如何保障教育质量与企业需求的匹配，如何激发学生的学习热情和创新潜能，这些都是需要仔细思考和解决的问题。同时，政策支持、资金投入、师资队伍建设等外部条件的改善也是推动产教融合深度拓展的重要因素。

通过不断优化产教融合的策略和机制，可以有效搭建学校教育与社会需求之间的桥梁，促进学生能力的全面发展，为社会培养出更多高素质的技术技能型人才。进一步深化产教融合，不仅能提升教育质量和效率，更能推动高等教育的创新发展，为社会经济发展注入强大的动力和活力。

三、科教融合与高校创新发展的关系

在新时代背景下，科教融合已经成为高校创新发展的重要动力，特别是在促进人才培养模式创新方面显示出了其特有的价值和作用。通过科学研究与教育教学的深度结合，打破科研与教学之间的壁垒，实现资源共享、优势互补，从而推动教育质量和科研水平的双重提升。这一模式对于高校而言，不仅有助于构建更加开放和灵活的教育体系，而且能够激发学生的创新能力和实践能力，为社会培养出更多高质量的创新型人才。

科教融合促进高校创新发展主要体现在以下几个方面：

首先是课程体系的创新。在科教融合模式下，高校能够根据科研前沿动态及时调整和优化课程设置，将最新的科研成果和科技趋势融入教学内容中。这种课程设置不仅涵盖了基础理论知识，更注重提升学生的实践操作能力和创新思维能力。通过与科研项目的紧密结合，学生能够在学习过程中直接参与到科学研究中，从而获得更为真实和深入的学习体验。

其次是教学方法的创新。传统的教学方法多以教师为中心，强调知识的传授而忽视学生的主动性。而在科教融合模式下，教学方法更加注重以学生为中心，采用项目驱动、问题导向等新型教学方法，鼓励学生主动探索和解决问题。这种教学方式不仅能够培养学生的批判性思维和解决问题的能力，也有助于提高学生的创新精神和团队协作能力。

再者是评价机制的创新。在科教融合的背景下，高校开始尝试采用更为全面和多元的评价标准，不仅关注学生的知识掌握程度，更加重视学生的创新能力、实践能力和综合素质的培养。通过引入科研成果、实践项目等多种评价维度，能够激励学生积极参与科研活动和社会实践，从而进一步提升教育质量和人才培养效果。

最后是师资队伍建设的创新。要实现科教融合，教师队伍的建设尤为关键。高校需要吸引并培养一批既精通学科理论又具有丰富科研经验的复合型教师，这些教师能够充分利用自身的科研项目和成果，指导学生进行创新实践活动，形成良好的科教互动氛围。同时，高校还应鼓励教师不断提升自己的科研能力和教学水平，通过参与国内外学术交流、科研合作等方式，拓宽视野，促进个人与机构的共同成长。

科教融合对高校创新发展具有深远的影响，特别是在促进人才培养模式创新方面发挥着不可或缺的作用。通过深化科教融合，不仅可以优化教育资源配置，提升教学质量和科研水平，还能培养出更多适应社会发展需求的高素质创新人才，为国家的持续发展和社会进步提供强大的支撑。

科教融合在提升高校创新能力和促进科技成果转化中扮演着重要角色。在新时代背景下，科教融合不仅仅是一个趋势，而是一种必然选择，这对于高校来说意味着创新发展的新机遇。科教融合加速科技成果的转化与应用推广过程，体现在多个层面。

科教融合能够提供丰富的科研资源和教学资源，为高校营造一个充满创新的环境。在这样的环境中，学生和教师能够亲身参与到科研项目中，这不仅促进了学生的学习和成长，也提高了教师的科研能力。当学生和教师能够参与到实际的科研项目中时，他们所获得的经验和知识能够直接贡献于科技成果的产生。

此外，科教融合还有助于缩短科学研究与实际应用之间的距离。通过促进科研活动与教学活动的互动，可以加快科技成果从实验室到市场的转化过程。具体而言，学生在参与科研项目的同时，可以借此机会学习如何将科研成果商业化，如何进行市场调研，以及如何处理知识产权等问题。这些实践经验对于加快科技成果的转化至关重要。

科教融合还强调跨学科的合作，这对于科技成果转化尤其重要。在当今社会，很多重大的科技突破和创新都是跨学科合作的结果。通过打破传统学科壁垒，促进不同专业领域之间的交流与合作，可以产生更多有助于解决实际问题的科技成果。而且，跨学科合作能够为科技成果的应用提供更为广泛的视角和思路，这对推广科技成果到不同的应用领域至关重要。

同时，通过科教融合，高校能够与企业展开更为深入的合作。企业界对科技成果的需求是推动科技发展的重要动力。通过建立紧密的联系，高校不仅可以获得企业的资金支持，还可以得到企业在科技成果转化过程中的实践经验和市场信息。这样的合作有助于学校更好地了解市场需求，同时也使企业能够直接参与到科技成果的研发和应用推广中，加速科技成果的转化。

科技成果的转化不是一个孤立的环节，而是一个系统性的过程，涉及知识的产生、验证、应用和推广等多个阶段。科教融合通过整合科研和教育资源，为这一系统性过程提供了支持。这其中，高校起到了桥梁和纽带的作用，将科技成果转化的各个环节紧密联系起来，确保科技成果能够更快地从理论进入实践，从而为社会发展做出贡献。

通过上述分析可以看出，科教融合对于加速科技成果转化与应用推广具有极其重要的作用。在新时代的背景下，高校应当抓住科教融合的机遇，进一步优化科研和教育的融合机制，为创新型人才的培养和科技成果的转化提供有力的支持。这不仅能够促进高校的创新发展，更能为整个社会的发展注入新的动力。

第二节　科教融合的战略意义探讨

一、提升国家创新体系效能

强化创新驱动发展战略是提升国家创新体系效能的重要途径。这一战略的核心在于推动科学技术进步和创新，以此作为支撑经济社会发展的主要动力。在全球化的大背景下，科技创新已成为衡量一个国家综合国力和国际竞争力的关键指标之一。因此，充分发挥科教融合的作用，是实现创新驱动发展战略的必由之路。

创新驱动发展战略的实施，要求国家不仅要注重科技创新本身，还需构建一个全面、协调、高效的国家创新体系。这个体系应包含科技创新、教育培养、产业发展三个方面，彼此之间形成有机的联系和良性的互动，共同推动国家创新能力的提升。科教融合在这一过程中发挥着至关重要的角色，它通过优化资源配置、提高教育质量、促进科研成果转化等方面，为创新驱动发展提供了坚实的人才和技术支持。

（一）科教融合的战略意义

在提升国家创新体系效能的过程中，科教融合的战略意义主要体现在以下几个方面：

首先，它通过教育改革和创新，为创新人才的培养打下了坚实的基础。教育是人才成长的摇篮，而创新人才是推动科技进步和经济社会发展的关键力量。通过改革教育体系，实施素质教育，强化创新意识和实践能力的培养，可以为创新驱动发展培养出更多高素质的人才资源。

其次，科教融合通过加强科研与教学的结合，推动了科研成果的快速转化和应用。将科研成果转化为实际生产力，是创新驱动发展的关键一环。在这一过程中，高校和研究机构发挥着桥梁和纽带的作用。通过建立起校企合作、产学研相结合的机制，既能促进科研成果的转化，也为学生提供了更多实践和创新的机会，从而形成良性循环，推动创新体系的持续优化。

再者，科教融合为科技创新创造了良好的社会环境和文化氛围。创新不仅需要物质基础，还需要良好的社会环境和文化支持。通过加强科普教育、普及创新知识、培养创新精神，可以形成全社会尊重科学、崇尚创新的良好风尚，为创新驱动发展提供强大的社会支持和文化动力。

在实施创新驱动发展战略的过程中，还需关注创新资源的均衡分配和有效利用。国家应通过优化创新资源配置、加大对创新重点领域和关键技术的投入，确保创新资源能够高效利用，进而提高国家创新体系的整体效能。同时，应加强国际合作，引进国外先进的科技和管理经验，促进创新体系的开放发展，提升国家在全球创新网络中的地位和影响力。

通过上述措施的实施，强化创新驱动发展战略不仅能提升国家创新体系的效能，还能促进经济结构的优化升级，推动经济社会的全面发展。这为湖南高校在新时代下探索创新创业工匠培养机制提供了理论指导和实践框架，有助于培育出更多具有创新精神和实践能力的高素质人才，为地方乃至国家的经济社会发展做出更大贡献。

（二）科技成果的转化

科技成果的转化是创新链条中的一个重要环节，直接关联到科技进步能否有效转化为经济增长的动力，进而影响国家竞争力的提升。

科技成果转化的效率高低，首先体现在科研人员对于成果转化意识的强度。这要求构建一种鼓励创新、容错纠错的文化环境，使科研人员能够在保证科研自由的基础上，积极思考和探索科技成果转化的可能路径。因此，在高等教育和科研机构中，培养具有创新精神和实践能力的科研人员是提高转化效率的重要基础。

除了人才培养以外，构建和完善科技成果转化的政策和法律环境是另一个不可或缺的因素。政府和相关部门通过出台优惠政策、提供资金支持、简化行政审批等措施，为科技成果转化扫除制度上的障碍。同时，建立健全知识产权保护机制，确保科研人员和机构在成果转化过程中的合法权益，激励科研人员积极参与成果转化。

科技成果转化的路径也非常关键。传统的科技成果往往依赖于学术界和研发机构内部的转化机制，但现代科技成果转化更注重产学研结合的协同创新模式。这种模式下，高等教育机构、科研机构、企业等多方共同参与科技成果的研发和转化过程，通过密切的合作关系加速成果转化的速度，拓宽转化的渠道。

此外，加强科技成果转化的国际合作也是提高转化效率的有效途径。在全球化的今天，科技创新已经超越国界，国际合作能够为科技成果提供更广阔的转化平台和市场。通过加入国际研究网络、与国外高水平研发机构和企业合作，可以引进先进的科技和管理经验，提高成果转化的质量和速度。

科技成果转化效率的提升，还依赖于科技创新和成果转化机制本身的持续优化升级。这包括利用现代信息技术提高研发效率，开发适合不同成果特点的转化模式等。同时，鼓励多元化的科技成果转化路径，比如除了传统的技术许可和技术转让之外，还可以探索科技成果孵化、科技成果上市等新型转化模式。

在促进科技成果转化效率的过程中，应对现有机制和模式进行深入分析，不断探索和优化更加高效、更具活力的成果转化策略。这不仅需要政策和制度的支持，更需要全社会对于科技创新重要性的深刻理解和广泛参与。在这一过程中，高等教育机构和科研机构扮演着至关重要的角色，它们不仅是知识和技术创新的源头，更是科技成果转化的关键力量。通过深化教育改革、加强产学研用合作、建立有效的激励机制，可以极大地提高科技成果转化的效率，进而为提升国家创新体系效能作出重要贡献。

（三）创新人才的培养

提高创新人才培养质量，对于提升国家创新体系的效能具有至关重要的意义。在全球化和信息化的时代背景下，国家竞争的核心在于创新能力，而创新能力的核心又在于创新人才的培养。创新人才培养质量的提高，不仅影响着科学技术和经济的发展速度，还关乎国家在国际竞争中的地位和影响力。

在创新人才培养过程中，一方面需要强化基础学科教育，为创新人才打下坚实的学术基础。这包括对数学、物理、化学等基础学科的学习，因为这些学科是理解自然界和人类社会复杂现象的基石，也是推动科技创新的核心力量。在教育过程中，注重理论与实践相结合，鼓励学生参与到实验、科研项目中来，既培养其严谨的科学态度，又提升其解决实际问题的能力。

另一方面，要注重跨学科交叉融合的人才培养模式。现代科学技术的发展往往发生在不同学科领域的交汇处，因此，培养学生的跨学科知识体系和创新思维模式对提高创新人才培养质量极为关键。这要求教育工作者和高等教育机构突破传统学科壁垒，构建开放灵活的课程体系，鼓励和支持学生探索跨学科的学习路径，培养能够在科学技术前沿领域进行原创性研究的复合型人才。

培养具有创新精神和创新能力的人才，要求创新教育观念和教育方法。教育者应当鼓励学生保持好奇心和探索精神，积极引导其独立思考和批判性思维的培养。在教学方法上，应用案例教学、项目驱动教学、翻转课堂等现代教学方法，让学生在主动探索和实际操作中学习和成长。这不仅有助于学生掌握知识，更重要的是能够促进学生创新思维和问题解决能力的发展。

同时，加大对创新人才的投入和支持力度也是提高创新人才培养质量的关键。这包括但不限于提供充足的科研经费、建设先进的实验室和研究设施、构建开放的科研合作平台、搭建实习和就业的桥梁等。通过这些措施，不仅能够吸引和留住优秀的创新人才，还能为他们提供广阔的成长空间和发展舞台，激发其创新潜力和创造活力。

此外，国际化视野的培养对于提高创新人才培养质量同样不可或缺。在全球一体化日益加深的今天，科技创新越来越多地依赖于国际合作。因此，高等教育机构应当加强与世界一流大学和科研机构的交流与合作，为学生提供海外学习、交流和科研的机会，帮助他们构建国际化的知识结构和视野，培育具有全球竞争力的创新人才。

综上所述，提高创新人才培养质量是多方面的系统工程，需要从加强基础教育、推动学科交叉融合、创新教育理念和方法、加大人才投入和支持力度、培育国际化视野等多个维度同时发力。通过全面深化教育改革，不断优化创新人才培养机制，才能为提升国家创新体系效能提供有力的人才支持和智力保障。

二、促进区域经济社会发展

（一）科教融合对于促进产业升级与结构优化具有重要作用

科教融合对于促进产业升级与结构优化具有重要作用。通过密切学术界与产业界的合作，可以有效地将最新的科研成果转化为生产力，进而推进产业结构的优化和升级。这一过程中，高等教育机构发挥着不可或缺的作用，它们不仅是知识创新和技术开发的重要基地，也是培养未来工匠和创新人才的摇篮。

要实现产业升级，首要任务是推动高新技术的研发与应用。高等学校、研究机构与企业之间建立紧密的合作模式，可以加速科技成果的转化过程，为企业提供创新的技术解决方案，帮助它们提高生产效率、降低成本，并最终在市场上取得竞争优势。在这一过程中，企业不仅仅可以利用现有的科研成果，同时也能够提出新的研究课题，驱动科研机构进行更为前瞻性的基础研究和应用研究，形成良性的互动与推进机制。

产业结构的优化则更多地体现在产业链的升级和产业布局的调整上。科教融合可以促进传统产业通过技术创新实现转型升级，比如通过数字化、智能化的方式，提高产品与服务的附加值。此外，新兴产业的发展为区域经济注入了新的活力，高等教育机构与科研机构在这一过程中扮演着研发引擎的角色，为新兴产业提供源源不断的技术创新和人才支持。通过优化产业结构，不仅可以增强区域经济的核心竞争力，也更能符合可持续发展的需求，促进社会经济的全面进步。

（二）科教融合能够有效促进就业和社会稳定

在促进产业升级与结构优化的同时，科教融合还能够有效地促进就业和社会稳定。通过与企业的合作，高等教育机构可以根据市场需求调整教育教学内容和方向，使教育更加贴合产业发展的需求，提高学生的就业率和就业质量。教育与产业的紧密结合，不仅能够为学生提供更多的实践机会，深化其对专业知识的理解和应用能力，也能够为企业输送更加专业、技能更强的人才，形成人才培养和产业发展的良性循环。

产业升级与结构优化的实现，离不开地方政府的政策支持和引导。地方政府应当出台相应的政策措施，比如提供税收优惠、资金支持、土地使用权等，鼓励高等教育机构与企业之间建立更为紧密的合作关系，促进科研成果在本地区的应用与转化，同时也应当注重保护知识产权，为科研创新提供良好的法律环境。此外，地方政府还可以通过建立产业园区、科技孵化器等平台，为创新创业提供物理空间与资源，搭建起高校、科研机构与企业交流合作的桥梁。

通过科教融合促进产业升级与结构优化是一个复杂而漫长的过程，需要各方面的共同努力和持续的投入。但只有当科教融合真正实现，产业升级与结构优化才能为区域经济社会发展带来持久而深远的影响，为构建创新型国家和提升国家竞争力奠定坚实的基础。

（三）科技创新和人才培养协同发展

增强科技创新和人才培养的协同性，是实现新时代教育与科技融合的核心内容之一，对促进区域经济社会发展具有深远的意义。在这一过程中，高校作为重要的科教资源汇聚地，其在推动科技创新与人才培养协同性方面扮演着不可替代的角色。通过系统性地分析增强科技创新和人才培养协同性的路径与策略，可以明确该主题的主要观点、概念和信息。

科技创新是驱动经济社会发展的核心动力，而人才培养则是科技创新的根基。在新时代的背景下，区域经济社会发展更加需要科技创新与人才培养两者之间建立起更为紧密的联系和相互促进的机制。一方面，科技创新为人才培养提供了实践平台和实践机会，使得人才培养能够更加贴合社会和产业发展的需要；另一方面，高质量的人才培养又能为科技创新提供源源不断的智力支持和创新动力，从而形成良性循环。

在推动科技创新与人才培养协同性方面，高校需要从以下几个方面着手。首先是构建产学研用紧密结合的创新生态，通过设立产业研究院、创新实验室等平台，加强与地方政府、企业、科研机构的合作，使高校的研究成果能够更快速地转化为实际生产力。高校还需注重将创新创业教育纳入人才培养体系，通过课程设置、项目实践、创业指导等方式，培养学生的创新意识和创业能力，使之成为科技创新的积极参与者和推动者。

此外，高校应当充分发挥其在基础研究和前沿探索方面的优势，加强对学科交叉领域的研究，推动新技术、新工艺、新材料的开发，为区域经济社会发展提供创新的解决方案。与此同时，高校还需要加强与社会需求的对接，通过定制化的教育培训项目、科技服务平台等形式，将科研成果转化为社会可直接应用的技术和产品，促进区域经济的转型升级。

在增强科技创新与人才培养协同性的过程中，还需注重激发学生的创新精神和批判性思维能力。高校可以通过建立多元化、开放式的学习环境，鼓励学生参与科研项目和创新实践，通过科研竞赛、创新工作坊等形式激励学生挖掘自身潜力，培养解决复杂问题的能力。

最后，提升区域经济社会发展的动力，还需要高校与地方政府密切协作，共同规划和布局区域内的科技创新和人才培养战略。通过设立专项基金、优化政策环境、建立高效的信息交流平台等措施，为科技创新和人才培养提供强有力的支持和保障。

总体而言，增强科技创新与人才培养协同性是新时代高校发挥自身优势、服务区域经济社会发展的重要路径。通过各方面的深入合作与协同努力，不仅能使科技创新与人才培养形成良性循环，推动区域经济社会高质量发展，也能为构建创新型国家打下坚实的基础。

科教融合推动地方经济的竞争力和可持续性提升，体现在数个方面。这涉及通过创新驱动策略、资源优化配置、人才培养和技术创新等方面的系统性工作，旨在构建一个更加稳固、有活力的地方经济体。

在创新驱动方面，科教融合能够促进地方产业结构的优化升级。通过高校与产业界的紧密合作，可以有效地促进科技成果的转化和创新产品的开发，从而推动传统产业的技术改造和产业升级。这不仅能提高产品和服务的附加值，还能增强企业的竞争力和市场适应力，为地方经济的增长注入新的活力。

资源优化配置是科教融合的又一显著优势。通过合理的资源配置，可以实现科教资源和经济发展需求的高效对接。这意味着，地方政府和企业能够依托高校的技术优势，优化资源分配，降低生产成本，提高生产效率。同时，这种高效的资源配置还有助于吸引更多的投资和人才，进一步促进地方经济的发展和增强地方经济的吸引力。

在人才培养方面，科教融合为地方经济提供了源源不断的创新人才和技术骨干。通过产学研结合的模式，学生能够在实践中学习和应用新知识、新技术，为毕业后直接投身于地方经济发展奠定了坚实的基础。同时，这种模式还有助于企业获得与自身发展紧密相关的定制化人才，从而有效补充企业的人才库，并提升企业的创新能力和核心竞争力。

技术创新是科教融合最直接的成果之一。通过建立科研成果转换机制，地方经济能够快速吸纳和应用新的科技成果，促进新技术、新产品的开发。这种以创新为核心的发展模式，不仅有利于提高地方企业的市场竞争力，还能够促进地方经济结构的优化和产业链的延伸，为地方经济的可持续发展奠定坚实的基础。

综上所述，科教融合具有提高地方经济的竞争力和可持续性的重要作用。通过促进产业升级、优化资源配置、培养创新人才和推动技术创新，可以有效帮助地方经济应对全球化带来的挑战，实现健康、持续、稳定的增长。这一过程不仅要求高校、企业和政府三方的紧密合作，还需要一个利于创新和创业的社会环境和政策支持，以发挥科教融合的最大潜能，推动地方经济发展进入一个新的高质量增长阶段。

在新时代背景下，科教融合不仅是提升国家竞争力的关键策略，也是促进区域经济社会发展、强化社会服务和公共福祉改善的有效途径。科教融合通过整合科学教育资源与力量，优化知识的创造、传播、应用过程，从而实现科学与技术的快速发展与转化，让科技成果服务于社会，推动社会公共福祉的全面提升。

科教融合对于提升公共服务的能力体现在多个方面。通过加强科研机构与学校的合作，共同研发针对性强、应用广泛的技术和产品，可以有效解决社会中存在的各类问题，如医疗健康、环境保护、公共安全等领域的挑战。这不仅能够提高公共服务的效率和质量，还能够促进科技创新成果的社会化应用，提升民众生活质量。

此外，科教融合通过培养高素质的科技人才，为社会发展提供了强有力的人力资源支持。通过构建实践与理论相结合的教学体系，引导学生关注社会需求，参与到科技创新和社会服务中，培养学生的问题意识、创新能力和社会责任感，为社会培养出既懂技术又懂管理、既有理论基础又有实践经验的复合型人才。这些人才能够在未来的工作中更好地服务社会，推动社会公共服务的多元化和高质量发展。

科教融合还促进了科技创新成果的社会化进程。通过鼓励学校、科研机构与企业、政府部门等社会各方面的合作，共同开展科技研究、成果转化及应用，加快科技成果向生产力转化的速度，使得科技创新更好地服务于社会经济发展，提升公共服务的质量与效率。这样的合作模式还有助于构建开放共享的创新生态系统，促进资源的高效配置和利用，推动区域经济社会的发展和公共福祉的提升。

科教融合为社会服务和公共福祉的改善提供了新思路，通过促进科技创新与教育深度融合，打破传统的知识传递与技术应用壁垒，形成一种全社会共同参与的创新机制。这种机制不仅能够加快科技成果的转化，提高公共服务的效率和质量，还能够培养出一批具有创新能力和社会责任感的高素质人才，为实现社会可持续发展奠定坚实的基础。

科教融合推动的是一种科学的发展方式，这种方式以人为本，注重科学与教育两者之间的协同发展，通过科技创新提高社会服务水平，通过教育改革培养创新人才，从而促进社会经济的全面发展和公共福祉的持续提升。在新时代背景下，这种发展方式对于构建和谐社会、实现中国梦具有重要的战略意义。

三、培养高素质创新人才

（一）跨学科学习与思维模式创新

跨学科学习与思维模式创新是培养高素质创新人才的核心策略之一。这一策略强调在多个学科间建立知识与技能的交叉与融合，借助不同学科的视角和方法解决问题，从而促进思维模式的创新。在新时代背景下，科技快速发展，社会与经济面临的问题日益复杂多变，传统的单一学科教育难以满足解决这些问题的需要。因此，跨学科学习成为培养能够适应未来挑战的创新人才的重要路径。

在跨学科学习的过程中，学生能够接触到不同学科的理论知识与实践方法，通过将这些不同的知识与方法相结合，能够对问题进行更全面的分析与理解。例如：将计算机科学与生物学融合，可以推动生物信息学的发展；结合工程学与医学知识，可以促进医疗器械的创新。这样的学习路径鼓励学生跳出单一学科的框架，从宏观的角度去考虑和解决问题，极大地拓宽了学生的知识视野和思考维度。

跨学科学习还能够促进思维模式的创新。传统的教育往往强调记忆和应用已有知识解决问题，而跨学科学习要求学生在面对问题时，能够融合和应用来自不同学科的知识和方法，这就需要学生能够灵活地转换思维方式，从不同角度分析和解决问题。这种能力是创新性思维的核心要素之一。跨学科学习通过打破学科间的壁垒，让学生在解决复杂问题的过程中自然形成问题导向的思维模式，而不是仅仅依赖于特定学科的思考框架，从而促进了创新能力的培养。

此外，跨学科学习强调团队协作。在多学科项目中，学生需要与来自不同学科背景的同学一起合作，这不仅能帮助学生学习如何有效地沟通和协作，同时也能够在团队合作中学习到其他学科的知识和技能。这种跨学科团队合作能够有效地提升学生的社交技能、沟通技能和团队协作能力，这些技能对于未来的职业发展极为重要。

为了实现跨学科学习与思维模式创新，高等教育机构应该创造更多跨学科的学习平台和机会，鼓励学生在不同领域探索和学习。同时，教育者应促进学科间的交流与合作，通过开设跨学科课程、组织跨学科项目等方式，搭建多学科交叉的知识平台，引导学生主动探索和应用跨学科知识，培养学生的创新意识和能力。

通过跨学科学习与思维模式创新的教育策略，可以为学生提供更广阔的知识视野、更灵活的思维方式，以及更强的创新能力和解决问题的能力。这不仅有助于学生个人的成长与发展，也为社会培养了能够创新解决问题的高素质人才，推动科技进步和社会发展。

（二）实践能力与创新精神的培养

在新时代的背景下，培养具有高素质的创新人才成为科教融合的核心任务之一。为实现这一目标，实践能力与创新精神的培养尤为关键。实践能力是指个体在实际操作中解决问题的能力，而创新精神则涉及思维的独立性、创新意识和勇于挑战传统的态度。二者相辅相成，为创新人才的培养提供了坚实基础。

实践能力的培养是一个系统的过程，它要求教育者从实际出发，构建以问题为中心的学习场景，使学生在解决实际问题的过程中培养其观察、分析、解决问题的能力。这包括组织学生参与科研项目、企业实习、社会服务等活动，通过这些真实的工作场景让学生亲身体会和实践理论知识的应用。此外，高校应建立健全实验、实训基地，购置先进设备，增强学生的实操经验，提高他们解决复杂工程问题的能力。

创新精神的培养需要教育系统打破传统教育模式，鼓励学生独立思考、勇于探索。这意味着教育者要提供一个开放、自由的学习环境，允许学生质疑现有的知识和方法，鼓励他们提出创新的想法和解决方案。高校可以通过开设创新思维训练课程、组织创新竞赛等形式，激发学生的创新意识和创造力。

与此同时，为促进实践能力与创新精神的培养，高等院校应该与企业、研究所等社会力量建立紧密的合作关系。通过产学研结合，学生能够直接参与到产品的研发、市场调研、企业管理等实际工作中，这不仅能够让学生更好地了解和掌握专业知识，还能提升他们解决实际问题的能力和创新意识。

评价体系的改革也是培养学生实践能力和创新精神的重要环节。传统的以考试成绩为主的评价体系难以准确反映学生的实践能力和创新精神。因此，高校需要构建多元化的评价体系，将学生的实践活动成果、创新项目、科研成果等纳入评价体系，真正做到以学生的综合能力和创新能力作为评价的核心。

在教育过程中还需要着重培养学生的团队协作能力和沟通能力。在当今社会，复杂问题往往需要团队合作来解决。因此，通过团队项目、合作研究等方式，让学生在团队中担任不同角色，经历从问题发现到问题解决的全过程，不仅能提升他们的实践能力，还能加强团队协作和沟通能力。

借助现代信息技术手段，如在线课程、虚拟仿真实验室等，可以为学生提供更多元化的学习资源和环境，进一步激活学生的学习积极性和创新潜能。通过这些手段，学生可以在虚拟环境中尝试创新实践，克服物理空间的限制，使得学习和创新更加便捷、高效。

教育者自身也应不断更新知识体系，提升自身的教学能力和创新水平。他们的引导和示范对学生的影响是深远的。通过参与专业研讨、学术交流等活动，教育者不仅能够提升自身素质，还能为学生提供更广阔的视野和更丰富的知识体验。

培养高素质创新人才，不仅要让学生掌握扎实的专业知识，更重要的是要让他们具备解决实际问题的能力和创新发展的精神。这需要高等教育机构、教育者以及社会各界共同努力，构建开放、灵活的教育环境，以实践为导向，不断探索和创新教育教学模式，为学生的全面发展和社会的进步贡献力量。

（三）培养国际视野与加强合作意识

在当今全球化的经济与教育环境下，培养具有国际视野与合作意识的高素质创新人才已成为教育界的共识和追求。这不仅是因为国际视野能够帮助个体更好地理解和适应全球化带来的挑战和机遇，同时，强化合作意识也是推动国际科学技术合作与交流的重要基础。

国际视野首先要求个体能够跨越文化与地域的界限，对全球发展趋势、文化多样性以及国际社会的重大事件有较为深入的认知和理解。这种视野不仅需通过系统的教育培养，更需要在实践中不断拓展和深化。高校作为高素质创新人才的摇篮，应当通过开展多样化的国际交流项目，如学生交换计划、国际研讨会、海外实习等，为学生提供直接接触和理解不同文化和教育体系的机会，从而拓宽学生的国际视野。

合作意识的加强则指在国际合作与交流的过程中，能够积极主动地建立和维护跨文化的合作关系，具备良好的协调、沟通与团队协作能力。在全球化背景下，科学研究与技术开发越来越依赖国际的合作。因此，高素质创新人才需要具备能够在多元文化背景下有效交流和协作的能力。高校可以通过设立国际合作项目、鼓励学生参与国际比赛以及与国际高校和科研机构的联合研究等方式，增强学生的合作意识和实际合作能力。

此外，加强国际视野与合作意识的培养还需系统地整合教育资源，构建开放和包容的教育环境。这包括课程体系的国际化改革，如引入国际化的教材、案例和课程内容，聘请外籍教师，以及提供双语教学等；同时，还包括加大对师生国际交流的支持力度，为他们提供更多参与国际项目的机会和资源。

在培养具有国际视野与合作意识的高素质创新人才的过程中，高校应重视学生批判性思维能力和跨文化适应能力的培养。批判性思维能力使学生能够深入分析和评价跨文化情境中的信息和观点，而跨文化适应能力则有助于学生在国际合作中更好地理解和尊重不同的文化差异，从而促进有效的沟通和合作。

培养具有国际视野与合作意识的高素质创新人才是一个系统工程，它要求教育者不断创新教育理念和教学方法，同时也需要学生能够积极主动地参与到国际交流和合作中来。通过这种全方位的教育实践，可以为学生构建一个开放、多元和包容的学习环境，从而有效地提升他们的国际竞争力和合作能力。在全球化日益加深的今天，这种培养机制对于提升国家的科学技术创新能力和国际影响力具有重要的战略意义。

第三节　湖南应用型高校科教融合实施路径

一、校内外资源整合与共享

（一）构建校企合作平台

构建校企合作平台，是湖南应用型高校实现科教融合的一种重要手段，也是校内外资源整合与共享的具体实践。这一做法旨在通过高校与企业之间的紧密合作，将企业的实际需求和高校的科研教学资源相结合，形成互惠互利的合作模式，进而推动高等教育质量的提升与地区经济的发展。

在构建校企合作平台的过程中，不断地探索与实践成为关键。具体来说，需要高校积极拓宽合作渠道，主动寻求与各种类型企业的合作机会，尤其是当地具有影响力的大中型企业和高新技术企业。通过签订合作协议，明确双方的责任、权利与义务，保障合作的顺利进行。

平台的构建也要注重实效性，通过设立实习实训基地、共建研发中心、成立联合实验室等形式，使得高校师生能直接参与企业的项目研究与开发工作，提升学生的实践能力与创新能力。同时，企业也可以利用高校的科研资源与人才优势，进行技术创新和产品升级，形成共赢局面。

在人才培养方面，校企合作平台可以实现定制化教育培训，即根据企业的具体需求，高校开展针对性的课程设计与教学改革，使学生的学习更加贴近实际，能够更好地满足企业对高素质应用型人才的需求。这种密切的合作关系可以极大地缩短学生从学校到职场的转换周期，降低企业的用人成本和风险。

构建校企合作平台，还需要高校和企业共同建立长效机制，比如通过设立校企联合管理委员会，不仅可以定期评估合作效果，还可以根据市场和技术的发展做出相应的调整。同时，通过设立校企合作创新基金，鼓励双方投入更多资源支持科研项目和人才培养项目，进一步增强合作的深度和广度。

从政府的角度，也应积极制定与完善相关政策，为校企合作提供政策支撑和服务保障。比如，提供税收减免、科研经费支持等优惠政策，鼓励企业与高校开展深层次合作；同时，也要强化知识产权保护，确保合作双方的利益得到合理保护。

此外，构建校企合作平台还要注重成果转化，促进科技成果的快速转化为生产力。这不仅可以为企业带来经济效益，还可以为高校带来研究经费和技术积累，形成良性循环。

在构建校企合作平台的过程中，需要高度重视文化的融合与沟通。因为不同的组织有着不同的文化特点和工作方式，只有促进双方文化的相互理解和尊重，才能保障合作的顺利进行。通过定期组织双方交流活动，加强师生与企业员工之间的交流，可以有效地促进思想碰撞和技术融合，为创新创业活动提供强大的动力。

综合来看，构建校企合作平台是实现湖南应用型高校科教融合的有效路径。通过这一平台的建设和完善，可以有效地整合双方资源，促进人才培养和科技创新，最终实现教育质量的提升和地区经济的共同发展。

（二）推进跨学科学术交流与合作

推进跨学科学术交流与合作，对于加快湖南应用型高校科教融合步伐具有至关重要的作用。这种交流与合作不仅可以打破传统学科边界，促进知识的综合与创新，还能够有效提升高校的科研实力与教学质量，为学生创造更加丰富多元的学习与研究环境。

在推进这一过程中，首要的是建立跨学科的平台和机制。高校可以通过组建跨学科研究中心、实验室和创新团队等形式，搭建不同学科之间的交流与合作桥梁。这些平台不仅能够集聚各学科优势资源，还能促进不同背景的教师和学生之间的思想碰撞与技术融合。

此外，高校还应该优化学科结构和课程体系，为跨学科学术交流与合作提供教学支持。这包括设置跨学科选修课程，鼓励学生跨专业学习，以及开设面向未来社会需求的新兴交叉学科专业。通过这些教学改革，学生能够在校内外资源整合的环境中获得更全面的知识体系和更宽广的视野。

资源整合与共享也是推进跨学科学术交流与合作的关键环节。湖南应用型高校可以通过建立资源共享平台，将校内外的科研设施、实验室等资源开放给跨学科团队，促进科研合作与成果转化。同时，通过与地方政府、行业企业建立合作关系，高校还可以为师生提供更多接触实际问题和参与实践项目的机会，将理论知识与实践经验有效结合。

为了确保跨学科学术交流与合作的顺利进行，高校还需要完善相应的政策和激励机制。这包括制定跨学科研究的评价标准，给予跨学科项目和团队更多的资金和政策支持，以及对跨学科成果给予充分的认可和奖励。通过这些措施，可以激发教师和学生的创新意识和积极性，推动跨学科学术交流与合作的深入发展。

在跨学科学术交流与合作过程中，还需要注重培养学生的创新能力和团队协作精神。这不仅要求学生掌握专业的核心知识，还需要他们能够跳出专业框架，与来自不同专业背景的人员进行有效沟通和协作。为此，高校可以通过项目驱动教学、案例分析、实战演练等多种教学方法帮助学生提升跨学科解决问题的能力。

跨学科学术交流与合作的深入发展，需要高校、教师和学生共同努力。高校要建立全面的支持体系，教师要发挥专业引领和知识传承的作用，学生则需要积极参与，敢于探索和创新。通过这种合作模式，不仅可以推动湖南应用型高校科教融合的深入实施，还能为学生培养提供更宽广的平台和更多元化的选择，从而更好地适应新时代的发展需求。

二、产学研用协同育人模式

构建校企合作平台是实现湖南应用型高校科教融合的重要途径，旨在通过学校与企业之间的紧密合作，推动教育教学内容与企业实际需求的深度对接，培养符合新时代发展要求的高素质技能型人才。在这个过程中，双方的合作不仅限于简单的资源共享，更重要的是实现知识、技能、创新创业思维等多方面的交流与融合。

（一）合作模式的构建

在构建校企合作平台的过程中，首要任务是确立双方合作的共同目标。这一目标应聚焦于促进学生的全面发展和满足企业实际需求的人才培养。实现这一目标需要高校和企业共同探索、设计和实施符合双方利益和需求的合作模式。这包括但不限于建立长期稳定的实习实训基地、共同开发与企业需求紧密相关的课程、联合进行技术研发与创新等。

校企合作平台的构建还需要明确合作机制。这一机制包含了合作的组织架构、运行机制、管理与评估体系等。合作双方应建立起一套行之有效的沟通机制，确保信息的及时交流和资源的有效分配。同时，还应设立专门的协调机构或职位，负责监督合作项目的实施进度和质量，及时解决合作中出现的问题。

有效的激励机制是推动校企合作平台成功运行的关键。对于企业来说，参与合作项目能够借助学校的科研力量解决企业技术难题、降低研发成本，同时还能优先选拔合适的人才。因此，高校应通过提供科研创新、人才培养等方面的优势，激励企业投入更多资源到合作中来。对于高校而言，通过与企业的合作能够丰富教学内容、提高教学质量、增强学生的实践能力和就业竞争力。因此，应通过树立典型成功案例、提供政策支持和资源投入等方式，鼓励教师和学生积极参与到校企合作中。

在构建合作平台的过程中，还需充分利用现代信息技术，打造线上线下相结合的合作体验。利用互联网技术搭建虚拟实训平台、在线课程、远程实验室等，可以突破时空限制，使学生能够更加灵活地参与企业项目，同时也能让企业的专家资源更好地服务于学生学习和技能提升。

致力于构建校企合作平台，还须不断探索与时俱进的合作模式。随着科技的发展和经济社会的变化，企业对人才的需求也在不断变化。高校和企业应基于对未来发展趋势的预判，不断调整和优化合作模式和培养方案，确保人才培养的方向与时代发展的需求相匹配。

总体而言，构建校企合作平台是一项系统性工程，需要高校和企业双方在共同目标的基础上明确合作机制、激励机制，充分利用现代信息技术，并不断探索与时俱进的合作模式，以实现科教融合，培养适应新时代要求的高素质技能型人才。

（二）深化项目驱动教学

深化项目驱动教学在湖南应用型高校中的实施，是对传统教学模式的一种重要创新和突破。这种教学模式强调通过实际项目的驱动，将理论知识与实践能力的培养紧密结合起来，旨在通过解决实际问题来促进学生综合素质的提高，特别是创新能力和实践能力的培养。

项目驱动教学模式是一种以学生中心、以项目为核心的教学方法。在这一模式中，教师不再是知识的单向传递者，而是成为学生学习过程中的引导者、协助者。学生的学习不再是被动接受知识，而是通过参与到具体项目中，主动探索问题、解决问题。这种模式使得学生能在真实的工作环境中学习和运用知识，极大地提升了学习的针对性和实用性。

在深化项目驱动教学时，需要注意的是，项目的选择应紧密结合行业需求和前沿科技。确保项目的实际性和前瞻性，可以充分发挥项目在教学中的导向作用，使学生能在解决实际问题的过程中掌握并运用相关的理论知识，提升解决复杂问题的能力。

此外，跨学科的合作也是项目驱动教学的一个重要特点。现代社会对人才的要求是全面发展、多能兼备，因此，在设计项目时，应促进不同专业、不同领域之间的交叉融合，鼓励学生从多角度、多维度解决问题。这不仅能够增强学生的跨学科知识应用能力，而且有助于培养学生的团队协作精神和沟通能力。

项目驱动教学还需要结合产学研用协同育人模式，通过校企合作、产学研结合等方式，引入企业项目、科研项目作为教学内容。这种方式能够保证教学内容的实时更新，紧跟行业发展的步伐，更能够使学生了解行业动态，掌握最新的技术和方法。同时，这也为学生提供了接触企业、了解企业文化、提前适应未来职场的机会。

在评估和考核方面，项目驱动教学同样要有所创新。传统的考核方式往往关注于理论知识的掌握程度，而项目驱动教学要求考核方式更加注重学生的实践操作能力、问题解决能力、创新能力和团队合作能力。因此，考核方式要从过程中的绩效评估、项目完成质量、团队协作程度等多个维度进行，确保能全面准确地评估学生在实践中的学习成效。

实施项目驱动教学，需要教师具备较高的专业素养和项目管理能力，因此，加强教师队伍建设也是关键。通过教师培训、行业实践、学术交流等多种方式，提升教师的业务水平和教学能力，使其能够有效指导学生参与项目，促进学生能力的全面发展。

项目驱动教学模式将学习过程紧密结合真实的社会环境和工作任务，不仅能够极大地提升学生的学习兴趣和主动性，还能够培养学生的创新思维和实践能力，为学生将来融入社会、进入职场打下坚实的基础。在新时代背景下，湖南应用型高校应当深入探索和实践项目驱动教学模式，促进科教融合，培养更多符合社会需求的高素质创新型人才。

（三）优化创新创业支持体系

在当前创新创业教育的大背景下，优化创新创业支持体系成为各应用型高校深化科教融合、实现人才培养目标的关键所在。创新创业支持体系主要包含政策支持、资金支持、服务支持、平台支持等方面，通过这一体系的完善，能够为学生提供一个更加宽广的创新创业实践空间，帮助他们在创新创业过程中实现自我价值，促进个人与社会的共同发展。

政策支持方面，优化创新创业政策体系是核心。高校应与政府部门协作，针对学生创新创业活动出台具体、操作性强的优惠政策和指导原则。比如，制定针对学生创业项目的税收减免政策、知识产权保护政策等。这些政策的实施不仅能够降低学生创业的门槛，还能为他们的创业项目提供法律保护，从而营造出一个更为公正、健康的创业环境。

资金支持方面，构建多元化的创新创业资金支持体系至关重要。学校可以设立专项基金，支持学生的创新活动和创业项目，同时吸引社会资本、企业资本参与其中。通过校内的创业基金赛、创新项目大赛等形式，激发学生的创业热情，同时对有潜力的创业项目进行投资或孵化。此外，高校还应积极探索与银行、风投等金融机构的合作，为学生创业项目提供信贷支持、风险投资等多方面财务援助。

服务支持方面，完善的创新创业服务体系是培养创新创业人才的保障。这包含了创业指导、项目评估、市场分析、法律咨询等多个层面。高校可以建立创业指导中心、聘请有经验的创业导师为学生提供一对一的创业咨询和指导。同时，通过建立校企合作平台，为学生创业项目提供实验室、办公空间、技术支持等硬件资源，以及市场拓展、品牌建设、人力资源等软支持，助力学生创业项目从零到一，再到快速发展的过程。

平台支持方面，搭建具有开放性和集成性的创新创业平台非常必要。这种平台既是资源共享的平台，也是信息交流和项目孵化的场所。高校可以利用自身学科优势，建立特色鲜明的创新创业孵化平台，引导和鼓励学生在此开展跨学科的创新实践活动。同时，高校还应加强与地方政府、产业园区、企业等外部资源的连接，打造校外实践基地，为学生提供更广阔的实践和创业空间，促进学生的创新思维和创业能力的提升。

综上所述，优化创新创业支持体系，需要从政策、资金、服务、平台等多方面入手，形成一个全方位、多层次的支持网络。通过这一系列的支持措施，可以有效激发和培养学生的创新精神和创业能力，推动科教融合的深入发展，为社会培养出更多具有创新意识和创业能力的高素质人才。

三、科教融合支持体系构建

在湖南高校的科教融合进程中，政策支持与激励机制的建立是推动科研创新和教学相结合的重要手段。这一机制旨在为高校提供充分的外部条件和内部动力，形成鼓励师生进行科研创新的良好氛围，从而促进应用型人才的培养。

（一）科教融合的政策支持

政策支持主要体现在两个方面：一是政府层面的政策支持；二是高校层面的政策制定。政府层面的政策支持包括提供资金投入、优化科研环境、给予税收减免等措施，这些措施有助于降低高校科研活动的成本，增加科研投入与产出的比例，提高科研工作的吸引力。另一方面，高校层面的政策制定则更侧重于明确科研与教学融合的目标、原则和具体实施细则，比如通过设立科研创新基金、建立科研创新平台、优化科研评价体系等措施，鼓励师生参与科研创新活动，促进教育教学与科研相结合。

（二）科教融合的激励机制构建

激励机制的构建则侧重于内部机制的完善，它涉及高校科研与教学激励政策的设计与实施、如何通过物质奖励与精神激励相结合的方式激发师生的科研创新热情和教学改革积极性。物质激励主要包括科研奖金、项目资助、成果转化收益分成等，这些都是直接提高科研人员收入、改善其科研条件的有效手段，能够极大提升科研工作的吸引力。精神激励则包括荣誉称号、优秀成果奖励、优先推荐等，通过社会认可和内部表彰，增强科研人员的荣誉感和成就感，提高其参与科研活动的热情。

为了使政策支持与激励机制更加高效地促进科教融合，还需要强化政策的针对性和实施的灵活性。这就要求政策制定者深入了解高校科研与教学的实际需要，以及师生的具体需求，并根据科研与教育教学的不同阶段和特点制定出切实可行的政策措施。同时，还需要建立健全政策反馈机制，定期评估政策实施效果，及时调整和优化政策方向和内容，确保政策支持与激励机制能够切实发挥作用，推动高校科教融合向更深层次、更高水平发展。

通过构建有效的政策支持与激励机制，不仅能提升湖南高校科研创新能力和教学质量，还能为社会培养出更多具有创新精神和实践能力的高素质应用型人才，为湖南乃至全国的经济社会发展贡献重要力量。

（三）科教融合的思路方法：产教研用协同发展

产教研用协同发展框架为湖南应用型高校科教融合提供了一个全新的思路和方法，通过打造紧密相连的产教研用链条，促进高校教育、科学研究与产业实践的深度融合，为产业发展培养创新型人才，同时也为高等教育的创新发展开辟了新路。

在构建这一框架系统时，首要考量是确保产业界、教育界和研究机构之间的信息流、技术流和人才流畅通无阻，形成有机互补、优势互补的关系。通过建立稳定的合作机制，促使各方在项目合作、科研攻关、人才培养等方面形成合力，实现资源共享、优势互补。

产业需求是推动这一框架构建的关键动力。高校应紧密围绕地方经济发展主导产业和未来产业方向，优化专业设置和课程体系，加强与企业的合作，确保教育内容和教学方向与产业需求高度契合。同时，通过实习实训、产学研项目等形式，增强学生的实践能力和创新能力，使之更好地适应产业发展需求。

科研合作也是这一框架的重要组成部分。高校应充分发挥自身在基础研究和应用研究方面的优势，与企业和研究机构联合开展科研项目，推动科学研究成果的快速转化和产业化，通过科技创新驱动产业升级。此外，通过校企合作建立研发中心、实验室等平台，既能提高科研成果转化率，也为学生提供了实践学习和技能培养的平台。

教育模式的创新是实现产教研用协同发展的关键环节。传统的教育模式已经难以满足新时代对创新人才的需求，因此，高校需要构建以问题为导向、以项目为载体的教学模式，鼓励学生参与实际问题的解决和科研项目的实施，通过以学生为中心的教学方式激发学生的创新能力和实践能力。

资源共享是保证产教研用协同发展框架高效运行的前提。面对资源分配不均的问题，需要政府、行业协会等组织的支持，建立跨部门、跨行业的资源共享机制，为高校、企业和研究机构之间的合作提供政策、资金和信息支持。通过共建公共技术服务平台、共享实验室等设施，提高资源利用效率，降低创新创业的门槛。

此外，在推进产教研用协同发展的过程中，还需不断优化政策环境和法律环境，加强知识产权保护，激励更多的企业、高校和研究机构参与合作。通过制定相关激励政策，鼓励企业投入研发活动，支持高校和研究机构成果转化，创建健康的创新生态系统。

产教研用协同发展框架的构建，是推动科教融合、培养创新创业人才、促进产业转型升级的重要途径。通过各方面的深度合作和资源共享，形成了一个互利共赢的良性发展循环，不仅有助于提高人才培养质量和教育教学水平，也将推动科技创新和经济社会的发展。

（四）资源共享与平台建设

在新时代的背景下，科教融合成为推动高等教育创新和发展的重要动力。特别是面对湖南应用型高校的发展需求，科教融合不仅是提升教育质量和科研水平的关键，更是实现区域经济社会发展和自主创新的重要途径。资源共享与平台建设便是实现这一目标的重要支撑。

资源共享在科教融合中发挥着至关重要的作用。这种共享不仅指的是物质资源，如实验室、仪器设备、图书资料等的共享，更包括知识资源、教研成果等的共享。通过建立资源共享机制，不仅可以有效提升资源使用效率，降低重复建设和浪费现象，还可以促进知识的交流与传播，更好地服务于教学和科研工作。例如，通过校际合作，共建共享实验室或研究中心，可以整合双方或多方的优势资源，集中力量解决科研难题，同时提供学生更宽广的实践和研究平台。

平台建设则是实现资源共享的有效途径，同时也是促进科教融合的关键环节。这些平台既包括物理平台，如共建的实验室、研究中心、创新创业孵化基地等，也包括虚拟平台，如网络教学平台、科研协作平台、创新创业交流平台等。通过这些平台的建设与运营，可以有效地整合校内外资源，提供交流合作的窗口，推动教学内容与科研项目的深度融合。如网络教学平台不仅可以使教学资源数字化、网络化、开放化，还可以通过互联网技术支持教育教学的个性化和灵活化。科研协作平台则便于科研人员跨地域、跨领域的协同工作，加速科研成果的转化应用。

对于湖南应用型高校而言，要实现资源共享与平台建设，需要从政策引导、资金支持、制度建设等多个方面着手。政府和高校要出台具体政策和措施，鼓励和引导资源的共享与合作，为共享提供政策保障。同时，要加大资金投入，支持共享平台的建设和运营，包括对软硬件设施的投资以及对平台使用者的奖励机制。此外，还需要建立健全管理和运营体系，制定明确的管理办法和使用规范，确保资源共享和平台建设的顺利进行。

在具体实施路径上，应深化产教融合，加强高校与企业、研究院所的合作。例如，可以通过校企合作建立共享平台，共同开发实验室、研究中心等，既丰富了学校的教学和科研资源，也为企业的研发提供了支持。同时，高校应加强内部资源整合，打破院系、专业间的壁垒，实现资源的跨界共享。此外，还应积极探索与国内外高校的合作，通过建立联合实验室、联合研究中心等方式，实现资源和信息的共享，共同推进科学研究和人才培养。

通过资源共享与平台建设，湖南应用型高校可以有效整合内外资源，提高教育教学和科学研究的质量和效率，为湖南乃至全国的经济社会发展贡献力量。这不仅需要高校自身的努力，也需要政府、企业及社会各界的支持与参与，形成全社会共同推进科教融合的良好局面。

第二章 “湖湘工匠”创新创业培育的理念与实践

第一节 “湖湘工匠”精神的传承与创新

一、传统“湖湘工匠”精神的内涵

传承与创新，在“湖湘工匠”精神的演绎中起着至关重要的作用。湖湘地区自古以来就有较为浓厚的工匠文化，这种文化深深植根于湖南人民的生活与心灵之中，成为湖南社会发展不可缺少的一部分。传统“湖湘工匠”精神体现了一种对技艺传承的执着、对创新的开放态度以及对品质的极致追求。在新时代背景下，如何有效地将这一传统精神与现代创新创业教育相结合，便成为一项重要的课题。

首先需要认识到，“湖湘工匠”精神的内涵极为丰富，它不仅仅是对一技之长的追求，更是一种工作态度、一种生活哲学、一种文化传承。在近现代，随着科技的飞速发展，传统工艺面临着前所未有的挑战和机遇。在这样的背景下，传统“湖湘工匠”精神的传承与创新显得尤为重要。传承不仅意味着保护和继承那些珍贵的传统技艺，更是在新的时代条件下对这些传统技艺进行再发现、再创造、再利用。

湖湘地区高校在培育新时代工匠精神的过程中，不断探索如何将这种精神与现代科技和创新理念结合在一起。通过建立一套科学、系统的培养机制，引导学生理解并吸收传统“湖湘工匠”精神的核心价值，同时鼓励他们在学习现代科学技术的过程中，敢于创新、勇于实践。这一过程不仅是技艺传承的过程，更是价值观、思维方式和创新理念的传递。

在实际操作中，高校可通过开设相关课程、举办工匠文化节、建立工匠工作室等形式，让学生身临其境地感受工匠精神，理解其背后的文化意义。此外，学校还可以通过与企业的合作，让学生有机会参与到真实的工作中，实地感受和学习工匠精神在现代社会中的运用和发展。

创新在于对传统工艺的再思考和超越。“湖湘工匠”精神在强调技艺精湛的同时，也不断倡导创新意识。如今，伴随着科技的进步，许多传统技艺已经能够通过现代科技得到更广泛的应用和推广。例如：传统织锦技艺结合现代数字技术，可以创造出前所未有的艺术效果；陶瓷制作技艺结合新材料科学，则能生产出更加符合现代生活需求的产品。

这种传统与现代的融合，不仅仅是技术层面的结合，更重要的是对工匠精神本身的传承与创新。新时代的湖湘工匠不仅仅承载着技艺传承的使命，更是文化创新的使者。通过不断探索传统工艺与现代科技的结合点，湖湘地区在保护传统文化的同时，也为其注入了新的生命力，使之成为促进地方经济发展、提升社会文化软实力的重要力量。

因此，在新时代背景下，“湖湘工匠”精神的传承与创新是一项系统工程，需要政府、社会、高校和企业等多方面的共同努力。只有这样，我们才能既保护和传承好珍贵的文化遗产，又使之与现代社会的发展相适应，发挥出更大的价值。通过这样的努力，“湖湘工匠”精神将会以更加鲜活的形式存在于新时代，激励着更多的人去创造、去探索、去实践，为社会的发展贡献自己的力量。

湖湘地区，以其悠久的历史和独特的地理环境，孕育了深厚的工艺与技艺传统，这不仅是湖湘文化的重要组成部分，也是“湖湘工匠”精神承载和表达的重要形式。“湖湘工匠”精神的核心，在于精益求精和创新实践，体现了一代代湖湘人对技艺追求不息，对美好生活向往不止的精神追求。

工艺与技艺的融合，在于两者之间既有继承关系，又有创新发展。工艺是指在生产和生活实践中形成的，具有一定技术规程和操作方法的技术活动。而技艺则指在某一领域内通过长期练习获得的高超技能和独到见解。在湖湘地区，工艺与技艺的融合体现在多个方面，如陶瓷制作、织锦编绣、竹木雕刻等，这些传统工艺不仅技术精湛，而且蕴含了深厚的文化底蕴和审美价值。

传统湖湘工艺与技艺的融合，体现了技术与艺术的双重追求，既注重物质的实用性，又追求精神的审美感。例如，湖湘刺绣不仅在技法上追求精细，色彩上追求和谐，在整个创作过程中还融入了刺绣工艺人对自然美、生活美的理解和感悟，使得每一件作品都是实用与艺术的完美结合。这种工艺与技艺的融合，既是对传统技能的传承，也是对传统文化精神的一种创新发展。

近年来，随着技术的进步和社会的发展，湖湘地区的工艺与技艺融合也面临新的挑战与机遇。新材料、新技术的应用，使得传统工艺品在保持传统韵味的同时，更加符合现代审美和实用需求。比如，运用现代科技手段对湖湘竹编进行创新改良，不仅使产品更加精美耐用，同时也大幅度提升了生产效率和市场竞争力。

另一方面，湖湘地区的工艺与技艺融合，也积极响应了可持续发展的时代需求。通过对传统技艺的再发现与创新，既保护了生态环境，又提升了传统工艺的市场价值。比如，传统的湖湘手工造纸，通过引入环保理念和技术，既保留了手工纸独特的质感和文化底蕴，又实现了资源的循环利用和环境的可持续发展。

同时，湖湘地区的高校和科研机构也积极参与到传统工艺与技艺的创新中，通过跨学科的合作与研究，推动传统工艺与现代科技的融合，为工艺品创新提供了科学理论和技术支持。这种产学研相结合的创新模式，不仅为湖湘工艺与技艺的传承与发展提供了新的动力，也为湖湘地区的经济发展注入了新的活力。

湖湘地区工艺与技艺的融合，最终实现的是传统与现代、技术与艺术、实用与美观的完美统一。这种融合不仅是对“湖湘工匠”精神的继承和发扬，也是对中国传统文化精髓的一种创造性转化和创新性发展。在新时代背景下，通过深化工艺与技艺的融合，持续推进创新创业，将进一步推动湖湘以及中国传统文化的传承与发展，对构建人类命运共同体产生积极的文化推动力。

二、新时代“湖湘工匠”精神的创新发展

融合现代科技进步与创新是在新时代背景下，“湖湘工匠”精神发展的核心。这一进程不仅体现在传统手艺与现代技术的有机结合上，也展现在人才培养机制与教育方法的创新上。现代社会的发展需求，对工匠精神的解读已不再局限于对传统手艺的坚持与传承，更注重于如何将这种精神与现代科技进步、创新思维相结合，以适应新时代的发展要求。

在技术层面，融合现代科技意味着利用前沿技术如人工智能、大数据、云计算等来优化工艺，提高生产效率与产品质量。例如：通过大数据分析客户需求，精准定制产品；运用人工智能与机器人技术，在精确度与效率上超越传统手工艺术，实现传统手工艺与现代产业的融合升级。

教育与人才培养方面，将现代科技进步与创新理念融入工匠精神的传承中，意味着构建一个全新的教育体系。这个体系不仅要注重传授专业技能，更要注重创新能力的培养，帮助学生学会如何思考，如何解决问题。这涉及教学内容的更新，比如增加STEM教育，引入设计思维课程，等等。同时，采用项目式学习、合作学习等教学方法，鼓励学生在实践中学习，在解决实际问题中培养创新意识与能力。

社会环境与文化氛围的塑造也是融合现代科技进步与创新的重要一环。创建和推广对现代工匠精神的认可与尊重，建立起社会对技术与创新重要性认识的共识。这不仅需要政府的政策引导，比如设立创新奖励机制、提供科技研发支持等，也需要社会各界的广泛参与，形成崇尚创新、鼓励尝试的文化氛围。

在现代科技与创新的融合进程中，面临的挑战也是显而易见的。如何在保持工匠精神传统核心价值的同时，引入现代科技与创新理念，如何在追求效率与品质的道路上平衡技术应用与工匠精神的原创性，如何在全球化竞争中保持本土工艺的独特性与竞争力，都是需要深入探讨与解决的问题。

解决这些问题，需要政府、企业、教育机构和社会各界共同努力。政府可以通过制定相关政策、提供资金支持等方式，加强对科技创新与工匠精神融合发展的推动。企业需要加大在科技研发与传统工艺创新上的投入，探索新的商业模式。教育机构应该不断更新教学内容与方式，培养学生的创新能力与实践能力。社会各界则应该通过各种渠道，为传承与创新提供更为广阔的舞台，鼓励更多人参与到这一过程中来。

通过上述措施，可以有效实现现代科技与创新理念与“湖湘工匠”精神的深度融合，共同推动新时代下湖南乃至整个中国的工匠事业迈入新的发展阶段。

响应国家战略需求与社会发展，是新时代“湖湘工匠”精神创新发展的重要内容之一。在当前全球化和信息化时代背景下，国家战略需求与社会发展的动态变化为高校创新创业教育提出了新的挑战和要求。“湖湘工匠”作为一种区域性特色资源，其精神内涵的创新发展不仅要继承和弘扬工匠精神的传统价值，更要紧密结合时代发展的需求，形成服务于国家战略和社会发展的新动能。

国家发展战略的调整更新，如“一带一路”倡议、“长江经济带”发展、粤港澳大湾区建

设等，都为“湖湘工匠”精神的创新发展提供了广阔的舞台。适应这些战略需求，意味着必须对“湖湘工匠”进行系统性的创新思维培养和技能训练，注重工匠精神与国际视野、高科技能力的融合，强调创新创业教育的前瞻性和应用性。“湖湘工匠”精神的现代表达，应深刻理解并积极对接国家发展大局，通过不断提升个体的工艺技能和创新能力、贡献于国家战略重大需求的实现。

社会发展的另一面，是对可持续发展和人文关怀的日益重视。这要求“湖湘工匠”精神在传承中注入绿色发展和社会责任的理念，更加关注工艺创新对环境的影响和对公众福祉的贡献。在新的发展理念指引下，“湖湘工匠”应倡导低碳生产、节能降耗和循环利用，推动绿色技术的创新与应用，同时通过优质产品和服务，提高人们的生活品质，促进社会主义核心价值观的实践。

面向未来，信息技术的快速发展，尤其是人工智能、大数据等技术的广泛应用，对人才培养模式和教育方法提出了新的挑战。这要求“湖湘工匠”的培养机制不断优化，注重培养学生的信息素养、创新思维和实践能力。通过构建跨学科的学习平台，加强与企业的合作，实现产学研用的深度融合，可以为“湖湘工匠”精神的创新发展提供强有力的支撑，使之更好地适应和引领社会经济的发展趋势。

同样不可忽视的是，随着全球化的加深和国际竞争的激烈，如何在全球范围内传承和弘扬“湖湘工匠”精神，提高湖南乃至中国制造的国际影响力，也是对“湖湘工匠”精神创新发展的考验。通过参与国际技能大赛、国际工匠交流活动等多样化的国际合作项目，不仅可以展示“湖湘工匠”精神的时代价值，也有助于吸收国际先进经验和创意，促进“湖湘工匠”精神在全球化背景下的传播和提升。

综上所述，新时代“湖湘工匠”精神的创新发展是一个系统工程，需要从多维度着手，深入挖掘工匠精神与时代需求的内在联系，构建适应国家战略需求和社会发展的人才培养模式。通过赋予“湖湘工匠”精神新的时代内涵，可以更好地促进经济社会全面发展，实现中华民族的伟大复兴。

强化实践教学与跨界合作培养模式，这一做法旨在应对新时代对高等教育的要求和挑战，特别是在创新创业教育中。在传统的教学模式中，理论知识的传授往往是核心，而实践教学则较为边缘化。然而，面对快速变化的社会和经济环境，以及创新创业的重要性日益增强，实践教学正变得日益重要。通过强化实践教学，学生能够在实际操作中理解和掌握理论知识，培养创新思维和问题解决能力，为将来的创新创业活动打下坚实的基础。

此外，跨界合作则是强化实践教学的另一重要方向。传统教学模式中往往存在界限清晰的学科分割，这在一定程度上限制了学生的创新视野和合作能力。通过跨界合作，不同学科背景的学生和教师可以在项目中汇聚，利用各自的专长和视角共同解决问题。这种模式不仅能够提升学生的综合素质，还能够激发创新火花，促进不同领域的知识融合与创新。

实施强化实践教学与跨界合作培养模式，必须克服一系列的挑战。首先是如何构建一个支持性的教育环境，使学生能够在实践中安全地学习，这要求学校提供足够的资源和支持。其次是如何搭建校内外合作平台，鼓励学生参与真实的创新创业项目。此外，从评价体系到教师队伍建设，都需要相应的改革和调整，以适应以实践教学为核心的新模式。

实践教学的具体方式可以多样化。比如，可以建立创新实验室、创业孵化中心等实体平台，让学生在真实或接近真实的商业环境中学习和实践。还可以利用案例教学、模拟项目设计、实地考察等方式，让学生更深入地理解实践中的挑战和解决方案。通过参与这些实际项目，学生不仅能够将所学知识应用于解决实际问题，还能够在过程中培养团队合作、项目管理等核心技能。

跨界合作的方式也是多样的，可以通过校企合作、国际交流等方式实现。通过与企业、研究机构的合作，学生可以获得更多接触行业前沿的机会，学习最新的技术和方法。同时，这也为企业提供了接触年轻创新人才的机会，形成产学研的良性循环。国际交流方面，通过与海外高校和研究机构的合作，学生不仅可以获得跨文化的沟通和合作经验，还可以接触到不同国家和地区在创新创业教育方面的最佳实践。

总的来说，强化实践教学与跨界合作培养模式是新时代高等教育的重要方向。通过这种模式，学生可以在实践中学习和成长，更好地理解并掌握创新创业的核心技能和理念。同时，这也为高校培养能够适应快速变化社会和经济环境的高素质人才提供了有效途径。这不仅是对“湖湘工匠”精神的传承，更是其创新发展的体现，为培养更多具有创新能力和国际视野的人才奠定了坚实的基础。

三、“湖湘工匠”精神与创新创业教育的融合

（一）湖湘工匠精神在现代教育中的价值

“湖湘工匠”精神在现代教育中的价值体现在多个层面，无论是在促进学生的全面发展、激发学生创新创业潜力，还是在培养学生的社会责任感和实践能力方面，都拥有不可替代的作用。

“湖湘工匠”精神，作为一种承载了深厚历史文化底蕴和地域特色的精神财富，强调勤奋、精益求精、创新和持之以恒。这种精神在现代教育中的重要性，首先体现在培养学生的专业素养和技能上。通过将“湖湘工匠”精神融入课程教学和实践活动，可以激励学生追求专业技能的极致，培养他们面对问题持续钻研、不断探索的态度，这对于学生将来在职场上的表现以及在专业领域内的持续成长至关重要。

再者，“湖湘工匠”精神强调的创新意识和实践能力，为学生的创新创业教育提供了强大的思想基础。在快速发展且充满不确定性的时代背景下，创新创业已成为社会发展的重要驱动力量。通过“湖湘工匠”精神的培育，可以教育学生不畏挑战，勇于实践，鼓励他们将所学知识转化为解决实际问题的方案或是创造性的产品与服务，从而更好地适应和引领社会发展的需要。

“湖湘工匠”精神中蕴含的坚韧不拔和细致入微的品质，也是现代教育所强调的重要素质。在学习和生活中，学生将面临各种挑战和困境，“湖湘工匠”精神可以激励他们在面对困难时不轻言放弃，保持耐心和毅力，通过反复实验和实践，培养解决问题的能力和抗挫折的心理素质。这不仅有利于学生的个人成长，也为他们将来在社会中担当角色，贡献力量奠定了坚实的基础。

此外，“湖湘工匠”精神强调的社会责任感，对于培养学生的公民意识和社会责任感亦有重要影响。通过理解和传承“湖湘工匠”精神，学生可以深刻认识到每一份工作和创造都与社会的进步和人类福祉息息相关，从而在未来的工作和生活中能以更加宽广的视野和更加积

极的态度参与社会建设和发展，为推动社会公平正义贡献自己的力量。

综上所述，“湖湘工匠”精神在现代教育中的价值不仅仅是作为一种精神传承，它更是一种面向未来的教育资源。通过这一精神的培育和实践，不仅可以提升学生的专业素养和技能，激发创新创业潜力，还能加深学生对社会责任的认识，培养他们成为具有国际视野、创新能力和社会责任感的新时代青年。因此，“湖湘工匠”精神对于现代教育而言，确实拥有深远的意义和不可忽视的价值。

（二）跨学科创新教学方法的探索与实践

跨学科创新教学方法的探索与实践，在推进“湖湘工匠”精神与创新创业教育融合过程中显得尤为重要。这种方法旨在通过破除传统教育体系中各学科之间的界限，促进不同领域知识的交叉融合，进而激发学生的创新潜力与创业动力。在当今社会，创新已经成为推动发展的关键因素，而创新的实现往往需要多学科知识的综合运用，这使得跨学科创新教学方法变得尤为关键。

该方法着重于构建一个开放性的学习环境，使学生能够在多个学科领域内自由探索，并鼓励他们将所学知识应用于解决实际问题中。通过这种方式，学生不仅能够掌握更为广泛的知识体系，更能在此基础上培养出整合不同学科知识以创造新思想、新方法的能力。

具体而言，在实施跨学科创新教学方法时，要重视几个方面。首先，更新教育理念，将学生培养目标定位于培养具有创新意识和实践能力的复合型人才。这种人才不仅有深厚的专业知识，更具备跨学科整合知识与解决复杂问题的能力。其次，调整课程设定，设计跨学科融合课程。这要求教师群体拥有前瞻性视角和跨学科整合能力，能够设计出既有深度又能关联多学科的课程内容。最后，创造实践平台，鼓励学生参与跨学科项目，通过团队合作解决现实问题。这种实践不仅能够增强学生的项目管理和团队协作能力，更能在实际操作中锻炼他们的创新与应变能力。

在具体操作中，如何有效实施跨学科创新教学也是一项挑战。一方面，需要构建起一个支持性的教学体系，包括建立评价机制来评估学生的跨学科学习成效，这要求评价机制能够公平合理地反映学生的学习进步和创新能力。另一方面，促进教师之间的协同作战，形成跨学科教学团队。这需要校方提供足够的支持，包括专业发展培训，以及促进教师之间的经验分享和技巧传授。

跨学科创新教学的实施，对于激发学生的创新精神与创业能力，实现“湖湘工匠”精神的传承与创新，具有极为重要的意义。它不仅能够帮助学生建立全面的知识结构，更能在此基础上培养出他们的问题解决能力、创新能力和终身学习能力。通过这种教学方法，可以有效地促进学生的个人成长，加快社会进步的步伐。

尽管跨学科创新教学方法面临着实施难度和挑战，但它的潜在价值和长期收益是不容忽视的。通过持续的探索和实践，相信可以逐渐突破现有障碍，实现教育模式的革新，为培养新时代下的创新型和创业型人才奠定坚实的基础。

校企合作模式是现代教育体系中一项重要的创新与实践，特别是在培养具有“湖湘工匠”精神的创新创业人才方面，这种模式显得尤为关键。通过校企合作，学校可以直接引入企业的实际需求和先进技术，使学生能够在实践中学习和掌握最新的工业技术和创新方法，从而显著提升他们的创新创业能力。

在这种合作模式下，企业不仅提供实训基地，还参与制订教学计划、课程体系和评价标准等，使教育内容和企业需求紧密结合。这种密切的合作关系有助于学生理解和掌握企业最真实的技术需求和市场动向，为其将来的创新创业活动奠定坚实的基础。

学生通过与企业的直接接触和互动，能够更好地理解“湖湘工匠”精神的内涵。在实际操作中遇到问题和挑战，学生能够在企业指导下学习如何运用创新思维和技术解决问题，这不仅是技能上的提升，也是对“湖湘工匠”精神理解的深化。

此外，校企合作还能够激发学生的创新意识和创业热情。在企业的实际项目中，学生能够直接参与到产品的研发、市场调研、运营管理等环节，这种全方位的经历有助于学生全面了解创业的全过程，同时也能够激发他们对创新创业的兴趣和激情。

在校企合作模式下，企业也能通过与高校的合作获取最新的科技成果和创新思维，促进企业自身的创新发展。这种双赢的合作关系，不仅有助于学生的成长，也推动了企业和地方经济的发展。

学校在校企合作过程中，也需要不断优化和调整教育教学策略。应致力于构建开放、灵活的教育体系，注重培养学生的实践能力和创新思维，加强师资力量的建设，引入企业的先进技术和管理经验，提升教育教学质量。

通过校企合作，学校可以将“湖湘工匠”精神与创新创业教育有效融合，为学生提供一个真实的学习和实践平台，不仅提升了学生的专业技能和创新创业能力，也让“湖湘工匠”精神在新时代得到了传承和发扬。这种合作模式为湖南乃至全国培养高素质创新创业人才提供了一个有效的途径，对于推动地方经济社会发展具有重要意义。

第二节 湖南应用型高校“湖湘工匠”培育理念

一、以人为本，注重个性发展

（一）以人为本的教育哲学

以人为本的教育哲学，强调的是教育活动、教育目标、教育内容以及教育方法等各个方面，都应当围绕个体的需求、特点和发展来进行设计和实施。教育不应仅仅是知识的灌输或技能的训练，更重要的是要关注每个个体的全面发展，包括智力、情感、社会性等多方面的成长。在这一哲学观念指导下，湖南应用型高校在“湖湘工匠”培育过程中应当注重以下几个方面：

教育要尊重个体差异。每个学生都有其独特的性格特点、兴趣爱好和学习需求。教育活动应当充分考虑这些个性化因素，提供适应性教学，为学生提供量身定制的学习计划和学习路径。这样不仅能够激发学生的学习兴趣，还能够有效地促进学生能力的提升和人格的完善。

教育应注重学生主体地位的发挥。在教育活动中，应当鼓励学生积极参与，充分表达自己的观点和想法，实现自主学习。教师的角色从传统的“知识传递者”转变为“引导者”和“协助者”，为学生提供必要的资源和帮助，引导学生通过自我探索、实践操作等多种方式获取知识并解决问题。

教育要注重培养学生的创新思维和创业意识。在快速变化的社会和经济环境中，创新和创业能力成为人才竞争的重要维度。因此，“湖湘工匠”的培育不仅仅是技能的培训，更重要的是要培养学生的创新思维和敢于尝试的创业精神。这要求教育者提供开放式的学习环境，鼓励学生进行跨学科学习、项目驱动学习，通过解决实际问题来提升创新能力和实践能力。

教育应重视人文精神和社会责任感的培养。技术技能的提高虽然重要，但真正的“工匠精神”还要求具有高尚的人文情怀和强烈的社会责任感。在教育过程中应融入对美的追求、对道德的尊重和对社会责任的认识，引导学生形成正确的世界观、价值观和人生观。这样的人才，不仅在技术层面能够成为行业的佼佼者，更能在社会发展中发挥积极而深远的影响。

教育要建立终身学习的观念。在知识更新换代极其快速的今天，终身学习已经成为每个人职业发展的必要条件。因此，“湖湘工匠”的培育过程中，应当引导学生树立终身学习的理念，培养学习的能力和习惯。这不仅包括专业知识和技能的更新，更重要的是学习方法、学习态度的形成，使学生能够适应未来社会的各种挑战。

综上所述，以人为本的教育哲学在湖南应用型高校“湖湘工匠”的培育过程中的实施，要求教育实践必须深刻理解和贯彻这一理念，从尊重个体差异、强调学生主体地位、重视创新创业培养、注重人文精神和社会责任感的培养，以及树立终身学习观念五个方面着手，使培养出的人才不仅技术精湛，更具备全面的素质和深厚的文化底蕴。这样的人才，真正能够适应新时代的发展需求，为社会的进步和人类的福祉做出更大的贡献。

（二）个性化学习路径设计

个性化学习路径的设计，是基于以人为本教育理念的一种重要体现，旨在通过对学生个体差异的深入理解和有效应对，为每一位学生提供适合其特点和需求的学习方案，以促进每个学生的全面发展和潜能的最大化发挥。这种设计不仅关注学生的知识和技能学习，更加重视学生创新能力、实践能力与综合素质的培养，以及个性特长的挖掘与发展。

在个性化学习路径的设计过程中，教育者需要深入分析学生的学习习惯、兴趣偏好、能力特点及未来职业发展趋势，从而制定出灵活多样的教学策略与学习方案。这包括但不限于制定个性化课程体系、提供差异化的教学内容、采用多样化教学方法、实施个性化评价与指导等。这种方式有利于激发学生的学习动机，提高学习效率，帮助学生在学习过程中发现自我、了解自我、完善自我。

个性化学习路径还强调建立以学生为中心的学习环境，支持学生根据自己的学习节奏、学习风格和兴趣爱好来调整学习进度和内容。这要求高等教育机构能够提供灵活多样的教学资源，如在线课程、实验室、创新创业平台等，以及开放和包容的学习氛围，让学生有更多机会进行跨学科学习、项目式学习和团队合作，从而促进知识的综合运用和创新能力的提升。

在实施个性化学习路径的过程中，教育者还需不断跟踪学生的学习进展，及时进行学习诊断和反馈，帮助学生调整学习策略和方法，解决学习过程中遇到的问题。同时，应当鼓励学生进行自我反思和自我管理，培养他们的自主学习能力和终身学习的意识。

此外，为了更好地实施个性化学习路径，还需要建立一套完善的支持系统，包括但不限于信息技术的广泛应用、教育资源的共享、师资力量的提升、政策与制度的优化等。通过这些支持，可以有效地推动个性化学习路径的实施，为学生创造更加丰富、有效、灵活的学习体验。

个性化学习路径的设计，是对传统教学模式的一种革新和突破，它强调以学生为中心，根据每个学生的特点制订个性化学习计划，充分调动学生的积极性，提升学习的有效性。这种个性化的学习方式有助于学生发挥各自的潜力和优势，为他们的未来发展奠定坚实的基础。在新时代背景下，高等教育机构应该积极探索和实践个性化学习路径的设计，以更好地满足学生个性化发展的需求，促进每一位学生的全面成长。

（三）核心能力的培养：创新思维和创业实践能力

在当今社会，科技日新月异，新兴产业层出不穷，这对高校学生的创新创业能力提出了更高的要求。为了应对挑战，培养能够适应社会发展需求的高素质人才，湖南应用型高校着手打造“湖湘工匠”精神，将学生核心能力的培养置于重要位置。

学生核心能力培养是一个全方位、多层次的系统工程，涉及知识获取、能力提升、素质拓展等多个维度。其中，创新思维和创业实践能力是核心之核心，它们是学生适应未来社会、引领科技发展潮流必备的素质。

培养创新思维，首要任务是打破传统的教育模式和思维定式，鼓励学生积极探索、大胆假设、勇于实践。高校要创新教学内容和方法，融入创新理念，如设计思维、逆向思维等，激发学生的创造性思考和解决问题的能力。同时，构建开放的学习环境，鼓励学生跨学科学习交流，提升综合素质和创新能力。

创业实践能力的培养，需要高校为学生提供真实的创业平台和丰富的实践机会。通过创新创业教育课程、创业实训基地的建设、创业项目竞赛等方式，让学生在实践中学会如何发现问题、分析问题、解决问题。同时，通过与企业的深入合作，为学生提供实习实训、项目研究、技术攻关等机会，增强学生的项目管理能力、团队协作能力和市场竞争能力。

除了创新思维和创业实践能力的培养，社会责任感也是学生核心能力的重要组成部分。高校应通过社会实践活动、志愿服务、公益项目等形式，培养学生的社会责任感和奉献精神。使学生在参与中体验社会、感悟生活、反思自我，从而增强对社会的责任感和对人民的情感。

沟通协作能力同样不可忽视。在高度信息化和网络化的今天，良好的沟通协作能力对于个人的成功至关重要。高校应通过团队项目、讨论会、角色扮演等活动，培养学生的听力理解能力、表达能力、团队协作精神和领导能力。

在培养学生核心能力的过程中，个性发展同样重要。尊重学生个性，挖掘其潜力，根据学生的兴趣爱好和特长提供定制化的教育计划和个性化的发展路径。帮助学生认识自我、发展自我，实现自我价值和社会价值的双重提升。

总结来说，湖南应用型高校“湖湘工匠”培育理念，通过多维度、全方位地培养学生核心能力，旨在为社会培养具有创新精神和实践能力、负有社会责任、拥有良好沟通协作能力、个性发展显著的高素质创新创业人才。通过这样的教育实践，不仅能够提高学生的综合素质和能力水平，更能够引领社会进步和发展，为构建创新型国家做出积极贡献。

情感与价值观的引领，在湖南应用型高校“湖湘工匠”培育理念中扮演着不可或缺的角色。教育不仅要传授知识与技能，更要注重学生情感态度和价值观的塑造。这种教育模式强调以人为本，通过情感教育和价值观的培育激发学生的内在动力，促进他们个性的全面发展。

在传统教育体系中，知识与技能往往被置于首位，情感教育和价值观的培养则相对较为忽视。然而，在快速变化的社会中，纯粹的知识和技能远远不足以应对未来的挑战。情感与价值观的教育能够帮助学生建立正确的人生观、价值观，为他们的终生发展奠定坚实的基础。

情感教育旨在培养学生的同理心、责任感、自信和其他积极的情感态度。通过情感的引领，教师可以与学生建立更加深厚的师生关系，这种关系能够促进学生更加积极地参与学习，从而在探索和实践中获得成长。情感教育还能帮助学生更好地理解他人，增强团队合作能力，这对于未来创新创业活动来说至关重要。

价值观的教育则更加注重培养学生的社会责任感和道德观念。在创新创业的过程中，正确的价值观是引导学生做出负责任决策的重要基石。通过对价值观的引领，学生不仅能够学会如何正确地评价自己的创新和创业活动，还能够认识到自己的努力如何对社会产生积极影响。这种对社会责任的认知，能够激发学生追求卓越、服务社会的动力。

在实践中，湖南应用型高校通过各种形式的活动来实现情感与价值观的引导。例如：组织学生参与社会实践活动，让他们亲身体会社会的多样性和复杂性，从而增强他们的社会责任感；开展以团队为基础的项目学习，鼓励学生在合作中体验团队精神和个人价值的实现；通过讲座、研讨会等形式，邀请企业家和社会领袖分享他们的经历和价值观，激发学生对创新创业的热情。这些活动不仅能够丰富学生的情感体验，还能够帮助他们形成正面的价值观，为成为新时代的“湖湘工匠”打下坚实的基础。

此外，情感与价值观的引领也需要教师自身的模范作用。教师不仅要在专业知识和技能方面对学生进行引导，更要在情感态度和价值观方面成为学生的榜样。通过教师的言传身教，学生能够在日常学习和生活中不断地观察、学习和模仿，从而在情感和价值观上得到积极的引导。

综上所述，情感与价值观的引领是湖南应用型高校“湖湘工匠”培育理念的重要组成部分。通过对学生情感态度的培养和正面价值观的塑造，不仅能够激发学生的内在动力，还能够帮助他们形成正确的人生观和价值观，从而为创新创业活动和未来的职业生涯奠定坚实的基础。

二、实践导向，强化能力培养

（一）教学策略：实践项目与案例教学融合

实践项目与案例教学的融合是培养具有创新与实践能力的“湖湘工匠”的重要教学策略。这一方法深刻理解并响应了新时代对高素质技能型人才的需求，强调通过真实或模拟的实践活动让学生在解决问题的过程中学习知识，发展技能，提升创新和解决问题的能力。

实践项目是指设计给学生的一系列与真实工作环境相仿或完全基于实际的项目任务。这些项目要求学生应用所学的理论知识和技能，解决实际问题，完成任务目标。它们不仅能够让学生体验实际工作流程，理解专业知识在实际应用中的具体表现，还能锻炼学生的团队协作能力、沟通能力和时间管理能力，为将来的职业生涯奠定基础。

案例教学则是选取与学生专业相关的典型案例，通过讨论、分析案例中的问题探讨解决方案的过程。这种教学方法能够提高学生的批判性思维和解决问题的能力，增强学生的创新意识，同时让学生更加深刻地理解理论知识与实际情境的结合。

将实践项目与案例教学相融合，意味着在教学活动中，教师需要有意识地设计将案例分析与实践项目的执行相结合的教学过程。在这一过程中，学生不仅要通过案例学习去分析问题、讨论解决策略，还要将这些策略应用到实践项目的执行中，通过实际操作来验证理论和策略的有效性。

在实施这一教学策略时，教师应该注意选择与学生专业密切相关，且具有代表性和挑战性的案例和项目。例如，对于工程专业的学生，可以选择一些工程项目管理的案例，让学生围绕这些案例进行学习讨论，然后再参与到真实的工程项目规划和执行中。通过这种方式，学生能够在真实世界的背景下将理论知识与实践技能紧密结合起来，提高自身的综合素质。

此外，教师还应注重培养学生的自主学习能力和创新精神。在实践项目与案例教学的融合过程中，鼓励学生主动探索未知领域，激发学生的好奇心和求知欲。教师可以通过设计开放性的问题，引导学生进行深入思考和自我探索，从而促进学生创新能力和独立解决问题能力的发展。

通过将实践项目与案例教学相融合，可以极大地提升教学效果，使学生在学习过程中获得更多的实践经验，更好地理解并掌握各种专业知识和实践技能。这种教学方法有利于培养学生的实践能力和创新精神，为培养新时代的“湖湘工匠”打下坚实基础。

（二）培养模式：企业实习与技能竞赛相结合

在当前高等教育领域，实践导向教育模式正逐渐成为重要的教学方式，特别是对于应用型高校来说，强化能力培养，通过企业实习与技能竞赛推动“湖湘工匠”的培育，是适应新时代经济社会发展需求的必然要求。

企业实习作为连接教育与产业的重要桥梁，对学生来说，不仅仅是一个实际操作的机会，更是一个理解和深入所学专业知识、融入真实工作环境、培养职业素养的重要途径。通过企业实习，学生可以在真实的工作环境中直面行业现状与工作挑战，这种深度的参与和体验，使他们能够在实际工作中运用所学知识检验和丰富学术理论。此外，企业实习还能够促进学生职业技能的快速成长，增强其就业竞争力，为未来的职业生涯奠定坚实的基础。

技能竞赛则是检验学生专业技能水平的另一个重要平台，它不仅能够激发学生的学习兴趣，提高学习积极性，更能促进学生之间的相互学习、相互切磋，形成良好的学习氛围。在竞赛中，学生需要将理论知识与实践操作相结合，面对实际问题进行解决，这种过程极大地锻炼了学生的实际操作能力、团队协作能力和创新思维能力。技能竞赛的举办，既体现了应用型教育的特色，又能够有效地提升学生的综合能力，为培养创新型、实用型人才提供了有利条件。

企业实习与技能竞赛相结合的培养模式，有助于学生在实际工作中学以致用，解决实际问题，同时，通过参与竞赛，能够进一步巩固和提升自己的专业技能，形成理论与实践相结合的知识结构。这种模式不仅能够提高学生的专业能力，更能增强学生的创新意识和实践能力，为培养适应新时代需求的高素质技术技能人才打下坚实的基础。

培养“湖湘工匠”不仅需要高校提供优质的教育资源，更需要构建企业、高校和社会三方合作的培养体系。通过企业为学生提供实习岗位、高校为学生提供理论知识与技能训练、社会机构为技能竞赛提供支持与资源，三者互相配合，共同推进“湖湘工匠”的培育工作。

加强与企业的合作，深化产教融合，是实施这一培养模式的关键。高校应主动对接企业需求，了解企业所需技术技能，根据企业反馈调整教学内容和方法，确保教育培养与企业需求相衔接。同时，高校还应致力于创新人才培养机制，开展形式多样的技能竞赛，借此提升学生的实践操作能力和创新创业能力。

通过企业实习与技能竞赛的推动，不仅可以培养学生的实践能力和创新能力，还能激发学生的学习兴趣，提高学生的综合素质，为学生日后的职业发展奠定坚实的基础。这样的培养模式对于完善高等教育体系、提升教学质量、实现高校教育的社会价值具有重要意义。

三、创新创业，提升综合素质

跨学科学习是当今教育革新中的一项关键策略，它通过打破传统学科间的界限，促使学生从多个学科角度综合思考问题，进而激发创新思维。这种学习方式对于培养具备创新创业精神的“湖湘工匠”至关重要，因为它不仅提高了学生的知识广度，还增强了其解决复杂问题的能力。

在创新创业过程中，跨学科知识的融合是推动新思想、新技术、新产品开发的重要驱动力。面对复杂的市场需求和日益激烈的竞争，只有那些能够整合不同领域知识、技术和方法的个体或团队，才能在创新创业的道路上走得更远。跨学科学习正是为学生提供这样的能力培养路径：通过对不同学科知识的学习和理解，让学生能够自如地跨界思考，寻找到解决问题的创新途径。

此外，跨学科学习还有助于提升学生的综合素质。在这种学习模式下，学生不仅仅是在吸收知识，更是在学习如何学习，包括如何高效地从一个学科转移到另一个学科、如何在不同的学科知识中寻找联系，以及如何将这些知识综合应用到实际问题中。这些能力对于未来的工匠而言极其重要，因为在实际的工作中，他们往往需要依靠这些综合技能来解决跨学科的复杂问题。

为了更好地实现跨学科学习，高等教育机构应该创造更多支持这一学习方式的条件。这包括但不限于课程设计、师资队伍建设、学习资源的提供以及评价体系的建立。课程设计上，可以开设更多涉及多个学科融合的课程，为学生提供跨学科项目的参与机会；在师资队伍建设上，鼓励教师之间的合作，促使来自不同学科背景的教师共同参与教学活动，以此帮助学生建立跨学科的思维框架；在学习资源的提供上，打造开放式的学习平台，鼓励学生利用互联网资源进行自主学习，扩展跨学科视角；在评价体系的建立上，设计能够评价学生跨学科综合应用能力的评价标准，激励学生在跨学科学习中不断进步。

跨学科学习对于提升学生的创新能力和综合素质具有不可替代的作用。在面向未来的“湖湘工匠”培育中，应当重视并大力推广跨学科的学习方式，通过系统的课程设计和科学的教学方法为学生提供广阔的知识视野和丰富的创新资源。通过这样的教育模式，不仅能够培养出具有创新精神和创业能力的高素质人才，还能为社会的可持续发展注入新的活力。在快速变化的时代背景下，跨学科学习不仅是一种学术趋势，更是高等教育改革的必然选择。

在培养湖湘工匠过程中，实践项目和竞赛被视为提高学生实际操作能力、创新思维和综合素质的重要手段。这些活动不仅能够让学生将理论知识与实践操作相结合，还能促使他们在解决实际问题的过程中锻炼团队协作能力，提高创新实践能力。

实践项目通常要求学生围绕某一主题或问题，进行深入研究和实际操作。这些项目旨在模拟真实工作环境，让学生们面对具体情境，需在指导教师的帮助下自行设计研究方案、实验方案或解决方案。通过这样的过程，学生不仅能够学习到如何应用理论知识解决实际问题，而且能够培养他们的项目管理能力、团队合作精神及与人沟通的能力。

竞赛则是另一种强有力的工具，用于激发学生的创新精神和竞争意识。通过参与各种科技创新、技能操作等方面的竞赛，学生们能在竞争中学习先进技术、掌握专业技能，同时能够检验自己的学习成果和实践能力。竞赛的过程往往伴随着紧张的时间压力和对结果的追求，这不仅能够锻炼学生的抗压能力，还可以培养他们面对困难和挑战时不轻言放弃的精神。

实践项目和竞赛活动通过增加学生的参与度和互动性，有助于培养学生的自我学习能力和自我管理能力。在解决实际问题的过程中，学生必须主动寻找资料、分析问题，并提出解决方案，这一过程极大地促进了他们的自主学习和批判性思维能力的发展。

此外，这些活动还能够极大地提高学生的社会认知和责任感。通过参与实践项目和竞赛，学生们能够更好地了解社会的需求和挑战，以及自己在其中可以扮演的角色。他们不仅学习如何为社会问题提供解决方案，还能通过这一过程认识到自己作为未来工匠的社会责任和使命。

为了确保实践项目和竞赛活动能够有效地促进学生综合素质的提升，高校需要为学生提供充足的资源和支持，包括提供实验设备、研究资金、技术指导和职业规划等。同时，高校还应加强与企业的合作，通过实习、实训基地等方式，增加学生的实践机会，让他们在实际工作环境中学习和成长。

通过实践项目和竞赛培养的学生不仅具备了扎实的专业知识和技能，还拥有了问题解决能力、团队合作精神和社会责任感，为成为新时代的湖湘工匠打下了坚实的基础。这种培养模式的成功实施，对于提升湖南应用型高校教育质量、培养高素质技术技能人才具有重要意义。

在当前的创新创业教育中，创业教育与创新工作坊的结合已成为一种重要的实践方式，旨在培养学生的创新意识、实践能力和综合素质。这种模式不仅有助于激发学生的创新潜力，而且还促进了学生创业技能的提升。

创业教育是一种涵盖了创业精神、创业知识、创业技能等内容的教育方式，它鼓励学生通过实践学习和体验发现问题、解决问题，最终实现价值创造。创业教育不仅仅关注商业启动过程中的技能培训，更重要的是培养学生的创新意识、风险管理能力、团队合作能力等综合素质。这种教育方式强调理论与实践的结合，通过案例分析、模拟运营、创业计划竞赛等多种教学方法，增强学生的现实操作能力。

创新工作坊，则是一种更加侧重于创新实践的模式。它为学生提供了一个实验和探索的空间，学生可以在这里自由地将自己的创意转化为具体的项目或产品。在创新工作坊中，学生能够直接接触到最新的技术和工具，通过动手实践来提升自己的技术能力和创新能力。同时，创新工作坊通常会邀请企业家、投资人等外部导师进入指导，为学生提供专业的意见反馈和市场洞察，这种跨界交流极大地开阔了学生的视野，提高了他们的项目实施能力。

将创业教育和创新工作坊相结合，可以说是一种互补的教育模式。创业教育注重理论基础和创业精神的培养，而创新工作坊则更加注重技能的实际操作和创意的实现。通过参与创新工作坊，学生能够将在创业教育中学到的知识运用到实际的项目开发中，不仅加深了对知识的理解，还培养了解决实际问题的能力。

这种教育模式的实施，需要高校创造一个开放、灵活的学习环境，让学生能够在实践中自我探索、自我学习。此外，还需要构建一个跨学科的教学团队，将商学、工程学、设计学等不同领域的教师集合起来，为学生提供全方位的指导。同时，高校还应该加强与企业的合作，通过实习、创业基地等形式，让学生有机会接触到真实的商业环境，体验创业的全过程。

通过创业教育与创新工作坊的融合，学生不仅能够学到知识、掌握技能，更重要的是能够培养面对未来挑战所需的创新思维和解决问题的能力。这种以学生为中心的教育模式有效地促进了学生的个人发展和职业规划，为他们未来的创新创业之路奠定了坚实的基础。

企业实习与学术研究相结合是湖南应用型高校在培养“湖湘工匠”过程中的一项创新举措。这一战略旨在通过实践与理论的无缝对接，全面提升学生的创新创业能力及其综合素质。在这一模式下，企业实习不再是简单地参与工作，而是成为理论知识应用、技能掌握和创新能力培养的重要平台。学术研究也不再局限于书本和实验室，而是紧密联系实际，解决企业发展中的实际问题。

这种模式的核心在于打破传统教育与企业界之间的壁垒，促进教育资源和企业需求的深度融合。通过企业实习，学生能够直接接触到行业最前沿的技术和管理经验，了解职场文化和工作流程，这对于学生的职业规划和能力提升有着重要意义。同时，将学术研究的成果应用于解决企业实际问题，既能够提升学生的研究能力和创新思维，也有助于提高研究的应用价值和社会影响力。

具体实施时，应用型高校应与企业建立密切的合作关系，共同开发实习项目，设计实习内容和研究课题，确保学生在实习中能够得到真正的技能训练和创新能力的培养。同时，学校应提供足够的资源和指导，帮助学生在实习过程中遇到的困难，确保企业实习与学术研究能够有机结合，相互促进。

从教学方案的设计到实施细节，都需精心规划，从而实现教育教学的多元化和个体化。例如，结合实习企业的需求和特点，开展针对性的案例研究、项目驱动教学和问题解决式学习，引导学生将理论知识应用于实际问题的解决中提升解决复杂问题的能力。

此外，评估体系的构建也是不可忽视的一环。应建立起一个全面、科学的评价体系，不仅评估学生在实习中的表现和技能提升，也要评价其创新能力和学术成果的应用价值。通过这样的评估，既可以反馈学生的学习成果，也可以作为教学模式和教学内容调整的依据。

企业实习与学术研究的整合需要高等教育机构、学生和企业三方的共同努力。高校要创造条件，为学生提供跨学科的学习氛围和多样化的实践机会，激发其内在的创新潜能和创业精神。学生则要具备积极探索的态度和不断学习的意识，主动将学术研究与企业实习相结合，不断提升自身的实践经验和创新能力。企业也要积极配合高校，为学生提供实习机会和科研平台，通过这种产教融合的方式，培养更多既有理论知识又有实际操作能力的“湖湘工匠”。

这样的教育模式将深刻影响应用型人才的培养质量，为社会培育出更加符合时代需求的高素质、高技能人才，为地方经济的发展和社会的进步做出重要贡献。

第三节 “湖湘工匠”创新创业培育实践举措

一、课程体系建设与优化

（一）需求导向的课程开发

在面向未来的教育体系中，需求导向的课程开发是构建和优化课程体系的关键一环。它强调以市场和社会需求为导向，对课程内容和结构进行科学合理的规划和调整，以达到更好地培养学生的创新创业能力。这一过程不仅要求教育者深入理解和把握行业发展趋势，还要对学生的职业发展需求有充分的了解和预判。

在实施需求导向的课程开发时，应注重市场趋势的分析和预判，将行业的最新发展动态及时整合到课程内容中，确保教学内容的前沿性和实用性。这要求教育者与行业紧密合作，定期邀请行业专家参与课程设计与更新，以确保课程内容能够紧跟市场的步伐。同时，需求导向的课程开发还应关注学生的个性化学习需求，通过灵活多样的教学方式和丰富的课程选择，为学生提供量身定做的学习路径，增进学生对知识的理解和应用。

课程内容的构建应围绕培养学生的创新思维和创业能力展开，重点培育学生的问题发现和问题解决能力。这要求课程不仅要覆盖基础理论知识，还要包含大量的实践操作，如案例分析、项目实践、创业模拟等，使学生能够在实际操作中学习和积累经验。为了更好地促进学生能力的培养，需要构建跨学科的课程体系，鼓励学生跨专业学习和合作，以拓宽知识视野，增强团队协作能力。

有效的评价机制是需求导向课程开发成功的又一关键因素。除了传统的知识考核，更应重视对学生创新能力、实践能力和团队协作能力的评价。通过设置与实际工作情境相仿的项目任务，让学生在解决实际问题中体现自己的能力，并据此进行综合评价。

此外，需求导向的课程开发还需要教育者不断更新教学方法和手段，利用现代信息技术，如在线学习平台、虚拟实验室等新兴教学资源，提高教学效果，同时也激发学生的学习兴趣和主动性。借助技术手段，可以实现课堂的翻转与个性化学习，让学生在享受个性化学习体验的同时，培养创新思维和独立解决问题的能力。

需求导向的课程开发要求教育机构和教师具备高度的敏感性和适应性，能够快速响应市场变化和社会需求，及时调整教学内容和方法。这一过程中，教育者应持续关注行业动态、技术发展及政策导向，确保课程内容的持续更新和优化，从而真正实现培养符合社会需求的高素质创新创业工匠人才的目标。通过如此深入和系统的课程建设与优化，能够有效地提升学生的综合素质，为其未来的发展奠定坚实的基础。

（二）整合资源，打造全方位、多层次课程平台

在高等教育领域，尤其是在湖湘地区，课程体系的建设与优化扮演着极为关键的角色，特别是在促进“湖湘工匠”精神的创新创业培养过程中。实现这一目标的有效途径之一是整合资源，打造一个全方位、多层次的课程平台。这样的平台不仅可以提供必要的知识与技能训练，还能够激发学生的创新精神与创业热情，为他们日后的职业生涯打下坚实的基础。

资源整合的核心在于融合校内外、理论与实践、传统与现代等各方面的高质量教学资源。通过横向与纵向的资源整合，构建出一个覆盖基础教育到专业各个层面的课程体系。这个体系能够为学生提供从基础知识学习到高级技能训练，再到实际项目操作的全过程教育与实践机会。

打造课程平台的首要任务是确保内容的丰富性与多样性。这意味着课程不应仅限于专业技能的培训，还应该包括创新方法、创业理论、市场分析、法规政策等内容。此外，课程还应该注重培养学生的团队合作能力、沟通能力以及解决复杂问题的能力。课程内容的多样化有利于学生从多角度、多维度理解创新创业的含义和价值，从而全面提升其创新创业能力。

资源的整合还包括利用现代信息技术，如在线学习平台、虚拟实验室、云计算等，来拓展教学的时空边界。这种方式不仅能够让学生随时随地接触到最新、最前沿的知识和技术，也能够让他们在模拟真实的行业环境中进行实践操作。此外，利用信息技术还可以实现个性化学习路径的定制，满足不同学生的学习需求和兴趣。

为了进一步丰富课程平台的资源，高校还应该与产业界、研究机构等外部资源进行深度合作。通过校企合作、产学研结合等模式，高校可以引入更多实践机会，如实习、实训项目、创新实验室等。这些实践机会不仅能够让学生将所学知识应用于实际工作中，还能够让他们直接面对行业的挑战，从而加速其从学生到职业人的转变。

在课程平台的建设过程中，教师的角色也不可小觑。教师不仅是知识与技能的传授者，更

是学生创新创业过程中的引导者与支持者。因此，高校需要对教师进行专业培训，提升他们在创新教学方法、跨学科课程设计、学生创业指导等方面的能力。此外，鼓励教师深入产业界进行实地考察、参与实际项目，也是提升其教学质量的有效途径。

通过以上措施，整合的资源能够在课程平台内得到高效利用，为“湖湘工匠”提供一体化、个性化的创新创业培养路径。这样的课程平台不仅能够提高学生的学习效率和培养质量，还能够加速知识与技能的更新换代，最终实现高校与社会的双赢。在未来的发展中，随着技术的进步与社会需求的变化，这个课程平台的建设和优化将是一个持续进行的过程，需要所有参与者的共同努力和智慧。

（三）实践教学与能力提升

实践教学与能力提升在“湖湘工匠”创新创业培育机制中占据着不可或缺的地位。这是建立在深刻认识到理论与实践相结合的教育模式对于激发学生创新精神和实践能力、加速技术与知识转化过程的基本需求之上的。为了切实提升学生的创新能力和实际操作技能，深化实践教学，构建和优化了以提升为目标的课程体系，注重通过多渠道、多形式的实践活动，全面提升学生的综合素质。

首先讨论的是实践教学的核心价值及其在创新创业教育过程中的作用。实践教学不仅可以帮助学生将理论知识与实际问题相结合，而且通过解决实际问题的过程增强学生面对未知挑战的能力，培养学生的创新思维和创业意识。在“湖湘工匠”培养计划中，实践教学通过引导学生参与科研项目、企业实习、社会实践等活动，让学生在真实的工作情境中学习和应用知识，体验创新创业过程，从而凸显了其在培育工匠精神和创新能力方面的重要性。

接着，探讨课程体系建设与优化策略，以促进实践教学的有效实施。优化课程体系，意味着根据创新创业教育的需求调整和设置课程内容，强调跨学科学习，鼓励学生从不同领域获取知识，形成综合性解决问题的能力。同时，课程设置应侧重于实践技能的培训，如操作技能、项目管理、团队合作等，这些都是创新创业必不可少的技能。通过课堂教学与实际操作相结合的方式，让学生在掌握理论基础的同时增强实践操作能力，以适应未来职业发展的需要。

再说到提升实践教学质量的方法，包括但不限于建设实训基地、加强与企业的合作、更新教学手段等。建立校内外实训基地，为学生提供接受职业训练的平台，是实践教学质量提升的关键之一。通过加强与企业的合作，可以使学生有更多机会参与到实际工作中，了解行业动态，掌握现代企业运作模式。同时，应用新技术、新媒体于教学过程，如虚拟仿真、在线课程等，也能有效提高教学效果，激发学生的学习兴趣。

为了实现实践教学与能力提升的目标，还需要注重评价机制的建立和完善。评价机制不仅需要对学生的知识掌握程度进行评估，更要关注学生实践能力的提升和创新思维的生成。因此，应采取多元化的评价方法，如过程评价、小组评议、项目成果展示等，这些评价方式能够更全面地反映学生的综合能力，促进学生能力的全面发展。

通过上述措施的实施，实践教学与能力提升将有效地促进“湖湘工匠”创新创业培育计划的实现。这不仅能够提升学生的实践操作能力和解决问题的能力，还能激发学生的创新精神和创业意识，为学生未来的职业发展打下坚实的基础。在新时代背景下，这种注重实践教学与能力提升的教育模式，无疑将为培养具有创新能力和工匠精神的高质量人才提供有力的支撑。

二、实践教学平台搭建

（一）多元化实践教学资源整合

多元化实践教学资源整合关键在于如何高效地汇聚和配置各类教育资源，以构建一个开放、互动、协同的教学环境，促进学生创新创业能力的全面发展。在当前的教育体系内，实践教学被赋予了越来越重要的地位，因此，有效地整合多元化实践教学资源显得尤为关键。

在整合过程中，注重资源的内部优化与外部连接是基础工作。内部优化主要围绕教学资源的整合与优化，包括但不限于实验室设施、技术工具、教材资源以及专家教师资源等。通过建立资源共享平台，实现资源的动态配置和高效利用，既可以避免资源的重复建设，又能确保每一位学生都能得到均等且高质量的教学资源。同时，教学内容也应当紧跟行业发展的步伐，不断更新，确保学生所学能与时俱进，满足社会及行业的实际需求。

外部连接则更侧重于与企业、行业以及其他教育机构的合作。通过校企合作、产学研结合的模式，不仅可以引入更多的实践项目，还能让学生直接参与到企业项目中，从而获得真实的工作经验，增强其解决实际问题的能力。此外，学校还应该积极探索与国内外其他高校的合作交流机会，通过交换生项目、远程教学等方式，拓展学生的国际视野，增强其在国际化竞争中的能力。

在多元化实践教学资源整合的过程中，还需要重视学生个性化学习的引导。每位学生的学习需求、学习风格以及兴趣点都各不相同，因此，提供个性化的学习路径和资源对于提升学生的学习效果至关重要。这就要求教育者能够充分了解每位学生的具体情况，以及时调整教学策略和内容，确保每位学生都能在多元化的实践教学环境中找到适合自己的发展道路。

技术的应用也是多元化实践教学资源整合中不可或缺的一环。随着信息技术的迅猛发展，虚拟仿真、在线课程、远程会议等技术手段已经成为实践教学的重要工具。通过这些技术平台，学生即使不在实验室或是实践基地，也能通过互联网进行实验操作、项目协作等活动，极大地提高了教学资源的利用效率和教学活动的可达性。

评估与反馈机制的建立同样是确保多元化实践教学资源整合效果的重要措施。通过定期的教学评估以及来自学生的反馈，学校可以及时了解到实践教学活动的实际效果，发现问题，并据此进行调整和优化。这种以结果导向的教学模式可以确保教学活动始终围绕提高学生的实践能力和创新精神进行，最终实现教学目标的达成。

综上所述，多元化实践教学资源整合旨在通过优化内部资源配置、加强外部合作连接、支持学生个性化学习和应用先进技术手段等多种措施，为学生提供一个内容丰富、形式多样、开放互动的实践学习环境。通过这一系列举措的实施，可以显著提高学生的创新能力和实践能力，为培养具有创新精神和实践技能的新时代工匠打下坚实的基础。

（二）实践教学平台的建设

在现代教育体系中，实践教学平台的建设是连接高校和产业界的重要桥梁，尤其是在培养具有创新创业精神的“湖湘工匠”方面发挥着不可替代的作用。实践教学平台与产业对接优化的核心在于构建一个互利共赢的生态系统，该系统不仅能够为学生提供真实的工作环境和挑战，同时也为产业界输送具有实际操作能力和创新思维的人才。

为了更好地实现这一目标，教育机构应当与企业、政府以及非营利组织等多种社会主体进行深度合作，共同开发适合当地经济发展和产业升级的实践教学项目。这些项目不仅限于传统的实习安排，还包括参与企业的实际项目研发、创新工作坊、企业导师制等多种形式。通过这些深入的合作方式，学生能够在实践中深化理论知识的学习，增强解决实际问题的能力。

此外，优化实践教学平台与产业的对接还要求教育机构对培养目标和课程设置进行持续的调整和优化。这意味着，高校需要密切关注产业发展趋势，根据市场需求的变化及时调整人才培养方案，确保学生所学技能能够与产业需求保持一致。为此，高校可建立由企业家、产业专家等组成的咨询委员会，为课程设置、专业发展提供咨询和建议。

实践教学平台的建设也离不开创新的教育理念和方法。随着信息技术的迅猛发展，MOOCs（大规模开放在线课程）、AR（增强现实）、VR（虚拟现实）等教育技术被广泛应用于实践教学中，这些技术使得远程实践教学成为可能，拓宽了学生的学习渠道和范围。通过利用这些技术，教育机构可以打造出更加灵活多样的实践教学平台，让学生即便身处课堂之外也能够接触到最前沿的产业知识和技术。

衡量实践教学平台与产业对接优化成效的一个重要指标是学生的就业率和创业成功率。教育机构应通过定期的跟踪调查、毕业生反馈等方式收集有关实践教学成效的数据，以便不断调整和优化实践教学平台的设计。通过这些数据的分析，教育机构能够更准确地掌握产业对人才的具体需求，从而更有针对性地调整培养方案。

实践教学平台与产业界的深度对接是一个复杂的系统工程，涉及教育资源的整合、教育理念的更新、教学方法的创新等多个方面。随着社会经济的发展和产业结构的升级，这一体系还需不断地自我更新和完善。通过将理论学习与实际操作紧密结合，优化实践教学平台与产业的对接，可以更有效地培养出既具备扎实专业知识又有实际操作能力和创新精神的湖湘工匠，为社会和经济的发展贡献重要的力量。

三、创新创业竞赛与活动

（一）创新工坊与孵化基地

在新时代的背景下，高等教育正面临着从知识传授向能力培养转变的挑战，尤其是在创新创业教育方面。为了应对这一挑战，"创新工坊与孵化基地"成为高校培养“湖湘工匠”精神和创新创业能力的重要载体和实践平台。

创新工坊是高校内以学生为主体的实践创新平台，旨在通过提供实验室、工作空间以及各种技术和创新资源，激发学生的创意，并帮助他们将这些创意转化为实践项目或成品。这些工坊通常以项目驱动的形式运作，鼓励学生团队合作，解决实际问题。在这个过程中，不仅能够锻炼学生的技术能力和创新思维，还能培养他们的团队合作精神和项目管理能力。通过参与到创新工坊的项目中，学生们能够亲身体验从构思到实现的全过程，这种实践经验对于他们未来的创业活动具有重要的启示和推动作用。

而孵化基地则是为创新创业项目提供一站式服务的平台，包括但不限于资金支持、政策咨询、市场拓展、技术指导等。孵化基地通常依托于高校强大的科研实力和丰富的教育资源，为创新创业团队提供一个良好的成长环境。在这样的环境中，学生创业者不仅能得到物质上的支持，更重要的是能够接触到来自各领域的专家指导和行业前沿的信息，这对于提升他们的创新能力和业务水平意义重大。孵化基地的存在极大地降低了创业的门槛和风险，使得更多的学生敢于将自己的创意转化为现实。

创新工坊与孵化基地相结合，形成了一个完整的创新创业培育链条。学生们可以在创新工坊中培养创新思维和实践能力，之后再到孵化基地中将自己的创意项目转化为成熟的产品或服务，过程中不断磨炼和提升自己的创业能力。这一链条不仅涵盖了从创意到产品的整个过程，更为重要的是，它实现了高等教育资源的有效整合和利用，为学生提供了一个全方位、多维度的学习和成长环境。

在湖湘地区，许多高校已经开始构建和优化创新工坊与孵化基地，以此作为推动教育创新和学生创新创业能力培养的重要措施。这些高校通过与地方政府、企业和研究机构等各方面资源的深度合作，不断丰富创新工坊的资源配置，优化孵化基地的服务体系，使之成为湖湘工匠精神培养和新时代创新创业人才培育的重要阵地。

通过构建与优化创新工坊与孵化基地，不仅可以有效提升学生的创新意识和创业能力，更重要的是能够培育出一批具有湖湘工匠精神和创新能力的高素质人才，为地方经济的发展和产业的升级提供强有力的支持。这种人才培养模式的创新与实施为高校教育改革提供了有益的实践经验，也为湖湘乃至全国的创新创业教育指明了方向。

（二）校园创业导师计划

在谈论校园创业导师计划时，应深入探究这一项目对于建立和强化"湖湘工匠"在创新创业领域中的培育所具有的核心价值和功能。学校作为知识和人才的汇聚地，拥有着丰富的教育资源和学术环境，为创新创业提供了肥沃的土壤。然而，创新创业的过程很少是直线形的，它包含试错、调整乃至转型，这就需要为学生指明方向，提供支持，这正是校园创业导师计划发挥作用的地方。

校园创业导师计划主要是通过邀请拥有丰富创业经验和行业知识的企业家、高校教师或外部专家担任“导师”，为创业初期的学生团队提供一对一的指导服务。这种指导既包括创业理念的培育、市场分析、商业模式的构建，也包括产品研发、团队管理、风险控制等实践操作的指引。导师通过分享个人经验、提供资源链接、进行战略规划等方式，切实增强学生团队的创业能力，帮助他们预见并应对创业过程中可能遇到的各种挑战。

此计划的实施对于促进学生的创新思维和创业实践能力有着重要意义。通过与导师的紧密互动和交流，学生们能更多地从实践中学习，理解市场和技术的最新发展，从而提高他们的创新意识和应用能力。这种教育模式突破了传统课堂教学的界限，使学生在真实的创业环境中学习和成长，有助于培养具有实战能力的湖湘工匠。

为了确保校园创业导师计划的效果，高校需在导师的选拔、学生的匹配、项目的跟踪评估等方面做出细致的安排。选拔时，不仅要考量导师的业界经验和知识水平，还要评估其对教育的热情和承诺，确保他们能够投入足够的时间和精力指导学生。在学生团队的匹配上，可以依据团队的业务领域、发展阶段和具体需求来进行，以达到最佳的指导效果。同时，高校还应建立起项目跟踪和评估机制，定期检查指导过程的有效性，收集反馈信息，及时调整和优化计划内容。

校园创业导师计划的实施，为高校创新创业教育模式的创新提供了有力实践。它不仅有助于强化学生的实践能力，更是促进学校与产业界、社会的紧密联系，推动知识转化和技术创新，最终服务于区域经济的发展与社会进步。通过这样的计划，湖湘工匠的培养能够更加贴近市场和技术的前沿，更加符合新时代的要求，有效地提升湖南乃至全国的创新创业水平。

（三）高校科技创新竞赛

高校科技创新竞赛作为一种促进学生创新能力和实践能力发展的重要手段，在新时代湖南高校的创新创业工匠培养机制中扮演着举足轻重的角色。这类竞赛不仅是学生展示自己科技创新成果的平台，也是学校培养学生创新意识、实践能力和团队合作精神的有效途径。

在湖南高等教育体系中，科技创新竞赛通常会涵盖从基础科学研究到应用技术开发的各个领域，旨在激发学生对科学技术的兴趣，培育他们解决现实问题的能力。通过参与这些竞赛，学生能够将理论知识与实际应用相结合，进而提高自己的科研能力和创新能力。

在组织这些竞赛时，高校往往会与行业企业合作，确保竞赛的题目贴近产业需求，从而使学生的创新成果能更容易地转化为实际的应用。这样的合作模式不仅拓宽了学生的视野，也为他们搭建起了进入相关行业的桥梁。

为了保证科技创新竞赛的效果，高校还会为参赛学生提供一系列支持措施。这包括提供创新实验室、创业孵化平台等硬件资源，同时，还会邀请行业专家和学校教师提供指导服务，帮助学生在项目策划、技术研发、成果推广等方面提高自己的能力。

除了实物和技术支持外，高校还会组织讲座、工作坊等形式的活动，通过分享成功案例、经验交流等方式，增进学生的创新思维和实践经验。这些活动不但能激发学生的学习兴趣，也为他们提供了解决问题的思路和方法。

成功举办的高校科技创新竞赛，能够显著提高学生的综合素质，特别是在创新思维、团队合作、技术应用等方面的能力。这对于培养适应新时代需要的高素质创新工匠具有重要意义。通过这些竞赛，学生不仅能获取知识和技能的提升，也能增强自己的社会责任感和使命感。

值得一提的是，高校科技创新竞赛还具有显著的社会效应。通过竞赛，优秀的科技创新项目能够脱颖而出，吸引企业和投资者的关注，从而促进科技成果的转化和产业化，推动地方经济发展和社会进步。

以湖南高校为例，通过举办各类科技创新竞赛，已成功孵化出一批有社会影响力的科技项目，这些项目在环保、智能制造、信息技术等领域对社会产生了积极的影响。

综上所述，高校科技创新竞赛作为湖湘工匠创新创业培育体系的一个重要组成部分，不仅为学生提供了展示和实践自己创新想法的平台，也促进了学校与行业的紧密合作，对于提升学生创新创业能力、推动地方科技进步与经济发展均发挥着不可或缺的作用。在新时代背景下，高校科技创新竞赛的重要性将会愈加凸显，持续推动湖南乃至全国高校创新创业教育的进步和发展。

创新创业竞赛与活动作为激发学生创新精神、培养创业能力的重要手段，在高校教育体系中占据了举足轻重的地位。特别是跨界合作项目挑战赛，更是以其独有的形式和机制，促进了多学科、多专业间的交流与合作，为学生提供了一个广阔的创新创业实践平台。

（四）跨界融合

在当下社会，跨界融合已经成为创新的重要趋势，也是培养未来工匠必不可少的教育路径。跨界合作项目挑战赛正是基于这样的教育理念，使得参与者不仅能够在专业技能上得到锻炼，更重要的是能在跨专业、跨领域的合作中学习到如何将不同领域的知识和技能综合运用于解决实际问题之中。

这类竞赛通常设定一个或一系列具有实际背景的问题，要求参赛者从不同学科的角度出发，围绕问题进行深入研究和团队协作，提出解决方案。在这个过程中，学生不仅需要运用自己的专业知识，还必须学会倾听来自其他学科的意见与建议，培养跨学科交流的能力和团队合作精神。

值得一提的是，跨界合作项目挑战赛在促进学生理论学习与实践操作相结合方面发挥了关键作用。通过实际操作来解决问题，学生能够将课堂上学习的理论知识转化为解决实际问题的能力，这对于未来的创新创业活动来说是极其宝贵的经验。同时，通过这种方式，学生还能学会如何在有限的时间内高效地完成项目，这对于培养学生的项目管理能力与时间管理能力同样重要。

参与跨界合作项目挑战赛，还能让学生接触到来自企业界和社会各界的专业人士，这不仅能够为学生提供专业的指导和建议，还为他们日后的就业和创业提供了宝贵的资源。通过与企业合作，学生可以了解行业发展趋势与真实工作环境，增强其市场敏感度和解决实际问题的能力，为将来的职业生涯打下坚实的基础。

此外，跨界合作项目挑战赛还有助于培养学生的领导力。在竞赛过程中，学生需要承担起领导团队、协调资源、解决冲突等多重任务，这对于提升他们的组织协调能力、领导能力和心理承受能力具有显著效果。

综上所述，跨界合作项目挑战赛作为一个高效的教学模式和实践平台，对于培养具有创新精神和创业能力的工匠人才具有不可忽视的作用。通过参与这类活动，学生不仅能够得到综合素质的全面提升，更重要的是能够在多元化的学习环境中找到自己的兴趣所在和发展方向，为未来的职业生涯奠定坚实的基础。

四、校企合作与产教融合

深化校企合作模式创新对于培养新时代湖湘工匠在创新创业领域的重要性日益凸显。在高教体系中，校企合作不仅是一个重要的教学模式，也是产教融合、理论与实践有效结合的重要途径。面向未来，要充分发挥校企合作在技能人才培养中的作用，必须探索与实践更加深入、创新的合作模式。

深化校企合作的核心是双方能够形成互利共赢的长效机制，这不仅包括共同参与人才培养方案的制定，还涉及课程开发、实验实训基地的构建、创新项目的合作等多方面。在这一过程中，高校能够借助企业的技术资源和实践平台，将教学内容与企业的实际需求紧密结合，不断优化课程体系，提高教学的实践性和针对性。

企业作为校企合作的另一方，可以通过参与人才的培养过程，尤其是参与课程设计、实训指导等环节，更早地识别和吸引优秀人才，为企业的长远发展储备关键的人力资源。同时，企业还可以借此机会，指导学生开展科研项目和技术创新活动，既培养了学生的实践能力和创新意识，也促进了企业自身的技术进步和创新发展。

除了传统的合作方式之外，深化校企合作模式创新还需要依托现代信息技术，打破地理限制，构建虚拟实训平台，利用大数据、人工智能等技术手段，实现远程教育、在线实训等新型教学模式。这样不仅能扩大校企合作的影响范围，还能提高教学资源的利用效率，使得更多的学生能在更广泛的领域内接受企业一线的技术指导和项目实战经验。

进一步优化校企合作模式还需要完善相关的政策与制度环境。政府部门应当出台更多激励措施，鼓励和支持企业参与人才培养的各个环节，通过税收减免、资金支持、政策倾斜等方式，降低企业参与校企合作的门槛和成本。同时，也需要建立健全合作监督机制，确保合作双方的权益都能得到有效保障，避免合作中出现的潜在风险与问题，保证合作的质量和效果。

总的来说，深化校企合作模式创新，需要高等院校与企业双方在合作机制、模式创新、政策支持等多方面共同发力，进行深入探索和积极实践。通过这样的合作，才能真正实现教育资源与社会需求的高效对接，为培养新时代的湖湘工匠提供坚实的基础和广阔的平台，推动湖南乃至全国高校创新创业工匠培养机制的不断优化和创新发展。

构建产学研一体化培养平台是新时代湖南高校创新创业工匠培养机制探索中的一个重要组成部分，它依托于校企合作与产教融合的背景，旨在通过深化产学研合作，打通教育培养与行业需求之间的桥梁，进而更好地促进湖湘工匠创新创业能力的培养。

该平台的建立，基于对当前社会经济发展趋势和产业转型升级需要的深刻理解。随着新兴产业的迅速崛起和传统产业的深度调整，对高素质技能型人才的需求日益增长。然而，高校教育与行业实践往往存在一定的脱节，学生毕业后需要经过较长时间的实践锻炼才能满足工作岗位的需求。因此，构建一个能够将教学、实践、研究紧密结合的培养平台，对于缩短学生与企业之间的距离、提高教育培养的针对性和有效性具有重要意义。

该平台的核心在于实现教育内容、教育方式和教育目标与企业实际需求的深度对接。这需要高校与企业、研究机构等社会资源建立起更加紧密、灵活的合作关系，共同参与到人才培养的各个环节，包括课程设置、实践教学、科研项目等。通过在校内设立联合实验室、研究中心，以及在校外建设实习实训基地、创新创业孵化平台等形式，将企业的先进技术、管理经验和市场动态直接引入学生的学习和实践过程中。

具体到教育实施层面，产学研一体化培养平台注重于激发学生的创新精神和实践能力。教育过程中，鼓励和支持学生参与真实的科研项目和技术开发，这些项目往往围绕企业技术创新、产品研发和市场推广的实际需求展开。学生不仅能在这一过程中学习到最新的技术知识，更能通过解决实际问题锻炼他们的创新思维和团队协作能力。此外，平台还会定期邀请企业专家和技术人员进入课堂，分享前沿技术信息、行业发展趋势和职业生涯规划等内容，使学生能更直观地了解所学知识与未来职业生涯的密切联系。

为了保障该平台的高效运转，高校需要不断优化人才培养方案，将产学研一体化的理念贯穿于教育教学的全过程。这包括制定与行业标准相匹配、符合未来就业市场需求的课程体系；采用项目导向、问题导向的教学方法，提高学生的实际操作能力和解决问题的能力，并建立健全的评价体系，真实反映学生的学习成效和创新能力。同时，还需构建开放、共享的平台治理机制，通过建立健全的政策支持和激励机制，鼓励更多的企业、研究机构参与到平台的建设和运营中来，共同推动人才培养模式的创新和发展。

通过构建产学研一体化培养平台，湖南高校可以为学生提供一个既有理论深度又具实践广度的学习和研究环境，帮助他们更好地适应未来复杂多变的工作需求，促进高素质技能型人才的培养。这不仅对提升湖南乃至全国的技术创新和产业发展具有深远的意义，同时也为高校教育改革提供了有益的探索和实践经验。

第三章 湖南高校创新创业教育现状分析

第一节 湖南高校创新创业教育发展历程

一、创新创业教育的起源与发展

（一）湖南创新创业教育的起源

湖南高校创新创业教育，在中国高等教育体系中扮演着重要角色，这一教育模式的发展历程深刻反映了时代的需求与挑战。自20世纪90年代以来，随着经济全球化和知识经济时代的到来，全球范围内创新创业能力已成为国家竞争力的重要标志，湖南高校紧跟时代步伐，逐步开展创新创业教育工作。

创新创业教育的起源可以追溯至学校教育体系内对于培养学生综合能力的初步探索。最初，这类教育更多地侧重于知识的传授和技能的训练。然而，随着经济和社会的不断发展，单一的知识与技能已无法满足社会对人才的需求，创新能力和创业精神开始受到重视。湖南高校认识到这一点，开始尝试将创新创业教育纳入教育体系之中。

（二）湖南创新创业教育的发展

创新创业教育在湖南高校的推广和实施，历经多个阶段。起初阶段，多数高校仅在课程设置上增加了有关创新与创业的选修课，注重理论教学。随着教育部门和政府对创新创业教育重要性认识的深入，湖南高校开始从课程建设、教学方法改革、教材编写等多方面进行系统化、深层次的改革。诸如实践教学平台的建立、创新创业项目竞赛、创新创业教育基地的创建等，旨在通过全方位、多样化的教学模式，提高学生的创新意识和创业能力。

在这一过程中，湖南高校创新创业教育取得了显著成绩。众多高校成立了以创新创业为主题的学生社团、创业孵化基地和创新实验室，有效地将教学资源与社会实践相结合，创造了一系列成功的创业案例。学生在学习过程中不仅掌握了相关的知识和技能，更重要的是培养了他们面对问题主动思考、积极探索的能力。

此外，湖南高校与地方政府和企业建立起紧密的合作关系，共同推动创新创业教育的发展。这种产学研结合的模式，既提供了学生实践创新创业的平台，也为地方经济发展注入了新鲜血液。高校的科研成果转化效率得到显著提升，创新创业教育的社会效益和经济效益逐渐显现。

进入新时代，面对更为复杂多变的国内外形势，湖南高校创新创业教育更加注重深化教育教学改革，强化创新创业教育与专业教育的融合，不断提高创新创业教育的质量与效果。引进国际化教育资源、加强师资队伍建设、完善创新创业支持体系，以及优化创新创业政策环境，都是湖南高校为适应新时代要求所作的努力。

湖南高校创新创业教育的历史回顾表明，这是一个不断探索、积极前行的过程。从最初的理论教学到现在的实践融合，创新创业教育已成为高等教育中不可分割的一部分。未来，湖南高校创新创业教育还将继续深化改革，促进创新型人才的培养，为社会经济发展贡献更多的力量。

在探索国内外创新创业教育的发展趋势时，我们发现这一领域的演进过程蕴含着深刻的跨文化学习与交流。创新创业教育，作为培养未来创新者和创业者的重要手段，不仅关系到国家的经济发展，也是高等教育改革的关键方向。

美国创新创业教育注重实践和创新精神的培养，其教育模式高度依赖于与企业界的紧密合作，并且强调跨学科的学习方法。例如，硅谷的成功部分归功于其教育系统与科技企业的无缝对接，为学生提供了在企业实践、研发新技术的机会。同时，美国高校中存在大量创新创业相关的课程和专业，这些课程设计通常包含了市场调研、商业计划书编写、风险投资等实用技能的培养。

而欧洲国家，尤其是北欧国家在推进创新创业教育方面更加强调可持续发展和社会责任。这些国家的教育体系试图在培养学生的创新能力的同时，增强他们的社会企业精神，鼓励学生关注社会问题，并通过创新解决办法来应对。在课程设置上，欧洲的一些高校将创新创业教育与人文学科融合，强调跨领域的知识整合能力。

回望国内，中国的创新创业教育起步较晚，但发展迅猛。近年来，随着国家政策的大力支持，创新创业已成为高教体系改革的核心内容。中国高校在创新创业教育方面的特色之一是政策驱动，大量的政策指引和资金投入促进了教育体系的快速响应和资源整合能力。与此同时，中国高校也在探索将创新创业教育与国家重大战略需求相结合，如“双创”教育活动，培养学生的创新能力和创业精神。

在课程和教育模式方面，中国的一些高校开始借鉴国外成功的教育经验，加强与企业的合作，推动产学研用一体化，为学生提供更多实践机会。同时，互联网和科技的快速发展为中国创新创业教育带来了新的机遇。很多高校通过建立创新实验室、创业孵化器等平台，鼓励学生利用新技术解决实际问题。

在比较分析中，不难发现国内外在创新创业教育的发展趋势中都强调了实践性和跨学科的学习。不同之处在于，西方国家的教育更加注重个人创新精神和创业能力的培养，而中国的教育在这一基础上，更多地融入了国家战略导向和社会责任感。随着全球化的深入发展，这些差异也在不断地交融和互相借鉴之中，为全球创新创业教育的发展提供了丰富的启示和经验。

二、湖南高校创新创业教育的特色与优势

（一）湖南高校创新创业教育的特色

多元化学科交叉融合是当今教育领域的一大趋势，尤其是在创新创业教育领域中，其重要性更是不容小觑。湖南高校在这一过程中展现出了独特的风采和优势，通过打造跨学科的教

育模式，为学生提供了丰富多彩的学习和实践平台，极大地促进了学生创新能力和创业精神的培养。

在交叉融合的教育模式下，湖南高校突破了传统的学科边界，实现了工学、理学、文学、艺术等多学科内容的深度融合和广泛连接。这种连接不仅仅是在理论知识层面的互补，更重要的是在思维方式、创新思维及解决问题方法上的互通。通过建立跨学科的课程体系和研究项目，学生能在不同的学科视角下对问题进行更为全面和深入的分析与探索，这种方式极大地开阔了学生的视野，增强了他们的综合素质和创新能力。

此外，湖南高校在推动学科交叉融合过程中，还大力推进实践教学与产业界的紧密结合。学校与企业、研究所等外部资源建立了合作关系，共同开展项目研究和实践活动，为学生提供了接触实际问题、解决实际问题的平台。这种校企合作模式不仅让学生有机会将所学知识应用到实践中，还能接触到最前沿的科技成果和企业管理经验，极大地提升了学生的实践能力和创新创业能力。

湖南高校在推动多元化学科交叉融合的同时，还特别注重创新创业教育资源的整合。通过建立校内外创新创业教育资源共享平台，整合校内外各类教育资源，为学生提供一个开放、共享、互动的学习环境。在这个环境中，学生不仅能获取来自不同学科的知识和技能，还能与来自不同背景的师生进行交流和协作，这对于培养学生的团队协作能力、沟通能力以及国际视野都有积极的促进作用。

自然科学与人文社会科学的交叉融合，在湖南高校的创新创业教育中占据了重要位置。这种融合不仅提升了学科的整体竞争力，更重要的是对学生进行了全人教育，培养了他们以人为本的价值观和社会责任感。通过这种教育方式，学生能够在掌握专业技能的同时更加重视科技进步对社会的影响，学会以人文的关怀去关注技术发展，这对于培养未来社会的创新领袖和责任企业家具有重要意义。

湖南高校在推行多元化学科交叉融合方面的努力和成果，对于创新创业教育的发展具有示范和引领作用。它不仅优化了教育资源配置、提升了教育质量，更重要的是为学生的全面发展和终身发展奠定了坚实的基础。通过这种教育模式的持续推进，湖南高校必将培养出更多具有创新精神和创业能力的优秀人才，为社会的发展做出更大的贡献。

产学研紧密结合是湖南高校创新创业教育的显著特色与优势之一，这种模式强调了教育、科研与经济实践三者之间的有效互联互动，旨在通过校企合作、产教融合以及项目合作等形式，深化教育方式与内容的创新，提升学生的实践能力与创新创业能力。该模式不仅增强了教育的针对性和实用性，而且促进了高校科研成果的转化效率，推动了地方经济的发展与结构优化。

在产学研紧密结合的模式下，高校能够直接对接企业和市场的需求，针对性地设计课程和研究项目，从而在课程设置、教学方法及内容上进行创新。通过这种方式，学生能够接触到最前沿的行业知识与技术，掌握解决实际问题的能力，从而培养出具有高度实用性和创新性的高素质人才。

高校与企业之间建立了多种形式的合作机制，包括共建实验室、研发中心、实习实训基地等，这些都为学生提供了丰富的实践平台。学生在这些平台上能参与到真实的项目研发与运作中，体验企业运作流程，参与产品从设计、制造到市场推广的全过程，极大地提高了学生的实践操作能力和创新创业意识。

同时，高校与企业、科研机构的深度合作还有助于形成校企共同参与的人才培养体系，通过企业导师制、项目导向教学等方式，让学生在实际项目中学习，并通过项目实践解决实际问题。这种合作模式使得学生能够在校学习期间就与企业紧密联系，为未来的就业或是创业积累了宝贵的经验和人脉资源。

此外，产学研紧密结合的模式也为高校科研成果的转化和创新提供了有效途径。高校可以依托企业的技术需求和市场导向，使科研工作更加贴近实际，提高研究的应用价值。通过与企业的合作，高校的研发成果可以快速转化为产品并推向市场，这不仅提高了高校科研工作的社会贡献度，也促进了企业的技术进步和产业升级。

产学研紧密结合模式还带动了地方经济的发展。高校通过将科研成果转化应用于地方产业，促进了新技术、新产品的产业化，对地方经济结构的优化、产业升级以及创新能力的提升都产生了积极影响。同时，这种模式也为校地合作提供了新的模式和路径，使高校成为推动地方社会经济发展的重要力量。

这一模式的成功实践表明，产学研紧密结合是高校创新创业教育的重要方向，不仅有利于创新人才的培养，而且推动了科技成果转化，加快了产业升级，对促进地方经济社会的全面发展具有重要意义。未来，湖南高校在实践该模式的过程中，还需要不断深化校企合作，扩大开放合作的领域，创新合作机制，更好地服务于地方经济社会的发展需求。

湖南高校在创新创业教育领域发展迅速，特别是在创新平台与孵化基地建设方面展现出了显著的特色与优势。这些平台和基地不仅为学生提供了实践创业的空间，也为教育机构与产业界的紧密合作提供了桥梁，促进了理论与实践的深度融合。

湖南高校创新创业教育的一个重要特征就是对于创新平台的高度重视。这些平台通常包括但不限于创新实验室、科研中心和技术园区。通过这些平台，学生能够接触到前沿科技，参与到实际的科研项目中，从而不断提升自己的科研能力和创新思维。这些平台的建设还侧重于跨学科的合作，让来自不同背景的学生和教师能够汇聚在一起，激发出新的创意和解决方案。

此外，孵化基地的建设是湖南高校培养创新创业工匠的另一个显著特征。这些基地通常为初创企业或团队提供一系列支持服务，包括资金支持、办公空间、法律咨询等，极大地降低了创业的门槛和风险。一些高校还通过与政府和行业合作，为孵化基地中的优秀项目提供进一步的发展平台，包括引入投资、市场推广等，帮助这些创新团队实现从零到一的跳跃。

湖南高校在创新平台与孵化基地建设上的投入和成绩，不仅仅在于硬件设施的完善，更在于其软实力的建设——包括创新文化的培育、创业导师制度的建立以及创新创业课程的开设。通过丰富多样的创新创业教育课程，学生能够了解创业的基本理论、学习成功案例，同时也能通过亲身实践，锤炼自己的创业能力。而创业导师制度，通过邀请有丰富创业经验的校友或业界精英担任导师，为学生提供一对一的指导，这无疑大大增强了创业教育的实效性和吸引力。

这种结合创新平台和孵化基地，辅以文化培养、导师指导和课程支持的全方位创新创业教育模式，有效地加速了学生的创新能力和创业精神的培养。随着越来越多的成功案例诞生，这种模式也得到了社会的广泛认可和支持，创造出了一个良性循环的生态系统。

通过对创新平台与孵化基地的深度投入和周到构建，湖南高校不仅为学生提供了一个实践创新创业的优质平台，同时也为地方经济的发展贡献了强大的新鲜血液。在未来，这些努力无疑将在培养更多高素质创新创业工匠方面，发挥更加关键的作用。

（二）湖南高校创新创业教育政策支持与资源优势

湖南地区对高校创新创业教育的高度重视，通过政策支持与资源优势，为学生提供了良好的创新创业环境。这一环境不仅促进了学生的个人发展，也为地方经济的转型升级和社会创新能力的提高作出了重要贡献。

在政策层面，湖南省政府以及地方各级政府出台了一系列促进高校创新创业教育的政策和措施。这些政策覆盖了资金支持、项目支持、政策优惠等多个方面。比如，设立创新创业基金，鼓励和支持学生进行创业实践活动；对成功创办企业或有显著成就的学生团队给予资金奖励或税收减免等。此外，政府还通过提供各类创新创业大赛平台，激发学生的创新热情和创业动力，这些大赛不仅是学生展示自己项目的舞台，更是连接社会资源、获取投资的重要渠道。

资源优势方面，湖南依托其雄厚的教育资源，特别是在工程技术、农业科学等领域拥有一批国内领先的高校，为创新创业教育提供了坚实的基础。这些高校与地方企业、科研机构建立了紧密的合作关系，为学生创新创业提供了丰富的实践平台和资源支持。学生可以在校内外的实验室、创新创业孵化中心中进行项目研发和初步孵化，接触和解决实际问题，有效地提高了他们的创新能力和实践能力。

此外，湖南还充分利用自身丰富的历史文化资源和地域特色，鼓励高校在创新创业教育中融入地方特色和文化元素。比如，将湖湘文化的创新精神和工匠精神融入课程和项目开发中，激励学生探索具有地方特色的创新创业项目。这不仅有助于推动地方经济的发展，也让学生的创业项目更具特色和竞争力。

针对高校师生在创新创业过程中可能遇到的知识产权保护、企业法律服务等问题，湖南还提供了相应的支持服务，例如，建立知识产权服务中心，为学生和教师的创新成果提供专业的知识产权保护；与专业律师团队合作，为创业学生提供法律咨询服务，确保他们的创业过程顺利进行。

通过这些综合性的政策支持和资源优势，湖南高校的创新创业教育模式逐渐成熟，形成了一套具有地方特色的、有效的创新创业教育体系。这一体系不仅为学生创造了良好的创新创业环境，也为地方经济社会发展注入了新的动力，展现了湖南在新时代背景下高校创新创业教育领域的探索与实践成果。

第二节　湖南高校创新创业教育现状调研

一、教育理念与教学模式

（一）创新教育理念，构建创新教育体系

创新教育体系建设是适应新时代经济社会发展需求的重要途径，尤其对于高等教育机构而言，这不仅是提升学生创新能力和创业精神的重要保障，也是高校自身发展、优化人才培养

模式的必然要求。在湖南，高校创新创业教育体系建设正致力于打造与地方经济发展高度融合的新型教育模式，以学生为本，系统整合资源，实现人才培养的多元化、个性化和创新化。

在构建创新教育体系的过程中，湖南高校普遍采取了多元化的措施，这些措施反映了对当前教育模式的深入思考和积极改革。一方面，高校通过优化课程体系，强化实践教学，将创新创业教育深度融入专业学习之中。具体来说，高校在课程设置上更注重实践与理论并重，增加了诸如创新思维训练、创业计划书撰写、商业模式分析等课程，使学生在学习专业知识的同时，掌握必要的创新方法和创业技能。

加强师资队伍建设也是推进创新教育体系建设的关键一环。湖南高校注重引进和培养具有创新意识和实践经验的教师，鼓励教师参与企业实践，增强教学的实践性和针对性。同时，也积极探索校企合作，邀请企业家、创业者进入课堂，分享创新创业的经验和见解，让学生更直观地了解创新与创业的现实挑战和机遇。

此外，构建更为开放的创新创业平台是湖南高校推进创新教育体系建设的又一重要举措。诸如创新工作室、创业孵化基地等平台的建设，为学生提供了展示创意、实践创业的空间，有效搭建起校内外资源的桥梁，促进了校企、校市的深度融合。通过这些平台，学生能够在实践中学习与尝试，积累创新创业经验，提升个人综合素质。

进一步地，高校还注重培养学生的国际视野与全球竞争能力。开展国际交流合作项目，邀请海外知名学者和企业家授课，组织学生参加国际创新创业竞赛，这些举措不仅拓宽了学生的国际视野，也提升了他们的创新思维和国际竞争能力。

在实施创新教育体系建设的过程中，评价与激励机制的构建也同样重要。湖南的高校通过构建科学合理的评价体系，对学生的创新能力和创业实践进行全面评价，不仅着眼于学术成绩，更注重学生的创新思维能力、问题解决能力以及团队合作精神等非智力因素的评价。与此同时，通过设立创新创业奖学金、创业支持基金等激励机制，鼓励更多学生投身创新创业实践，培育其成为社会所需的高素质创新型人才。

通过上述一系列措施的实施，湖南高校创新教育体系建设正逐步形成具有地方特色的高效培养模式，不仅促进了学生个性化发展和创新能力的提升，而且为地方经济的创新发展和产业结构的优化升级提供了强有力的人才支撑。这种以创新为核心的教育体系建设，正引领着湖南高等教育的改革发展，为实现教育现代化、建设创新型国家做出了积极贡献。

（二）实施跨学理科教学模式

跨学科教学模式在湖南高校创新创业教育中发挥着不可替代的作用。这种模式突破了传统学科之间的界限，促进了不同学科领域知识的融合与创新，进一步激发了学生的创新潜能和创业精神。跨学科教学模式的本质在于将来自不同学科背景的学生、教师和企业家聚集在一起，通过项目驱动、问题导向的教学策略，解决实际问题，实现知识的综合与创新。

在湖南高校内部，跨学科教学模式的实施主要体现在课程设计、教学团队构建、教学资源整合三个方面。课程设计上，高校通过开设跨学科选修课、创新创业项目实训课等形式，打破学科壁垒，鼓励学生自学跨学科知识，培养学生的综合运用知识解决问题的能力。在教学团队的构建上，高校注重组建由不同学科背景的教师组成的团队，这些教师团队在教学过程中充分发挥各自专业优势，共同指导学生进行科研创新和创业实践。而在教学资源的整合上，高校积极搭建跨学科教学平台，整合校内外的教学资源，如图书资料、实验室设备、企业实践基地等，为学生提供丰富的跨学科学习资源。

跨学科教学模式为学生提供了一个自由探索、合作学习的平台，使学生能够在实践中深入理解并运用跨学科知识，有效提升了学生解决复杂问题的能力。在此模式下，学生不仅能够学习到自己专业领域的深层次知识，还能学习到其他学科的基础知识和方法论，这对培养学生的创新意识和综合素质有着积极作用。

此外，跨学科教学模式还有利于激发学生的创业热情和创新思维。通过团队合作解决问题的过程中，学生可以发现自己的兴趣爱好和潜在能力，进而形成较为明确的职业发展方向和创业想法。在解决跨学科问题的实践过程中，学生还将接触到实际的市场需求和企业运营模式，这对于增强学生的市场敏感度和商业意识，提升其创新创业能力具有重要意义。

尽管跨学科教学模式在推动湖南高校创新创业教育方面取得了积极成效，但仍存在一些挑战和困难，如跨学科教学资源相对匮乏、教师跨学科教学能力不足、学生跨学科学习兴趣和动力不够等问题。面对这些挑战，高校需要进一步优化跨学科教学模式，比如提升教师的跨学科教学能力，增加跨学科教学资源投入，以及创新教学方法等，以提高跨学科教学模式的实施效果，更好地服务于创新创业教育的需要。

综上所述，跨学科教学模式在湖南高校创新创业教育中起到了至关重要的作用，不仅促进了学科间知识的交流与融合，而且激发了学生的创新潜力和创业精神。未来，高校应持续优化这一教学模式，克服存在的难题，以培养出更多具有跨学科知识背景和创新创业能力的高素质人才。

实践教学与创新能力培养是湖南高校在新时代背景下创新创业教育的重要组成部分。这种教学模式旨在通过将学生置于接近实际工作环境的教育活动中，以提高其解决实际问题的能力、创新思维和实践技能。本质上，实践教学模式强调“学以致用”的教育理念，努力将理论知识与实际操作、实际情境相结合，使学生能够在实践中学习，在学习中实践。

在湖南高校的创新创业教育中，实践教学的形式多样，包括但不限于实验室研究、企业实习、项目驱动学习、案例教学等。这些教学模式都试图将学生从传统的课堂学习环境中解放出来，把他们带到更加贴近实际的学习环境中，以便他们能够更好地理解和运用所学的知识解决问题。

实验室研究为学生提供了一个模拟的科研环境，使他们能够亲身参与到科学实验和技术开发中，深化理论知识的理解，培养科研兴趣和创新思维。企业实习则让学生走出校园，直接参与企业的日常运作，通过实际工作体验职业生涯，理解企业文化，学习专业技能，增强职场适应能力。

项目驱动学习将学生置于项目管理的真实情境中，让他们在完成项目的过程中学习项目策划、团队合作、时间管理等技能。通过这种方式，学生能够将所学的理论知识与实践相结合，培养解决实际问题的能力和创新意识。案例教学通过分析真实案例来讲授理论知识，使学生能够在分析问题、寻找解决方案的过程中锻炼创新思维和决策能力。

在推动实践教学与创新能力培养的过程中，需要高校、教师与企业之间形成良好的合作机制。高校可以与企业合作，共同设计课程内容，开发符合行业需求的教学项目，为学生提供实习、参观及项目合作的机会，以此增强学生的实践经验和职业技能。教师在这一过程中扮演着至关重要的角色，他们不仅是知识的传递者，更是指导学生如何将理论应用于实践、如何进行创新思考的引领者。

更重要的是，要真正实现创新能力的培养，教育者需要重视学生主体性的培养，鼓励学生发挥主动性和创造性。这意味着教育者应该为学生提供充足的空间去探索未知、提出问题和寻找解决方案，而不仅仅是让学生成为被动的知识接受者。

同时，评价体系也应该与实践教学相适应，允许学生通过多种方式表达自己的学习成果，如项目报告、实践操作演示等，而不仅仅依赖于传统的笔试和面试。这种多元化的评价方式有助于更全面地评价学生的综合能力，尤其是创新能力和实践能力。

综上所述，实践教学与创新能力培养是湖南高校创新创业教育的重要方面，对于学生的全面发展和未来职业生涯具有深远的影响。高校应通过多种实践教学模式，结合企业合作和教师指导，创建一个有利于学生创新能力和实践能力培养的教育环境。在这个过程中，重视学生主体性的培养、采用多元化的评价体系，将为学生提供一个全面、深入学习和成长的平台。

教师团队与教学资源整合是湖南高校创新创业教育领域中极为关键的一个环节，它直接影响创新创业教育的质量与效果。在这一过程中，教师团队不仅是知识的传递者，更是学生创新创业能力培养的引导者和激励者。

构建专业化、多元化的教师团队成为提升教育教学质量的重要手段。这样的团队应该兼具理论与实践经验，不仅有来自学术界的专家学者，还要包括来自企业界、产业界的实践经验丰富的专家。这种跨界合作能够确保教学内容的前沿性与实用性，使学生能够及时了解和掌握当前创新创业领域的最新动态和实践技能。

在教学资源整合方面，高校需要通过建立开放的资源共享机制，打破学科壁垒，促进不同学科间的资源交流和合作。这包括课程资源、实验室资源、创新创业项目等。通过校内外资源整合与共享，学生能够在更广阔的平台上获取知识、技能与经验，从而更好地促进其创新创业能力的培养。

教师团队应致力于构建符合创新创业特色的课程体系，这要求教师不断更新教育观念，积极探索与实践新的教学方法和模式。例如，采用项目驱动教学、案例教学、模拟创业平台等方式，使学生在真实或者贴近真实的创新创业环境中学习和实践。这种教学模式有助于学生理论知识与实践能力的双重提升，增强其面对复杂问题的解决能力和创新能力。

另外，教师团队与教学资源的整合还需依托于有效的信息技术支持。信息技术的应用，比如在线教育平台、虚拟实验室等，能够极大地扩展教育资源的范围和深度，提高教学效率和质量。利用信息技术整合校内外、国内外的优质教育资源，可以为学生提供更广泛的学习机会，帮助他们在全球化背景下提升创新创业能力。

在不断推进教师团队与教学资源整合的过程中，鼓励教师进行创新教学实践的同时，高校还应建立相应的激励机制和评价体系。通过对教师创新教学方法和成果的认可和奖励，激发教师的积极性和创造性，进一步促进创新创业教育的发展。

通过这样的努力，湖南高校能够为学生提供一个全面、深入、高效的创新创业教育环境，为学生的全面发展和未来的创新创业之路奠定坚实的基础。教师团队与教学资源的有效整合不仅能提高创新创业教育的质量和效率，还能激发学生的创新精神和创业激情，促进学生创新创业能力的全面提升，为社会培养更多具有创新精神和创业能力的人才。

二、师资力量与教学资源

在湖南高校的创新创业教育中，教师队伍建设与专业能力提升是推动学生创新精神和创业能力培育的关键因素。为了应对新时代对高等教育的新要求，湖南高校已经开始重视并投入资源于教师队伍的结构优化和能力提升上，旨在通过构建一支结构合理、专业全面、能力强大的教师队伍来提高创新创业教育的质量和效果。

（一）教师队伍建设与专业能力的提升

教师是创新创业教育的主导者和实践者，他们的知识水平、教学能力和创新意识直接影响到教育质量和学生的创新创业实践能力。因此，湖南高校普遍采取多种措施来加强教师队伍的建设与专业能力提升。其中，加强师资队伍的学历和职称结构调整，通过引进高水平的人才和鼓励现有教师提升学历学位及职称，优化了教师队伍的整体素质。同时，高校还通过与企业和研究机构的合作，为教师提供行业实践和科研项目参与的机会，以增强教师的实践能力和创新意识。

此外，高校还重视教师在教学方法和手段上的创新。随着信息技术的快速发展，传统的教学方式已经不能完全满足创新创业教育的需求。因此，湖南高校鼓励教师运用信息化教学工具和平台，采取项目式学习、案例教学、模拟创业等多样化教学方法，旨在提高学生的参与度和创新实践能力。教师的教学方式和手段的创新对于激发学生的创新思维和创业兴趣，培养学生的问题解决能力和团队合作精神具有重要意义。

进一步深化教师队伍建设与专业能力提升的措施还包括定期组织教师参加创新创业教育理论与实践的培训和研讨活动。通过这些活动，教师不仅可以及时了解创新创业教育的最新发展趋势和理论研究成果，还可以交流教学经验和实践心得，从而不断提升自身的教学理念和方法。同时，高校还鼓励教师撰写教学案例、参与教学改革研究项目，以此来提升教师的专业能力和科研水平。

值得注意的是，创新创业教育的核心在于培养学生的创新思维和创业精神，而这不仅需要教师在专业知识方面的精通，更需要教师在引导学生创新实践、思考问题和解决问题方面具备高水平的能力。因此，湖南高校在加强教师队伍建设与专业能力提升的同时，也注重提升教师的指导和辅导能力，通过建立导师制、创业导师团队等模式，为学生提供更加个性化和专业化的创新创业指导。

综上所述，湖南高校教师队伍建设与专业能力提升的探索和实践，体现了高等教育在新时代背景下对创新创业教育重要性的认识和重视。通过一系列有效措施的实施，不仅提升了教师的综合素质和专业能力，也进一步提高了创新创业教育的质量和效果，为培养适应新时代需求的高素质创新型人才奠定了坚实的基础。

（二）教学资源的优化策略

教学资源在创新创业教育中的作用尤为重要，它不仅关系到教学质量，而且直接影响到学生的实践能力和创新思维的培养。湖南高校在推进创新创业教育过程中，教学资源的配置与优化策略是保障教育质量和效果的关键之一。

在当前湖南高校创新创业教育中，教学资源主要包括师资力量、教学设施、课程内容、实习实训基地等。然而，由于传统教育体系的束缚、资金投入不足、更新换代慢等问题，导致教学资源配置存在着不少短板和挑战。

针对这些问题，优化策略主要包含以下几个方面：

① 加大资金投入，更新教学设施。高校需增加对创新创业教育的投资，特别是在实验室设备、实践基地建设等方面，保障先进的教学资源配置，为学生提供良好的实践平台。

② 建立与企业的紧密合作关系。通过校企合作，利用企业的资源开展教育活动，不仅可以丰富教学资源，还能提高学生的实践能力和就业竞争力。企业可以参与课程开发、提供实习岗位、共建实训基地等。

③ 引进与培养高水平教师团队。教师是教学的主导，高质量的师资队伍是提升教学质量的根本。高校要采取措施吸引和培养有创新意识和实践经验的教师，通过引进优秀人才、加强在职教师培训等方式，提升教师团队的整体水平。

④ 优化课程体系，融入创新创业元素。课程内容是传递知识的重要途径，课程体系的构建需要紧跟时代的步伐，融入更多创新创业的元素。开设针对性强、实用性高的课程，鼓励学生通过项目学习等方式，培养创新思维和动手能力。

⑤ 加强平台建设，利用线上教育资源。随着互联网技术的发展，线上教育资源变得丰富多样，高校可以通过建立线上教学平台，整合优质教育资源，为学生提供更灵活、更广泛的学习途径。线上平台的建设不仅可以突破时间和空间的限制，还能促进教学资源的共享。

针对教学资源配置的优化，还需持续跟踪效果，定期评估各项策略的实施效果，及时调整优化措施。此外，还应鼓励教师和学生积极反馈，根据他们的需求和意见进一步完善教学资源配置。通过上述措施的实施，能够有效提升湖南高校创新创业教育的质量和效果，为培养新时代的高素质创新创业人才奠定坚实的基础。

在探索新时代湖南高校创新创业教育发展的过程中，校企合作与实践平台建设被视为一项重要机制，为学生提供了接触现实工作环境的绝佳机会，同时也为企业闯入新的创新领域搭建了桥梁。这种合作模式不仅能带动地方经济发展，还能有效促进大学生的职业技能和创新创业能力的提升，为社会输送具有创新精神和实践能力的高素质人才。

（三）校企合作与实践平台建设

校企合作项目通过提供实习、实训、科研合作等多种形式，让学生在学习阶段就能深入企业，参与真实项目的研发和运营工作，这种体验式学习极大地丰富了学生的知识结构和技能水平。通过这种亲身体验，学生能够更直观地理解理论知识的应用场景，增强解决实际问题的能力。此外，学生还能通过参与企业项目，了解行业发展趋势，为未来的职业规划和发展奠定坚实基础。

企业也从校企合作中获益良多。通过与高校合作，企业能够接触到最新的科研成果和创新技术，加速科技成果的转化，提升企业的竞争力。同时，企业还可以通过合作项目，发现并吸引优秀的人才，为企业的长期发展储备力量。此外，企业参与高校的教学活动和课程设置，还能帮助高校的课程内容和教学方法更贴近实际，提升教学的实用性和前瞻性。

为了促进校企合作的深入发展，高校和企业都已开始在合作模式、管理机制和运营体系等方面进行创新尝试。现阶段，一些高校已与企业共建研发中心、实验室和创新平台，这些平台不仅是科研合作的场所，也成为学生实习、实训的重要基地。同时，为了保证合作的高效运行和双方利益的最大化，许多校企合作项目开始引入市场化运作机制，建立项目责任制和绩效考核制度，确保项目的质量和进度。

在校企合作的实践中，双方还需共同面对一系列挑战和问题，如合作过程中的利益协调、知识产权保护以及合作成果的公平分配等。解决这些问题，需要高校和企业建立更为紧密的沟通机制，制定明确的合作协议，同时建立健全的法律保障体系，为合作提供坚实的保障。

除此之外，高校在校企合作与实践平台建设过程中还应注重培养学生的创新意识和团队合作精神。通过项目合作，学生不仅可以学到专业知识和技能，更重要的是能在团队协作中学会沟通与合作，提升解决问题的能力，这对于未来不论是创新创业还是职场发展都具有重要意义。

总体来看，校企合作与实践平台建设是湖南高校深化创新创业教育的重要途径，通过这种合作模式，能有效促进高校教育质量的提升，增强学生的实践能力和创新能力，同时也为企业的发展注入新的活力，实现高校与企业的共赢。

三、学生参与度与成效评估

（一）影响学生参与度的因素

学生参与度是衡量高校创新创业教育效果的关键指标之一，它直接反映了学生在创新创业活动中的积极性和投入程度。在湖南高校的创新创业教育实践中，学生参与度的高低受多种因素的影响，其中包括教育政策的引导、学校资源的配备、师资力量的支持、活动的实施效果以及学生个人的兴趣和认知等。通过分析这些因素对学生参与度的影响，可以为提高湖南高校创新创业教育效果提供重要参考。

教育政策对学生参与创新创业活动具有显著的导向作用。近年来，国家和湖南省都出台了一系列鼓励高校学生参与创新创业的政策，如提供创业启动资金支持、开设创新创业课程、举办创新创业大赛等。这些政策极大地激发了学生的创新意识和创业热情，使得越来越多的学生愿意并积极参与到创新创业活动中。

学校资源的配备是学生参与创新创业活动的基础，包括教学资源、实验室设备、创业孵化空间以及资金支持等在内的资源配备情况，直接影响到学生能否顺利进行创新和创业实践。湖南高校普遍注重对创新创业相关资源的投入，通过建设一流的实验室、提供充足的创业孵化场地、设立创新创业基金等措施，有效促进了学生参与创新创业教育的积极性。

师资力量是引领学生参与创新创业的关键。一个具有丰富创业经验和高水平创新能力的教师团队，能够为学生提供专业的指导和支持，帮助他们克服创新创业过程中遇到的困难，引导他们朝着正确的方向发展。湖南高校广泛吸引和培养了一批高水平的创新创业导师，通过导师制度，将创新创业教育融入学生的日常学习和实践中，大大提高了学生参与创新创业活动的效率和效果。

实施的活动效果是激励学生参与的直接动力。诸如创新创业大赛、创意工作坊、项目孵化等活动，能够为学生提供展示自我、实践创意的平台，同时也能让他们在实践中学习和成长。湖南高校常年举办各类创新创业活动，为学生创造了丰富多样的参与机会，有效提升了学生的创新能力和创业精神。

学生个人的兴趣和认知也是影响参与度的重要因素。学生个体对创新创业的热情、目标定位以及风险意识等方面的差异，会影响他们参与创新创业活动的意愿和程度。为此，湖南高校通过开展丰富多样的宣传教育活动，强化学生对创新创业重要性的认知，同时注重挖掘和培养学生的兴趣点，使学生在了解自我、认知未来的过程中积极参与到创新创业中。

综上所述，湖南高校创新创业教育现状的一个突出特点是学生参与度总体呈上升趋势。这一趋势的形成是多方面因素共同作用的结果，包括国家和地方政策的支持、高校资源的有效配置、师资力量的强化、活动效果的显著及学生个人认知和兴趣的提升等。针对存在的问题和不足，湖南高校还需进一步优化创新创业教育环境，提高教育质量，增强学生的实践能力和创新精神，为社会培养更多高质量的创新创业人才。

（二）影响创业教育的因素

创业教育在湖南高校的实施过程中，其影响因素多样化且复杂，涵盖了教育体制、教学资源、师资力量、学生自身条件以及社会环境等多个层面。深入分析这些因素对创业教育的影响，对于优化教育策略、提高培养质量具有重要意义。

教育体制是创业教育影响因素中的重要一环。当前高校创新创业教育往往局限于传统的教育模式和评价体系，缺乏灵活性和开放性。这种局限性制约了学生的创造力和创新精神的发展，影响了创业教育的成效。优化高校创业教育体制，建立更加开放和灵活的教育与评价体系，是提升创业教育质量的关键。

教学资源是支撑高质量创业教育的基础。湖南高校在创新创业教育中面临教学资源不足的问题，包括创业实践平台的缺乏、创业导师资源的匮乏以及与企业合作的平台不足等。提供充足的教学资源，如建立创业孵化中心、争取企业资源进校园、引入优秀的创业导师等，对于增强学生的创业实践能力、提升创业教育成效具有积极作用。

师资力量对创业教育同样具有至关重要的影响。目前高校中专门从事创业教育的教师相对匮乏，且部分教师缺乏创业实践经验。加强教师队伍建设，特别是引进具有实战经验的创业导师，对于丰富创业教育的内容、提高教学质量有着不可替代的作用。

学生自身条件是影响创业教育成效的另一个重要因素。学生的创业意识、创业知识储备、创业技能以及风险承担能力等，都直接影响创业教育的吸收和应用。强化学生的创业意识培养，通过理论学习和实践锻炼相结合的方式提高学生的综合素质，是提升创业教育成效的重要途径。

社会环境对湖南高校创业教育的影响不可忽视。社会对创业的整体氛围、政策支持、市场需求等因素，都会对学生的创业意向和创业行为产生直接或间接的影响。创建良好的社会创业环境，提供政策支持和市场信息，有助于激发学生的创业热情和潜力。

综上所述，湖南高校创新创业教育的影响因素是多方面的，涉及教育体制、教学资源、师资力量、学生自身条件以及社会环境等。只有综合施策、多管齐下，才能有效提升创业教育的质量和效果，培养出更多具有创新精神和实践能力的高素质创业人才。

（三）创新创业教育成效评估方法

成效评估方法是创新创业教育领域中一个至关重要的组成部分，它涉及衡量教育投入与成果、评价学生参与度以及教育成效等多个方面。掌握正确的成效评估方法对于指导教育实践、调整教学策略、提高教育质量具有不可替代的重要性。

在湖南高校的创新创业教育中，成效评估通常采取多元化的评估体系，这包括了定量评估与定性评估两大类。定量评估侧重于通过数据和数字来体现教学成效，包含了学生在创新创业相关课程中的成绩、参与各类创新创业比赛的获奖情况、项目申报及批准情况等具体数据。这类评估方法客观、明确，能够为教育管理者提供直观的成效反馈。

另一方面，定性评估则侧重于评价教育过程中的质量和深度，如学生的创新意识、团队合作能力、项目规划与执行能力等。这类评估往往通过案例分析、访谈、问卷调查等形式进行，旨在深入理解学生的学习体验、创业意愿以及创新能力的提升。定性评估强调教育的过程和体验，能够为提高教育策略提供更为细致的建议。

在实施成效评估时，还需考虑到评估的全面性。这要求在设计评估体系时，既要兼顾学业成绩这一硬性指标，也要关注学生的软实力发展，如创新精神、实践能力等。此外，学生参与度也是一个重要的评估内容，通过分析学生参与创新创业活动的热情、频次以及参与的深度，可以有效衡量学校创新创业教育政策的实施效果。

有效的成效评估还需建立在合理的指标体系之上，指标体系的构建应当科学、合理，能够全面覆盖教育的各个方面。通常，这一体系会囊括学生的知识掌握、技能提升、综合素质发展等多个方面，每个方面都设有具体、可操作的评估指标。通过这样的指标体系，可以确保评估过程的客观性和公正性。

随着信息技术的快速发展，大数据、云计算等技术也被引入到成效评估中，这些技术的应用不仅提高了数据处理的效率和精确度，也使得评估结果更加丰富、立体。运用这些高新技术，可以对大量的教育活动和学习行为进行实时监测和分析，进一步提高了评估的时效性和准确性。

成效评估的最终目的是优化创新创业教育，通过评估发现问题、总结经验、提出改进建议。因此，在整个评估流程中，反馈机制的建立同样重要。这需要建立一个从评估到反馈再到调整的闭环管理体系，确保评估结果能够被及时反馈给教育管理者和教学人员，并据此调整教育策略，以达到持续提升教育质量的目的。

通过精心设计和实施的成效评估，湖南高校的创新创业教育能够更好地适应新时代的要求，培养出更多具有创新精神和创业能力的高素质人才，为地区乃至国家的经济社会发展做出更大的贡献。

（四）创新创业教育持续改进策略

持续改进策略在湖南高校的创新创业教育中扮演着至关重要的角色，它不仅要求教育者对课程内容、教学方法、资源分配以及评估机制等进行不断地优化和更新，也要求通过实时反馈和长期评估来调整和改善学生的参与度和学习成效。在这一过程中，高校需要建立一套完善的、动态的反馈和调整机制，以保证创新创业教育内容的时效性和有效性，从而更好地激发学生的创新精神和创业能力。

为了实现这一目标，高校首先需要建立起以学生为中心的教学理念。这意味着教学资源的分配、课程内容的设计和教学方法的选择都应当围绕提高学生的参与度和学习效果。例如，采用项目导向学习和问题导向学习等教学方法，可以鼓励学生在实践中学习和解决问题，提高他们对课程的兴趣和参与度。

其次，高校应当加强与行业的联系，通过校企合作项目、实习实践平台等渠道，使学生能够接触到最新的行业动态和创新创业实践。这不仅能够为学生提供实践创新和尝试创业的机会，还能够让学生在实际工作中学习和解决问题，从而提高教育的针对性和实效性。

进一步来说，高校还应当重视对学生创新创业能力的评估和反馈。通过设置合理的评价标准和多样化的评估方式，如同行评审、实际项目评估等，不仅可以更准确地了解学生在创新创业过程中的表现，也能够激励学生积极参与和改进。基于评估结果，高校还需要及时调整教育内容和方法，以确保教育活动始终贴近学生的实际需要和社会发展的要求。

除了教学方面的持续改进，高校还需要建立全面的支持系统，以为学生的创新创业活动提供必要的资源和帮助。这包括但不限于提供资金支持、创业指导、法律和技术咨询等。通过建立孵化基地、创业园区等平台，高校可以为学生创新创业提供更加广泛的资源和更加有力的支撑。

最重要的是，高校应当营造一个鼓励创新和容忍失败的文化氛围。在创新创业过程中，失败是不可避免的。通过鼓励学生勇于尝试和从失败中学习，不仅可以帮助学生积累宝贵的实践经验，还可以培养他们面对挑战和困难时的坚韧和韧性。这种文化氛围的建立，需要高校在制度设计、教学实践以及师资队伍建设等各个方面进行深入的思考和实践。

通过上述策略的实施，高校可以逐步建立起一套符合新时代要求的创新创业教育模式。这不仅要求高校对现有的教育理念和教育实践进行持续的反思和改进，更要求高校能够积极探索适应未来社会需求的新方法、新途径。只有这样，高校才能真正成为培养时代新人、引领社会创新的重要基地。

第三节 湖南高校创新创业教育存在的问题与挑战分析

一、教育资源分配不均

在探讨湖南高校创新创业教育现状时，不可避免会触及教育资源分配的问题，特别是高等教育资源的不均衡。这一现象主要表现在优质的教育资源，如资金投入、师资力量、科研平台等，大多数倾斜于少数顶尖高校，而大量中小高校则资源相对匮乏。此种资源分配状态直接影响了教育质量和学生创新创业能力的培养，从而对整个社会的创新环境和经济发展产生深远影响。

（一）高等教育资源在高校之间的不均衡分配

首先，资源集中对于优质教育资源的高效利用和高层次人才的培养具有一定正面效应。顶尖高校凭借其雄厚的师资力量和科研条件，能够承担起培养高水平科研人才的重任，推动科学研究和技术创新。然而，这种集中也导致了一个不容忽视的问题，即在资源分配上的不平等，使得教育机会的均等性和教育公平性受到挑战。

其次，资源的不均衡分配进一步加剧了高校间的办学差异，对于那些资源较少的高校，其在人才培养、科研条件、学科建设等方面的发展受到极大限制。这些高校往往面临着师资力量不足、科研平台落后、教学设施老旧等问题。在创新创业教育方面，由于缺乏有效的教育资源支持，这些高校难以为学生提供足够的实践机会和创业指导，导致学生在创新意识和创业能力上的培养不足，无法满足社会和市场的需求。

此外，资源的集中还影响到了高等教育的结构和布局，部分热门专业和研究方向资源过于集中，而一些传统或新兴学科则因资源短缺而发展缓慢。这种不平衡的资源配置，不仅限制了学科发展的多样性，也制约了高等教育整体的均衡发展。

解决这一问题的策略需要多方共同努力。政府应当优化教育资源的分配机制，通过加大财政投入、优化资金分配模式等方式，确保中小高校也能获得合理的支持，缩小高校间的资源差距。同时，鼓励高校之间的合作与交流，利用互补优势，共享资源，提升整体教育质量。此外，高校自身也应通过改革内部管理体系、优化资源配置、加强师资队伍建设等措施，提升教育教学能力，促进学科均衡发展。

综上所述，教育资源在高校之间的不均衡分配是湖南高校创新创业教育面临的一个重要问题。它不仅影响了教育质量和公平，也制约了高校学科的均衡发展和学生创新创业能力的培养。因此，解决这一问题需要政府、高校以及社会各方面的共同努力，通过优化资源分配、增强合作与交流等方式，推动高等教育资源的均衡发展，为培养更多的创新创业人才创造有利条件。

（二）高等教育资源在地区间差距显著

地区间教育资源的差距显著是影响湖南高校实现创新创业教育均衡发展的一大问题。这种差距体现在多个维度，既包括硬件资源，如校园基础设施、实验实训设备等，也涵盖软件资源，包括师资力量、教育理念、课程内容等方面。

在硬件资源方面，经济发达地区的高校往往能够获得更多的经费支持用于校园基础设施建设和实验实训设备的更新换代，这为学生提供了更加舒适和先进的学习和研究环境。相反，经济相对落后地区的高校在这方面的投入明显不足，设施陈旧、设备过时，难以满足现代高等教育的需求，尤其是在培养学生的创新能力和实践能力方面存在明显短板。

在软件资源方面，师资力量是教育质量的关键。资源丰富的地区能够吸引更多优秀教师，这些教师往往具有较高的学术成就和丰富的教学经验，能为学生提供高质量的教学和指导。此外，这些地区的高校在教育理念和课程设置上更为先进，更加注重创新创业教育，能够开设更多与国际接轨的新型课程，为学生提供更广阔的视野和更多元的学习机会。与此同时，资源较为匮乏的地区在师资队伍建设和课程开发上则显得力不从心，教育理念和课程内容更新缓慢，难以适应新时代对高素质创新创业人才的需求。

除了资源本身的不均衡分配外，对教育资源的利用效率也存在地区间差异。在一些地区，即使资源相对充裕，但由于管理不善、缺乏有效的规划和指导，资源利用效率并不高，不能最大限度地发挥其潜在价值；而一些资源较为匮乏的地区则通过精细化管理和创新性策略，能够较好地利用有限的资源支持创新创业教育，展示出较好的教育效果。

地区间教育资源差距的存在，不仅影响了高等教育公平，也制约了高校创新创业教育的整体质量和水平。为了解决这一问题，需要从多个层面入手。一方面，政府应加大对教育的投入，特别是对经济欠发达地区的高校提供更多的支持，包括财政资金、人才培养等方面，缩小不同地区高校在教育资源方面的差距。另一方面，高校自身也应提高资源利用效率，优化资源配置，通过合作交流、共享机制等方式，实现资源的优化组合和有效利用。

此外，加强对创新创业教育理念和方式的研究与实践，更新教育观念，改革教育模式，对于提高教育质量、实现教育资源均衡分配具有重要意义。通过引入更多的社会资本，建立产教融合、校企合作等多元化的教育模式，既可以为学生提供更多的实践机会，也有助于提高教育资源的整体利用效率和效果。

解决地区间教育资源差距问题是一个系统工程，需要政府、高校及社会各界的共同努力。通过持续的努力和创新，逐步实现高等教育资源的合理分配和高效利用，为培养更多的创新创业人才创造更加公平和有利的条件。

二、教师队伍建设存在的问题

在探索新时代湖南高校创新创业工匠培养机制的过程中，高校教师队伍建设存在的问题突出。这一问题不仅影响了教育质量的提升，也成为制约学生创新创业能力提高的重要因素。

（一）教师队伍建设滞后

教师作为教育的主体和高校创新创业教育的关键推手，其专业素养和创新能力直接影响到学生的学习效果和创新精神的培育。然而，当前湖南高校在教师队伍建设上存在几方面的问题，严重影响了创新创业教育的发展。

首先是教师队伍的结构问题。随着创新创业教育需求的多元化，对教师的知识结构、专业背景提出了更高的要求。然而，目前湖南高校教师队伍中理论知识型教师占比偏高，而具有实践经验、产业背景的教师较少。这使得创新创业教育很难与产业界的实际需求对接，影响到了教学质量和教育的实效性。

其次是教师的创新意识和创新能力不足。当前，部分高校教师依然采用传统的教学模式和方法，缺乏创新教学的尝试和实践，这在一定程度上制约了学生的创新思维和创业能力的培养。同时，一些教师对创新创业教育的重要性认识不足，缺乏将创新创业教育融入专业教学中的意识和能力，这也成为制约学生创新能力提升的一大障碍。

再者，教师的职业发展机制不健全，影响了其教学动力和创新热情。在一些高校，教师的评价和晋升体系过于注重学术研究成果，对教学质量和创新创业教育成效给予的关注不足。这种不平衡的评价机制，使得教师在职业发展中更倾向于投入到学术研究中，而忽视了教学方法和内容的创新，进一步加剧了教师队伍建设的滞后问题。

为了解决上述问题，需要从以下几个方面入手：一是调整教师队伍结构，通过校企合作引入产业界的专家和技术人才，加强师资队伍的实践性和专业性。二是加强教师的创新能力培训，鼓励教师采用创新教学方法，提升教学效果。三是完善教师的职业发展机制，建立公平合理的评价体系，既重视教师的学术研究，也注重教学质量和创新创业教育的贡献，从而激发教师的教学热情和创新动力。

综上所述，解决高校教师队伍建设滞后的问题，对于提升湖南高校创新创业教育质量，促进学生创新创业能力的提升具有重要意义。只有通过多方面的努力，营造良好的教育环境，才能有效推进湖南高校创新创业工匠的培养机制，为培养更多的创新人才和创业领袖奠定坚实的基础。

（二）专业带头人和教学名师不足

专业带头人通常指在某一学科或专业领域内具有较高学术成就和影响力的教师，他们在学科建设、人才培养、科学研究等方面起着至关重要的作用。而教学名师则是指在教学活动中表现杰出，能够将先进的教学理念、方法和技巧灵活应用于实践，以高质量的教学成果赢得师生认可和社会尊重的教师。这两类人才不仅是学科发展的引领者，也是创新创业教育的关键资源。

湖南高校在推进创新创业教育时，面临的一个重要问题是高水平的专业带头人和教学名师稀缺。这一问题主要表现在几个方面：

首先，高校教师的整体结构存在问题。在一些高校，尤其是非重点高校，教师队伍中青年教师比例较高，而经验丰富、成就突出的高水平教师比较少。这些青年教师虽然充满活力和创新意识，但在教学经验和学术成就上还未能形成较大的影响力，难以承担起专业带头人的角色。

其次，高校对于专业带头人和教学名师的培养机制不够完善。培养这样的高水平人才需要长期的积累和投入，不仅需要提供足够的科研经费支持，还需建立合理的激励和评价体系，鼓励教师投身科学研究和教学创新。但在部分高校在资源配置、政策支持等方面存在不足，无法满足这些高层次人才成长的需求。

再次，市场和社会对创新创业教育的需求日益增加，对教师的综合素质和能力提出了更高要求。除了专业知识，教师还需要具备一定的企业实践经验、市场分析能力和国际视野，这对许多传统型教师来说是一个挑战。高校在师资队伍建设中需特别注重这些能力的培养和引进，确保教学内容和方法能与时俱进。

此外，部分高校的文化氛围与当前创新创业教育的需求不相吻合。一些高校仍旧过分强调理论学习，忽视了实践技能和创新意识的培养。而优秀的专业带头人和教学名师通常具备跨界整合的能力，能将理论与实践紧密结合，推动学科交叉和创新。教育部门和高校需要重视校园文化的塑造，营造更加开放、包容和鼓励创新的环境。

解决以上问题，需要高校、政府和社会多方面的共同努力。比如，从政策层面给予更多的支持和引导，从财政上给予充足的投入，同时建立健全师资选拔、培养和激励机制，鼓励教师参与到创新创业教育的实践中来。此外，高校应加大与企业的合作，为教师提供实践锻炼和研究的机会，使其能够结合实际问题进行教学和研究，提高教师的实践能力和创新水平。

缺乏专业带头人和教学名师对湖南高校创新创业教育构成了严峻挑战。如何有效解决这一问题，加快师资队伍建设，是当前和未来一段时间内需要重点关注和努力的方向。通过上述方式，可以为学生提供更高质量的创新创业教育，促进学生综合素质的提高和创新能力的培养，为社会培养出更多符合新时代要求的高素质人才。

（三）教师的创新意识与能力不足

在当前高等教育体系中，教师队伍的创新意识与能力直接影响创新创业教育的质量和效果。湖南高校在推进创新创业教育过程中，教师创新意识与能力不足成为一大障碍。这主要表现在几个方面：

首先，教师本身对创新创业教育理解和重视不够。相当一部分教育工作者还沉浸在传统的教育模式中，对于创新创业教育缺乏深入的理解和认识，不认为这是高等教育中一项重要的工作。他们往往忽略了创新创业教育在激发学生创造力、提高就业竞争力等方面的重要性，对此缺乏足够的重视。

其次，教师在创新创业方面的实践经验不足。一方面，部分教师过分依赖理论教学，缺乏与企业或产业界的密切合作，使得他们在教学过程中难以提供实践案例或者是将理论与实践相结合的教学模式。另一方面，由于校内外部环境的限制，教师自身也难以参与到真正的创新创业实践中，这在一定程度上影响了他们指导学生在创新创业方面的能力。

再次，教师的学科交叉融合能力弱。当前创新创业往往需要多学科知识的综合运用，而教师通常在自己的专业领域有较深的造诣，但在进行学科交叉融合时，他们往往显得力不从心。这种学科壁垒限制了教师在指导学生创新创业项目时的视野和能力，也制约了学生创新思维的拓展。

最后，教师的持续学习和更新知识的动力不足。在快速变化的知识经济时代，创新创业领域的知识和技术日新月异。如果教师不能持续学习，随时更新自己的知识储备，很快就会被时代淘汰。然而，实际情况是，由于种种原因，部分教师在完成了最初的学位教育后，便很少有系统深入学习的机会，这无疑影响了他们指导学生创新创业的能力。

为应对上述问题，高校应着力营造良好的创新创业教育氛围，加强对教师创新意识和能力培养的重视。具体而言，首先，高校应开展针对教师的创新创业教育培训，加强他们对创新创业重要性的认知，提升他们在理论与实践、学科交叉等方面的教学能力。其次，鼓励教师参与创新创业实践，通过与企业、产业界的合作项目，提升教师的实践经验和实践教学能力，为学生提供更多贴近实际的学习机会。同时，鼓励教师进行跨学科学习和研究，打破学科壁垒，促进学科交叉融合。此外，建立教师持续学习的激励机制，鼓励教师通过参加研讨会、工作坊、短期课程等形式更新知识，保持与时俱进。

总的来说，提升教师的创新意识与能力是推动高校创新创业教育发展的关键。通过上述措施的实施，可以有效地解决教师创新意识与能力不足的问题，为学生营造更加有利于创新创业的教育环境。

（四）跨界复合型师资培养机制存在的问题

在当下新时代背景下，随着科技快速发展和社会经济的深度转型，跨界复合型人才成为创新创业教育的重要需求。因此，培养具有跨学科知识背景和创新能力的复合型师资力量显得尤为关键。然而，目前湖南高校在跨界复合型师资培养机制方面仍存在不少问题和挑战，这些问题成为制约高校创新创业教育发展的瓶颈。

首先，在具体问题上，首当其冲的是跨界复合型师资队伍建设缺乏系统性和长远性规划。当前，很多高校在师资队伍建设上仍然遵循传统学科分割的路径，这在一定程度上限制了教师视野的拓展和知识结构的优化。教师们往往只在自己专业领域内进行探索和研究，较少涉足其他领域，这直接导致了学科交叉和融合的难度增加，难以满足复合型人才培养的需求。

其次，目前的师资培训与发展体系未能有效促进师资的跨学科能力提升。尽管一些高校开始意识到跨学科教育的重要性，启动了相关的培训项目，但这些培训往往缺乏实效性和针对性。许多培训内容还是停留在传授通用理论和基础知识的层面上，缺乏面向特定交叉学科领域的深度研究和实践操作，使得教师们难以在培训后真正提高自己在交叉学科方面的教学和研究能力。

此外，学术评价和激励机制的局限性也是一个不容忽视的问题。在很多高校，传统的评价体系过分强调学术论文的数量和级别，而忽视了教师在跨学科研究和创新教学实践方面的努力和成果。这种评价体系往往使得教师不愿意花费时间和精力进行跨学科的尝试和探索，从而进一步加剧了跨界复合型师资培养机制的不健全。

针对上述问题，需要从多个方面着手加以改进和创新。首先，高校应建立并实施长远的师资队伍建设规划，明确跨界复合型师资的培养目标，形成一个科学、系统的培养模式。这一模式应着重于打破学科壁垒，鼓励和支持教师进行跨学科的学习和研究，以促进其知识结构和能力的全面发展。

其次，需对师资培训与发展体系进行深度优化，设计并实施针对性强的跨学科教师培养项目。这些项目除了包含理论学习外，还应重视实践操作和案例分析，通过项目合作、研讨交流等形式，激发教师们对跨学科知识的兴趣和热情，增强他们的跨学科整合能力。

最后，还需对学术评价和激励机制进行创新改革，建立一个更为公正、全面的评价体系。这一体系应充分认可教师在跨学科教学和研究中的努力和成就，通过物质和精神两方面的激励，鼓励教师积极参与到跨学科领域的探索中去。

通过上述措施的实施，可以逐步完善高校跨界复合型师资培养机制，为创新创业教育注入新的活力。这不仅有利于提高教师的综合素质和教学能力，也将为学生培养提供更为丰富和前瞻的教育资源，促进高校创新创业教育向更高质量、更深层次发展。

三、学生参与度不高

（一）创新创业课程设置与实际需求脱节

创新创业教育课程设置与实际需求脱节，是目前高校创新创业教育中存在的显著问题之一。这一问题的核心在于高校的课程设置未能紧贴市场和社会需求，导致学生在学习过程中感受不到课程内容的现实意义，进而影响了他们参与创新创业活动的积极性。

在当前的教育体系中，许多高校的创新创业课程内容仍过于理论，忽视了实际操作和实践能力的培养。这种情况下，学生很难将所学知识应用于实际创业项目中，缺乏将理论知识转化为实际操作能力的桥梁。因此，当他们面对真实的创业环境时，往往会感到力不从心，这直接导致了学生参与创新创业活动的热情不高。

另外，当前高校创新创业课程的内容往往与市场需求存在一定的脱节。随着科技的快速发展和市场需求的不断变化，某些专业的知识更新换代非常快，但高校的课程更新却没有跟上这种速度。结果是，即便学生参加了这些创新创业课程，但学到的知识和技能在毕业时可能已经过时，无法满足企业和市场的真实需求。

此外，高校创新创业课程设置中往往缺乏行业和企业的参与。真实的创新创业环境是复杂多变的，理论知识只是基础，更多的是需要在实践中学习和适应。如果高校能够与企业和行业深度合作，引入实际项目让学生参与，不仅能够让学生直观地感受到创业的挑战和魅力，也能够极大地提升他们解决实际问题的能力。

解决这一问题，需要高校在课程设置上进行一系列的改革。首要是增加实践性课程的比重，通过案例分析、项目驱动等方式，让学生在实际操作中学习和掌握创新创业的方法和技能。同时，需要紧跟市场动态，定期更新课程内容，确保所教授的知识和技能能够满足当前市场的需求。此外，高校应该加强与企业和行业的合作，邀请企业家进入课堂，分享他们的经验和挑战，为学生提供更多的实践机会。

通过这些措施，可以有效地缩小高校创新创业课程设置与实际需求之间的差距，提高学生参与创新创业活动的热情和能力。只有当学生能够感受到所学知识与实践的紧密联系，认识到创新创业活动的现实意义和价值，他们才会更加积极地参与其中，从而为社会和经济的发展做出更有效的贡献。

（二）学生的创业意识与创业能力培养不足

在当前湖南高校的教育环境中，学生在创业意识与能力培养方面还存在明显的短板，这在很大程度上制约了创新创业教育的实效性和深入性。缺失健全的创业意识与能力培养机制，导致学生在面向未来的竞争和挑战中处于不利位置。

一方面，学生缺乏足够的创业意识。这不仅仅是指学生对创业的认识不足，更体现在缺乏主动探索创业机会的意识上。在当前的高校教育中，虽然提倡创新创业，但具体到教学内容和方式上还是以传统知识传授为主，较少涉及创业实践和创业思维的培育。这种教育模式难以激发学生的创业兴趣，也难以培养学生识别和把握创业机会的能力。此外，学生对创业风险的认知偏差也是一个不容忽视的问题。很多学生对创业持有过于理想化的认识，既畏惧创业可能带来的风险，也缺乏勇于面对和解决问题的决心和韧性。

另一方面，学生的创业能力培养亦未形成有效机制。创业能力的培养不仅需要理论知识的学习，更重要的是通过实践来强化。然而，现有的教育体系中实践环节相对薄弱，学生很少有机会参与到真正的创业项目中去。即便有些高校设立了创业孵化器或创业实践基地，但这些资源的整合和利用效率仍然不高，很多学生并未真正受益。同时，学校与企业之间的合作不够密切，导致学生在校学习期间难以接触到市场前沿的创业信息和实际的商业操作经验。此外，指导教师在创业教育方面的专业性和实践经验也不足，难以为学生提供有效的指导和支持。

要解决这一问题，需要构建一个全方位的创业意识和能力培养机制。这一机制应当涵盖创业教育的内容更新、教学方法的创新、实践平台的搭建以及师资力量的加强等多个方面。教育内容上，应该融合创业理论与实践，加大创业案例分析和业界人士讲座的比重，以增强学生的创业意识和市场敏感度。教学方法上，可以采用项目导向学习、模拟创业竞赛等形式，激发学生的学习兴趣，培养他们的团队合作和问题解决能力。实践平台构建上，高校应加强与企业和创业孵化器的合作，为学生提供更多参与真实创业项目的机会，同时也可以设立学生创业基金，鼓励学生将创意转化为实践。师资队伍建设上，除了提高教师的专业能力，还可以聘请创业成功者或行业专家作为兼职导师，为学生提供更为直接和实际的指导。

通过这样一个全面而系统的机制构建，既可以从思想上激发学生的创业激情，又可以在技能上为他们的创业之路提供坚实的支撑，最终实现创业意识与能力的同步提升，为创新创业教育注入新的活力。

（三）校内外创新创业资源整合程度不足

在高校创新创业教育体系内，校内外创新创业资源的整合显得至关重要。这种整合不仅能为学生提供更广泛的学习和实践机会，还能够有效提高学生参与创新创业活动的积极性。然而，目前在许多高校中，校内外资源整合程度不足，这一状况直接影响学生对创新创业的兴趣和参与度。

校内外资源整合不足主要表现在几个方面。首先是信息沟通渠道不畅。校内多个部门间的信息孤岛现象普遍，导致资源共享与利用效率低下。同时，高校与企业、政府等外部机构的合作相对薄弱，互动不够频繁，信息交流不够顺畅，这限制了学生接触到的资源范围和质量。

其次，资源配置不合理也是一个主要问题。各类创新创业资源在高校内部分布往往不平衡，重点学科和优势专业享有更多资源，而其他领域则资源匮乏。这种不平衡的资源配置导致了学生的创业机会和路径选择受限，从而影响学生参与创新创业活动的积极性。

此外，校内外资源整合中还存在效率低下的问题。一方面，高校在与外部机构合作时经常遇到管理运作不顺畅、协调机制不完善等问题，这导致了合作项目进展缓慢，甚至中断。另一方面，即便是校内资源，也常因为缺乏有效的整合机制而处于闲置或低效利用状态，这无疑增大了校内外资源整合的难度。

为了解决这一问题，高校需要从以下几方面入手。首要是加强信息通信系统的建设，建立起校内外资源信息共享平台，以提高资源整合的透明度和效率。通过这一平台，不仅可以实现校内各部门和学院之间的资源共享，还能够促进与企业、政府等外部机构的合作和交流。

同时，高校应该优化资源配置，鼓励和支持所有学科和专业的学生参与创新创业活动。这可能包括提供创业指导服务、创业基金支持、创业实训平台等，以确保所有学生都有机会接触到丰富的创新创业资源。

另外，加强与企业、政府以及其他社会机构的合作是提高校内外资源整合效率的关键。高校可以通过建立稳定的合作关系和协调机制，吸引外部资源进入校园，为学生提供实习、实践和创业的机会。这样的合作也能够促进校内外资源的有效对接和利用，提高资源利用效率。

通过这些措施，可以有效地解决校内外资源整合不足的问题，进而提高学生参与创新创业的热情和积极性。这不仅有助于培养更多具有创新精神和创业能力的人才，也为高校创新创业教育的发展提供了坚实的资源支撑。在长期的教育实践中，这种资源整合策略将成为提升高校创新创业教育质量和效果的重要手段。

（四）缺乏一个多元化的创新创业教育评价体系

创新创业教育评价体系在提升学生参与度方面发挥着至关重要的作用。在当前湖南高校的创新创业教育实践中，这一评价体系尚显不足，其缺陷在一定程度上影响了学生对创新创业学习的积极性，进而影响了整体教育效果的提升。评价体系不完善主要表现在几个方面。

一是评价指标单一，过于侧重于理论知识的掌握和创业计划的完成。这一做法忽视了创新创业教育的实践性和创造性要求，无法全面反映学生的学习进展和创业能力。学生因而可能采取应付性学习，参与热情不高。

二是缺乏针对创新性和创造性成果的评价标准。当前的评价体系往往忽视学生在创新思维和创造实践中的表现，导致学生缺乏从事创新活动的动力。这种评价体系无法激励学生投入到创新创业实践中去，更难以培养学生的创新精神和实践能力。

三是过分强调结果导向，而忽视过程记录和评价。创新创业教育是一个复杂的过程，它不仅仅是一个结果的产出，更多的是在过程中对学生创新思维和创业能力的培养。缺乏对过程的关注和评价，会使学生仅仅关注结果的达成，忽略在过程中技能和能力的积累和提升，降低了学习的效率和效果。

四是评价反馈机制不健全。评价体系的一个重要功能是提供反馈，帮助学生了解自己的学习情况，指导学生进行针对性的学习和改进。当前的评价体系中，对学生的反馈往往不及时、不具体，难以发挥其应有的指导作用，学生的学习状态因而可能出现停滞不前。

为了解决上述问题，高校应当构建一个多元化的创新创业教育评价体系。这个体系首先应当是全方位的，不仅包括学生的知识掌握和创业计划的完成情况，更应当评价学生的创新能力、实践能力和团队协作能力等多方面的能力。其次，这个体系应当是过程导向的，对学生在创新创业教育过程中的表现给予充分的关注和合理的评价。再次，应当建立一个合理的反馈机制，通过及时、具体的反馈帮助学生了解自己的不足，明确学习目标，从而提高学习效率。

通过建立这样一个评价体系，可以更全面、客观地评价学生在创新创业教育中的表现，更有效地促进学生能力的提升和个性的发展。这不仅有利于提高学生对创新创业教育的参与度，更有利于高校创新创业教育质量的整体提升，为培养新时代具有创新精神和创业能力的工匠型人才奠定坚实的基础。

四、社会认可度有待提升

（一）高校创新创业成果转化效率低

高校创新创业成果转化的效率低下是湖南高校在创新创业教育过程中面临的重要问题之一，其背后蕴含着多重因素。

首要问题在于高校与市场之间存在信息不对称问题。高校在进行科研活动时，往往更多地关注基础研究和技术开发，而忽视了市场需求分析和预判。这导致许多科研成果虽然在学术上有所突破，但在实际应用中却难以找到合适的落地场景和商业模式，从而大大降低了转化效率。

其次，高校内部缺乏有效的激励机制也是导致成果转化效率不高的重要原因。当前，高校评价体系往往过于侧重学术成就，而对于科研成果的商业化转化并未给予足够的重视和奖励。这种评价机制的偏向，使得教师和研究人员更倾向于进行基础理论研究，而对于科研成果的实际应用和商业化转化缺乏足够的动力。

另外，高校与企业之间合作的深度和广度不足也是一个关键因素。虽然近年来高校与企业之间的合作日益增多，但这种合作往往停留在表面，缺乏深层次的交流和融合。企业对于高校科研成果的需求和高校研究方向的调整，往往不能及时有效地沟通，导致很多科研成果虽然具有潜在的应用价值，却因为不能精确对接市场和企业需求而难以转化。

此外，高校创新创业教育资源配置不均也是一个不容忽视的因素。在资源分配方面，部分高校、院系或专业由于传统优势和资源积累，能够获得更多的支持和投入，而其他领域则相对较为匮乏。这种不平衡的资源配置，限制了部分领域和团队发展创新创业项目的潜力，进一步影响了创新创业成果转化的整体效率。

解决上述问题，提高高校创新创业成果转化效率，需要从多方面着手。建立健全市场需求导向的研究开发机制，加强高校与企业、市场之间的信息交流与合作，是提高成果转化效率的关键。同时，改革高校内部的评价体系，建立健全激励机制，鼓励科研人员参与创新创业活动，促进科研成果的应用和转化。此外，优化资源配置，加大对有潜力领域和团队的支持力度，推动创新资源的均衡发展，也是提高成果转化效率不可或缺的一环。

通过这些措施的实施，能够有效提升高校创新创业成果的转化效率，进而提高其在社会和市场中的认可度，为高校创新创业教育的发展注入新的活力和动力。

（二）企业对高校创新人才的认知有偏差

在深入分析当前湖南高校创新创业教育领域存在的诸多问题和挑战时，不得不提其中的一个关键问题——即企业对高校创新人才的认知偏差。这一认知偏差具体表现在以下几个方面：

首先，企业对高校创新人才的需求与期望与高校教育输出之间存在一定的脱节。企业在追求快速发展的过程中，往往期待高校能够培养出能立即上手并迅速适应企业需求的“即战力”型人才。然而，高校教育更加注重理论基础的打造和创新能力的培育，这就导致了企业对高校创新人才实际能力的认知存在一定的偏差。

此外，对于创新人才的评价体系在企业与高校之间也存在差异。高校倾向于通过学术成就、专业知识等方面来评价学生的创新能力，而企业则更加关注项目经验、团队合作能力及实践能力。这种评价体系的差异使得企业在接触到高校培养的人才时，往往难以准确评估其能力，从而产生了认知偏差。

企业对高校创新人才的认识还体现在对学生创新精神和创造力的认可度上有所欠缺。很多企业在招聘过程中，更倾向于选择那些技术熟练、经验丰富的应聘者，而对于那些具有创新思维但尚缺乏实战经验的高校生，则往往持观望态度。这种现象在一定程度上抑制了高校创新人才的积极性和创造性的发挥，也影响了企业自身的创新能力提升。

诸如此类的认知偏差，不仅影响了企业和高校之间的有效沟通和协作，还可能阻碍创新人才的合理流动和优化配置。为了缓解这种状况，需要从多方面着手。一方面，企业需要加强与高校的交流合作，通过实习、实训等方式，深入了解高校创新创业教育的理念和成果，从而更准确地评估和认知高校创新人才的真实能力。另一方面，高校也应当积极调整教育策略，强化与企业需求的对接，通过改革课程设置、加强实践教学、构建校企合作平台等措施，促进学生既拥有扎实的理论基础，又具备良好的实践能力和创新精神。

究其根本，解决企业对高校创新人才认知偏差的关键在于构建一个开放、互动和共赢的校企合作机制。通过这样的机制，可以有效地促进信息共享、资源整合和互利共赢，从而为创新人才的培养、评价和使用提供更加科学、合理和高效的途径。这不仅有助于提升社会对高校创新人才的认可度，也为进一步推进湖南高校创新创业教育的改革与发展提供了有力的支撑。

（三）大众对科技创新与创业价值的理解不足

大众对科技创新与创业价值的理解不足是湖南高校在推进创新创业教育过程中面临的一大问题。这一现象不仅影响着科技成果的转化效率，也制约了社会对高校创新创业教育成果的认可与支持。深究其原因，可以从多个角度进行分析。

首先，在信息爆炸的时代，尽管网络为大众提供了大量的信息资源，但对于专业性较强的科技创新内容，普通公众往往缺乏足够的理解与鉴赏能力。这种局限性导致了科技创新与创业价值在大众心中的认知落差。很多情况下，公众对于科技创新的成果只停留在表面的认知，很少深入了解其背后的技术原理、市场价值以及对社会进步的深远影响。这种表层化的理解，难以形成对科技创新和创业活动深层次的认可与支持。

其次，社会整体对于失败的宽容度不够也是造成这一现象的原因之一。在创新创业的道路上，失败是不可避免的。然而，在一个对失败缺乏足够包容的社会环境中，创新尝试往往会被视为风险行为，这种观念不仅遏制了个体的创新热情，也影响了大众对创新创业价值的正确理解。人们往往仅仅看到失败带来的损失，而忽视了失败中蕴含的经验、教训乃至于新的机遇。

最后，国家和社会对科技创新与创业的宣传和教育也存在不足。虽然政府和相关部门一直在推动科技创新与创业教育，但在普及和推广方面仍然存在差距。缺乏针对普通民众的科技创新教育，使得大众难以从根本上认识到科技创新与创业的重要性和紧迫感。同时，科技创新和创业的成功案例传播不够广泛，导致公众无法直观地感受到科技创新活动对经济发展和社会进步的巨大推动作用。

解决大众对科技创新与创业价值理解不足的问题，需要构建多方参与、多渠道共同推进的宣传教育机制。首先，强化媒体的责任和作用，利用传统媒体和新媒体平台，大力宣传科技创新的成功案例，深入浅出地解读科技成果，增强大众的科技素养。其次，高校和研究机构要主动走出实验室，通过公开课、科普讲座等形式，向公众普及科学知识，讲述创新故事，激发社会对科技创新的兴趣和热情。再者，政府应当通过政策引导，为创新创业提供更多的支持与保障，同时加大对失败创业者的包容和支持，营造一个鼓励尝试、宽容失败的社会氛围。通过这些综合措施，逐步提升大众对科技创新与创业价值的认识和理解，为科技创新与创业营造更加健康、积极的社会环境。

通过以上分析可以看出，大众对科技创新与创业价值理解不足的问题是多方面的，解决这一问题需要社会各界共同努力。提高公众科技素养，营造宽容失败的社会氛围，加大科技创新与创业宣传力度，这些都是提升社会对科技创新与创业价值认可的重要途径。随着社会对科技创新与创业重要性的深入认识，未来湖南乃至全国的科技创新与创业教育将迎来更加广阔的发展前景。

第四章 国际视野下的创新创业工匠培养经验借鉴

第一节 国际创新创业教育理念与模式

一、创新创业教育的国际趋势

全球创业生态系统的构建与发展是对当代创新创业教育及实践活动的深度反映，它彰显了国际社会对经济增长与社会进步共同期待的新视野。在这个框架下，创业不仅被视为一种个人职业选择，更是一种推动社会创新与经济发展的重要力量。全球创业生态系统的核心在于提供一个多元化的、相互支持的环境，让创业者、投资者、教育者、政策制定者等不同角色能够有效地合作，共同促进新企业的成长与创新技术的应用。

构建这样的生态系统，首先需要一种宽容失败的文化。这种文化认可创业实践中的失败为成功之母，鼓励人们勇于尝试，即使是在面对失败时也能汲取教训并再次尝试。其次，高质量的教育体系是创业生态系统的另一个基石。不仅是专注于商业和科技领域的教育，但也包括培养创新思维、解决问题的能力和团队合作精神等软技能。同时，有效的政策支持和财政激励措施对于激发人们的创业热情，降低创业初期的风险有着不可忽视的作用。

在全球范围内，成功的创业生态系统还有赖于强大的资本市场支持。风险投资、天使投资、众筹等融资渠道的发展为创业项目提供了生命力，帮助创新理念迅速转化为实践。同时，技术创新与知识产权保护制度的完善也对创业生态系统的健康发展至关重要。技术创新保证了创业项目的竞争力和独特性，而有效的知识产权保护制度则为创业成果提供了必要的法律保护，鼓励了更多的创新活动。

此外，创业导师和加速器项目在培育初创企业、提供战略指导和网络资源方面发挥了重要作用。这些元素不仅帮助创业者缩短学习曲线，更能够提高创业项目的存活率和成功率。此外，国际合作和跨国网络对全球创业生态系统的建设也显得尤为重要。通过国际交流和合作项目，不同国家和地区的创业者可以分享经验、学习最佳实践、拓展市场，促进了全球创新能力的整体提升。

随着数字化转型的不断深入，全球创业生态系统正在经历前所未有的变革。互联网、大数据、人工智能、区块链等新兴技术的应用为创业提供了新的机会和挑战。数字化平台使得资源连接更加高效，市场更加全球化，也使得创业活动可以突破时间和空间的限制，让更多人有机会参与到创业实践中来。因此，对这些新兴技术的教育和理解，以及如何在创业实践中有效利用它们，成为当代全球创业生态系统建设的新课题。

总的来看，全球创业生态系统的构建与发展要求各方面密切协作，形成一个促进创新和创业的良性循环。通过不断优化创业环境，为创业者提供更多资源和支持，全球创业生态系统有望成为推动世界经济发展和社会进步的强大引擎。

在当今时代，教育技术的融合与创新教学方法正成为国际创新创业教育的显著趋势。这一进展标志着传统教育模式向更加互动、灵活和以学生为中心的学习体验的转变。通过高度整合最新的教育技术，教育机构能够提供更加丰富多样的学习资源和环境，极大地提高了教学效果和学习效率。

教育技术的融合不仅包括数字工具和平台的应用，如在线学习管理系统、虚拟现实、增强现实和人工智能等，也涵盖了这些技术与创新教学方法之间的互动。例如，翻转课堂模式依赖于在线视频和互动课程，让学生在家中完成传统意义上的“家庭作业”，而课堂时间则用于讨论、实践和深入分析，这样的模式让学生可以在教师的指导下更深入地理解和应用知识。

此外，项目式学习(project-based learning, PBL)作为一种以学生为中心的教学方法，通过让学生参与到真实世界问题的解决过程中，培养其批判性思维、问题解决能力和团队合作能力。这种方法在融合新兴教育技术时，能够更有效地吸引学生的兴趣和积极参与，通过模拟或实际项目的执行，加深学生对于专业知识的理解和应用。

在教育技术的帮助下，个性化学习方案得以实施，可以根据每个学生的学习速度、兴趣和需求调整教学内容和方法。利用大数据分析，教师能够准确把握学生的学习进度和难点，提供针对性的指导和支持。同时，人工智能的应用也为创立更有效的教学和评估方法提供了可能，例如通过机器学习算法自动化定制学习材料和练习，进一步个性化学习体验。

对于创新创业教育而言，教育技术的融合以及这些创新的教学方法为学生提供了更多实践和探索的机会。通过参与到真实或模拟的业务项目中，学生能够获得宝贵的实际经验，这不仅帮助他们更好地理解理论知识，更重要的是，能够激发他们的创新精神和创业热情。

当前，全球多个国家和地区的高校和教育机构都在积极探索如何更好地运用教育技术和创新教学方法来促进创新创业教育。从MIT的开放式课程到斯坦福大学的设计思维课程，从在线创业教育平台到各种开源资源，这些实践案例为全世界的教育改革者提供了丰富的启示和经验。

教育技术的融合与创新教学方法的应用正在逐步改变传统的教育与学习模式，为创新创业教育开辟了新的道路。这不仅有助于学生获得必要的知识和技能，更重要的是，培养他们应对未来挑战的能力。随着技术的不断进步和教学方法的持续创新，创新创业教育将继续朝着更加高效、动态和互动的方向发展，为学生提供更加丰富和有意义的学习体验。

二、典型国家的教育模式与案例分析

（一）美国的创业教育体系

美国的创业教育体系的成功，在于综合了多方面的因素：政策支持、教育模式创新、校企合作、社会文化推动等。美国政府对创业教育的重视，为其发展提供了坚实的政策基础。各级政府通过财政补助、税收优惠等手段，激励高等教育机构开展创业教育。此外，美国还拥有一套成熟的知识产权保护机制，为创新创业提供法律保障。

在教育模式方面，美国采取了灵活多变的教学策略。课程设计强调实践性和创新性，鼓励学生通过项目实践、案例分析等方式，深入理解创业过程中的各个环节。很多高校设立了创业孵化器，为学生提供了从创意到商业计划的全程指导服务，这些孵化器往往与企业界紧密相连，学生能够获得真实的市场反馈和投资机会。

校企合作是美国创业教育的又一特色。众多高校与企业建立了紧密的合作关系，通过实习、工作坊等方式，使学生有机会直接接触到企业运营的各个方面。这种直接的行业经验不仅丰富了学生的知识和技能，也有助于学生建立起职业网络。

社会文化对美国创业教育同样起到了推动作用。美国社会普遍认为失败是成功之母，这种宽容失败的文化氛围降低了创业的精神门槛，鼓励了更多个体投身创业实践。此外，成功创业者的个人经历和故事在媒体上广泛传播，起到了积极的示范和激励作用。

从典型案例分析，可以看出美国高校创业教育的效果显著。以斯坦福大学为例，该校不仅在硅谷心脏地带，与众多创新企业和初创公司邻近，更通过其独特的教育理念和课程设置，培养出了大批创业精英。斯坦福大学的创业课程注重理论与实践的结合，强调跨学科学习，为学生提供了广阔的视野和多元化的思考方式。学校还经常邀请知名企业家进校授课或做客座讲座，让学生能够直接从成功者那里汲取经验。

麻省理工学院通过其强大的技术和工程背景，为创业教育注入了独特的科技元素。麻省理工学院马丁信托创业中心提供了一系列支持创业的服务和资源，包括创业辅导、团队建立指导、资金支持等，大大降低了学生从事创业活动的门槛。

哈佛大学则以其悠久的商学院历史和强大的校友网络，为创业教育提供了丰富的资源。通过案例教学法，学生可以深入分析和理解创业过程中的各种挑战和解决策略，同时，哈佛的广泛校友网络也为学生提供了强大的职业支持。

通过这些案例可以看出，美国的创业教育之所以成功，与其系统化、综合化的创新生态环境分不开。高校、政府、企业和社会文化的有机结合，形成了一个促进创新创业的良好环境。学生在这样的环境中，不仅获得了必要的知识和技能，更重要的是培养了创新思维和应对复杂问题的能力。这些经验和模式对于其他国家和地区在创新创业教育方面的探索具有一定的借鉴意义。

（二）德国的双元制教育模式

德国的双元制教育模式，是该国特有的职业教育体系，这一模式深深植根于德国的社会和经济生活之中，体现了德国对技能培养和实践教育的高度重视。双元制教育模式的核心在于将理论学习与实践工作相结合，学生不仅在职业学校接受专业理论知识的教育，同时在企业中进行实际工作，通过这种方式获得工作经验以及专业技能。

这一教育模式涉及广泛的领域，包括但不限于工程技术、商业管理、医疗卫生、信息技术等。在德国，双元制教育系统不仅仅是职业教育的代名词，它还体现了国家对青年培养的社会责任和企业参与人力资源开发的战略思想。学生在完成必要的中等教育阶段后，可以选择进入双元制教育体系，成为一名学徒，在这里，他们将分别在职业学校和合作企业中学习和工作。

在职业学校，学生通常会学习相关的理论知识，这些知识旨在为他们在企业中的工作提供必要的背景知识和技术理解。这一阶段的教育注重于理论与实践的平衡，确保学生能够理解其工作背后的科学原理和技术规范。

与此同时，学徒会在企业中进行为期两到三年的实际工作，这是双元制教育模式中非常关键的一环。在企业中，学徒不仅仅是观察者，他们是实际的工作者，参与到公司的日常运营之中。在这个过程中，学徒可以逐渐掌握必要的职业技能，从简单工作开始，逐步承担起更多责任和技术难度更大的任务。

德国政府和企业对双元制教育模式给予了巨大的支持。政府通过立法和政策指导，确保了教育质量和学徒权益，同时也为企业提供了参与职业教育的各种激励。企业作为培训的主体，不仅承担着培训成本，还提供了宝贵的实践机会，这对于学生的技能发展是至关重要的。

双元制教育模式的成功有赖于多方面的合作与协调，包括政府、企业、学校以及学生和他们的家庭。这种模式创造了一种环境，让学生可以在学习期间就与未来的职业世界建立紧密的联系，不仅提高了教育的实用性和针对性，也极大地促进了学生就业的适配性和顺利性。

德国的双元制教育模式对于全球其他国家而言，提供了一个重要的参考和借鉴。通过这一模式，可以看到职业教育并非是理论知识的简单传授，而是一种更广泛的社会实践，它强调了教育与产业的紧密结合，通过实践学习确保学生能够更快更好地融入职业生活中。尽管各国的具体实施方式可能因文化和社会经济条件的不同而有差异，德国双元制教育模式的基本原则和成功经验无疑为全球职业教育和工匠精神的培养提供了宝贵的启示。

（三）以色列的创新驱动教育策略

以色列的创新驱动教育策略是该国教育系统中的一颗璀璨明珠，它在全球范围内被认为是创新与创业教育的典型代表。这一策略的核心在于培养具有创新精神和创业能力的学生，使他们能够在未来的职业生涯中推动科技发展和经济增长。

以色列的教育系统强调实践和经验学习的重要性。学校和高等教育机构通过提供丰富的实习机会、项目式学习和创业训练营，将理论知识与实际操作紧密结合。这种学习模式激励学生积极思考，探索未知领域，培养解决问题的能力。

科技创新是以色列教育中的一个重要组成部分。许多高校设有科技孵化器，旨在支持学生和教师将创新理念转化为实际产品和服务。这些孵化器提供必要的资源，如资金、咨询服务和市场分析，帮助初创企业成长和扩张。

合作与网络构建在以色列的教育策略中扮演着关键角色。学校经常与企业、政府机构和国际合作伙伴建立合作关系，为学生提供接触实际工作环境的机会。这种跨界合作不仅拓宽了学生的视野，也为他们日后的职业发展和创业活动打下了坚实的基础。

创新教育的文化在以色列被高度重视。从小学到大学，教育机构鼓励学生质疑现状，追求创新。教师采取开放的教学态度，支持学生的创意思维和实验精神。这种文化氛围为创新的萌芽提供了肥沃的土壤。

以色列政府在推动教育创新方面发挥了重要作用。通过制定有利于创新和创业的政策，为教育机构和学生提供资金支持，政府显著提升了国家的创新能力。政策措施的实施确保了教育系统与经济发展的需求保持一致，促进了科技创新和企业家精神的培养。

国际合作也是以色列创新教育成功的一个关键因素。通过与世界各地的教育机构和企业进行合作，以色列提升了其教育系统的国际化程度。学生和教师有机会参与国际项目和交流，这不仅拓宽了他们的视野，也增强了他们在全球化背景下的竞争力。

以色列的创新驱动教育策略依赖于一套综合的支持体系。除了政府和教育机构的直接投入，私营部门的参与也是不可或缺的。许多以色列企业认识到与高校合作的重要性，并通过资金支持、提供实习机会和参与课程设计等方式，积极参与到创新教育过程中。

以色列的经验显示，一个成功的创新驱动教育策略需要多方面的努力和支持。通过提供实践机会，鼓励跨界合作，建设创新文化，以及政府和私营部门的积极参与，可以有效激发学生的创新精神和创业能力。这一教育策略为以色列乃至全球的科技发展和经济增长提供了强大的动力。

（四）芬兰的教育模式

芬兰的教育模式在全球范围内享有极高的声誉，尤其是其学生中心的教育哲学，这一理念已被广泛认为是创新和创业教育成功的关键。在芬兰，学生中心教育哲学的核心在于将学生的需求、兴趣和学习方式放在教育过程的中心位置，强调以学生为本，而非单纯以教学内容或者教师为中心。这种教育模式强调学生的主动参与、实践经验和个性化学习路径，以培养学生的创造力、批判性思维以及解决问题的能力。

在芬兰，教育体系鼓励学生根据自己的兴趣和能力发展，为此提供了灵活多样的学习方式和丰富的学习资源。这种教育哲学认为，学生是自己学习的主体，教师的角色是为学生的学习提供支持、引导和资源，而不是简单地传授知识。这就要求教育过程高度个性化，能够适应不同学生的需求，鼓励学生在学习中发现自己的热情和潜能。

芬兰教育的另一大特点是强调团队合作与项目学习。它促使学生在团队中学习合作与沟通，以项目为中心的学习模式让学生在解决实际问题的过程中学习和应用知识，这种模式无疑增强了学生的实战能力和创新意识。在创新创业教育中，这种教育方法尤为重要，它可以帮助学生培养出在真实世界中创业和创新所需的各种技能和能力。

此外，芬兰高度重视教育公平，确保每个学生都能接受到高质量的教育，无论是来自何种背景。这意味着所有学生都有机会接触到高水平的创新和创业教育资源，这在很大程度上促进了教育整体质量的提升和学生潜能的充分开发。

芬兰的教育还特别强调教师的素质和教育的质量。教师被视为教育过程中最宝贵的资源，他们不仅需要具备深厚的专业知识，更重要的是要具备引导学生探索、创新和创业的能力。为此，芬兰对教师的培养和选择都有极其严格的标准，确保每位教师都能够在学生中心的教育哲学指导下，有效地支持和促进学生的学习和成长。

教育的评价体系也是芬兰教育不同于其他国家的一个重要特征。在芬兰，学生的学习评估更多地侧重于学生的全面发展，而非仅仅通过标准化考试的成绩来衡量。这样的评价体系鼓励了学生从错误中学习，不断探索和实践，强化了学生的自我反思和自我改进的能力，对于培养具有创新精神和创业能力的学生尤为重要。

芬兰教育模式和哲学的成功在很大程度上源自其对学生个性的尊重、教育公平性的保障、教师素质的高标准以及教学方法和评价方式的创新。这些因素共同构建了一个有利于学生全面发展、鼓励创新和创业的学习环境。其他国家在追求学生创新创业能力提升的过程中，无疑可以从芬兰的经验中汲取宝贵的灵感和方法。

第二节 国际工匠培养的成功经验

一、工匠精神的国际传承与发展

工匠精神，一词最初源于中世纪欧洲的手工艺人群体，随着时代的发展，这一精神被世界各国广泛接纳并融入各自的文化与教育之中，成为驱动各国创新创业与产业发展的重要力量。不同国家在培养工匠精神方面各具特色，形成了一系列成功的经验，为全球的教育和产业发展提供了宝贵的借鉴。

在德国，工匠精神被赋予了极高的社会地位和荣誉，这源于其悠久的手工艺传统和严格的教育体系。德国制定了全面的职业教育体系，即“双元制”教育系统，将理论学习与实践工作相结合，确保学生能够在学习期间获得丰富的实践经验。这种教育模式不仅培养了一代又一代技艺精湛的工匠，也使得“德国制造”成为全球质量与创新的代名词。在这里，工匠精神体现为对工作的专注、对质量的执着追求以及对创新的不懈探索。

日本对工匠精神的理解和实践，则是将其深深植根于文化和生活中。日本工匠精神强调的是一种极致的专注和持续的改进，称之为“匠人的道”。无论是制茶、制剑还是现代的技术产品，日本工匠都以追求完美为目标，致力于工艺的细节至善至美。这种精神不仅体现在传统手工艺上，同样也是现代日本制造业成功的关键因素之一。日本的企业文化中有着严格的师徒制度，新一代的工匠在经验丰富的师傅指导下，学习和传承技艺，确保每一位工匠都能达到高水平的技术和道德标准。

而在美国，工匠精神更多地体现为创新和企业家精神。美国的工匠精神强调个人的创造力、创新能力和对新技术的快速适应。美国的教育系统鼓励学生的独立思考和问题解决能力，从小培养学生的创新意识和创业精神。这种教育理念导致美国在科技创新和新兴产业的发展上处于全球领先地位，众多世界知名的创新型企业和工匠型创业家在这里孕育而生。

英国的工匠精神则在于其对传统与创新的兼顾与平衡。英国拥有深厚的工业革命历史背景，工匠精神在此得到了发展和传承。在保持传统手工艺技能的同时，英国还鼓励工匠采用新科技和材料，将创新融入传统中，创造出具有现代感的传统工艺品。英国的教育体系也非常注重实践和技能的培养，多所院校提供与工艺相关的专业课程，旨在培养学生的创新思维和实际操作能力。

总的来说，不同国家的工匠精神虽然在具体表现上各不相同，但都强调了对专业技能的追求、对质量的重视以及对创新的开放态度。这些成功经验表明，培养工匠精神不仅需要系统而全面的教育体系，还需要文化和社会的支持以及适宜的产业生态，是多方面因素共同作用的结果。对于各国来说，从国际工匠培养的成功经验中汲取教训，结合自身实际情况创新工匠培养机制，将对提高国家的创新能力和产业竞争力起到关键作用。

工匠教育与培训体系在各国呈现多样化的特点，对比这些国际经验有利于理解工匠精神如何在全球范围内传承与发展。德国、日本和美国作为工匠培养方面的领先国家，它们的实践为其他国家提供了宝贵的借鉴。

德国以其“双元制”教育体系享誉世界，该体系紧密结合理论教育和实际工作，强调学徒制的重要性。学徒在企业中进行实际工作，在职业学校接受理论教育。这种模式使得学徒能够在实践中学习和掌握技能，同时也让企业能够根据自身需求培养人才。德国的工匠教育以高度的制度化、规范化闻名，制度保证了教育质量和工匠技能的标准化。此外，德国政府对职业教育的高度重视和投资也是其成功的关键因素。

日本的工匠培养则突出了“师徒制”和终身学习的理念。在日本，传统工艺和技术的传承依赖于师傅向徒弟逐个传授技能的方式。这种培训模式强调一对一的指导和长期的技能磨练，更侧重于技能的深度和精湛。日本工匠对于精益求精、不断完善技能的态度体现了深厚的工匠精神。同时，日本也在现代化进程中，通过建立专业学校和推广技能认证制度，将传统的工匠培养与现代教育体系有效结合。

美国的工匠教育与培训体系则体现了强烈的市场导向和多元化的特点。美国的职业与技术教育课程旨在满足快速变化的劳动力市场需求，提供从高中到社区学院乃至四年制大学的多样化路径。这些课程不仅包括传统的工匠技能培训，还融入了创新、创业等现代职业素养的教育，注重培养学生的适应性、创造性和终身学习能力。美国对于非正规教育的认可也为工匠技能的学习提供了更广阔的平台，如在线课程和行业认证，这些途径为那些希望转型或提升技能的人士提供了便利。

这三个国家的经验表明，成功的工匠培养需要一个系统化、多元化的教育体系作为支撑。一个高效的工匠培养体系应该能够平衡理论学习与实践操作、传统技能与现代知识的学习，同时也应该能够适应经济和社会的变化，满足市场的需求。不同国家的做法虽有差异，但共同的理念是强调工匠精神的传承与发展，以及教育体系对这一精神培养的重要性。

在研究国际经验时，还应关注这些国家如何处理教育与就业之间的联系，以及他们如何通过政策和资金支持来促进工匠教育的发展。这对于其他国家在制定或调整自己的工匠培养策略时提供了重要的参考。

通过比较德国、日本和美国的工匠教育与培训体系，可以发现，尽管各国的方法和侧重点不同，但对于工匠精神的传承与发展的承诺是一致的。这些国家的成功经验为构建有效的工匠培养机制提供了宝贵的意见，也为全球工匠教育的未来发展指明了方向。

二、工匠培养的国际合作与交流

跨国教育合作项目是促进全球工匠培养领域交流与合作的重要途径，它涉及教育机构、企业和政府多方的合作，目标在于通过资源共享、优势互补实现工匠精神与技能的跨文化传承与创新。这些项目不仅为参与国家的学生提供了获取国际教育资源的机会，同时也促进了教育内容与教学方法的革新。

在实施跨国教育合作项目的过程中，通常会采用联合培养、学分互认、双学位等模式，为学生打造多元文化的学习环境和国际化的学术视野。这些合作模式有助于学生深入理解不同国家的工艺技术发展和工匠文化，激发学生的创新思维和国际竞争意识。

举例来说，中德两国在职业教育领域的合作历史悠久，德国的双元制教育模式被引入中国，这种模式强调理论与实践相结合，使学生能够在学习期间与企业紧密联系，获得实际工作经验。双元制教育模式的引入不仅提高了学生的技能水平，也促进了中德两国在工匠培养方面的深入交流和合作。

此外，国际学术研讨会、工作坊和夏令营等活动也是跨国教育合作项目中常见的形式，通过组织这些活动，学生和教师可以直接与国际同行进行交流，分享最新的研究成果和教学经验，从而促进了全球范围内的知识传播和技术革新。

在技术转移和知识共享方面，跨国教育合作项目同样发挥了重要作用。通过与国际合作伙伴共同研发项目、建立研究平台，参与国家能够共享最新的科学研究成果和技术发明，这对于推进工匠技能的创新和升级具有深远影响。

值得注意的是，跨国教育合作项目的成功实施需要克服包括文化差异、教育体系不同和语言障碍等在内的多种挑战。这要求参与方在合作之初就建立明确的目标、合作机制和评估标准，保证项目的质量和效果。

通过多年的发展，跨国教育合作项目已成为全球教育领域的一大亮点，对促进国际人才流动、加强国际教育资源整合、提升工匠培养质量等方面发挥了积极作用。未来，随着全球化的进一步深入，这类合作项目将会更加多样化，对全球工匠培养体系的创新与发展起到更加重要的推动作用。

国际技能大赛是世界各国公认的工艺、技能水平的展示平台，其重要性在于促进了不同国家之间在工匠精神和技能培养方面的交流与学习。这类赛事不仅是对参赛者技能的一种考核和肯定，更是通过竞争激励年轻一代追求卓越、传承工匠精神的有效途径。国际技能大赛如世界技能大赛等，通过比赛让参赛者展现各自领域的专业技能，同时也为各国提供了一个相互学习、相互启发的平台。

在技能传承方面，国际技能大赛的角色尤为重要。首先，在竞赛中，参赛者需要展现出高超的技能水平，这不仅需要扎实的理论知识，也需要丰富的实践经验。这种情形激励着教育机构和工匠培训机构不断优化和创新培养方案，使得学习过程更加注重实践技能的培养和工匠精神的内化。通过参与国际技能大赛，学习者能够更明确自我定位，明白自己在专业领域内的优势和不足，从而有针对性地进行提升和强化。

再谈到国际合作与交流，在国际技能大赛这个舞台上，各国选手及指导老师之间的互动交流为技能和知识的传播提供了极佳的平台。参与者不仅可以直接观察到其他国家在相同技能项目中的实践操作和创新方法，还能通过交流活动深入了解其他文化背景下工匠精神的解读和实现路径。这种跨文化、跨国界的交流加速了技能知识的全球流动，也促进了工匠精神在全球范围内的传播与继承。

此外，国际技能大赛还提供了评估和反思教育培养体系有效性的契机。通过参赛结果反映出的各国技能水平差异，可以启示教育决策者和培训机构反思和评估本国的工匠培养机制，识别存在的不足，并借鉴国际上成功的经验和做法来进行调整和优化。这种以赛促教、以赛促学的方式，有利于推动高技能人才培养体系的持续改进和发展。

国际技能大赛不仅仅是一个技能水平的比拼场所，更是一个文化、教育、技能和工匠精神交融的平台。通过参与这样的国际赛事，各国不仅能展示自身的技能水平和工匠精神，更重要的是能通过这个窗口，吸收其他国家在技能培养、教育机制建设方面的先进经验，进而推动本国相关领域的发展。这种在国际舞台上的学习、交流和竞争，对于加速工匠精神的国际传承和发展具有重要意义，有助于构建一个多元、互动、共享的全球技能发展生态系统。

第三节　对湖南高校的启示与借鉴

一、教育理念的更新与转变

在当今全球化浪潮的背景下，国际化教育已经成为各国高等教育改革与发展的一个重要趋势和目标。对湖南高校而言，将国际化视角融入创新创业教育，不仅有助于扩大学生的国际视野，提升其全球竞争力，同时也为创新创业工匠的培养机制注入新的活力和灵感。

国际化教育的核心在于培养学生具备全球视野、跨文化交流能力和国际竞争力，这对于创新创业工匠的成长尤为关键。在这一过程中，学生不仅学习国际前沿的科学技术知识，更重要的是通过多元文化的碰撞，激发创新思维和创业灵感。

培养具有国际视野的创新创业工匠，需要湖南高校在教育理念、课程设置、师资力量及学生交流等方面进行全方位的更新与转变。

教育理念的更新，要求湖南高校将国际化教育的理念融入学校文化，强调创新和创业教育的国际性和前瞻性。这不仅包括对学生进行国际视野的培养，更重要的是激发学生的全球责任感和使命感，使其不仅成为技术精湛的工匠，更是具有国际视野和全球竞争力的创新创业者。

在课程设置方面，湖南高校需要引入国际化的创新创业课程，通过跨学科的课程设计，让学生接触到国际前沿的科技发展和创业趋势。同时，增加实践环节，如国际实习、国际创新创业项目等，让学生在实践中学习国际化的工作方式和思维模式。

师资力量是实现教育国际化的关键因素之一。湖南高校应致力于引进具有国际视野和国际教育背景的教师，通过教师的国际教育经验和国际合作网络，为学生提供真实的国际化学习环境和实践机会。此外，鼓励本地教师参与国际交流与合作，提升其国际化教育能力，也是不容忽视的一环。

学生的国际交流和合作项目，对于拓宽其国际视野具有重要作用。湖南高校可以通过建立与国外高校的合作关系，为学生提供海外交换生项目、国际竞赛、海外实习等机会。通过这些国际交流的平台，学生不仅能学习到先进的创新创业知识和技能，更能在跨文化交流中培养出适应国际化发展的能力。

此外，湖南高校还应积极探索与国际组织、跨国公司的合作，通过项目合作、联合研发等方式，为学生提供直接接触和参与国际化创新创业项目的机会。这种合作不仅能够让学生直观感受国际化创业环境，更能提高其解决国际化问题的能力和水平。

国际化教育视野的拓展对湖南高校来说，是一项系统工程，需要长期的投入和持续的努力。通过对教育理念的更新与转变，构建全方面的国际化教育体系，湖南的高校将能够培养出不仅技术精湛，而且具有广阔国际视野、能在全球舞台上展现中国智慧和能力的创新创业工匠。

跨界融合的教学模式创新，标志着当代教育理念的一大进步，打破了传统学科界限，促进了知识领域之间的交叉和整合，为创新创业工匠培养注入了新的动力。这种模式侧重于跨学科、跨领域的知识结合，强调理论与实践的紧密结合，旨在培养学生的创新能力、实践能力以及解决复杂问题的能力。

在教育全球化的大背景下，创新已成为教育发展的核心驱动力。跨界融合教学模式的实施，是对传统教育模式的一种颠覆性创新。它要求教学内容不仅涵盖多个学科的知识点，更要实现学科之间的有机连接，通过跨学科项目、研究和学习，让学生能够从更广阔的视角理解知识，提高学生的综合素质和竞争力。

在跨界融合的教学模式中，学生被鼓励主动探索、积极实践。教育工作者从单纯的知识传递者转变为引导者、协作者和支持者。这种转变使得学生可以在解决实际问题的过程中学习和运用知识，以项目为导向的学习方式使学生能够主动探索学科之间的联系，培养他们的创新意识和跨学科思维能力。

为了有效实施跨界融合的教学模式，高校需要创建开放、灵活的教学环境，鼓励教师之间的合作，以及与企业、政府和非政府组织等外部资源的合作。这种合作不仅能够为学生提供更多真实的学习案例，还能帮助他们建立起与实际工作环境相联系的知识体系。同时，高校还应当加强师资队伍建设，培养具有跨学科背景的教师，这对跨界教学模式的成功实施至关重要。

跨界融合的教学模式也强调评价机制的创新。传统的考核方式难以全面评价学生在跨学科学习中的表现。因此，需要开发更具有综合性、实践性的评价方法，如基于项目的评价、团队合作的评价等。这些评价方法更能够真实反映学生的学习成果，同时促进他们综合能力的提升。

实践证明，跨界融合的教学模式能够显著提高学生的创新能力与实践能力。通过跨学科的学习和研究项目，学生可以获得更全面、更深入的知识理解，为他们未来的职业生涯打下坚实的基础。特别是在今天这个快速变化的社会，跨学科能力已经成为各行各业的重要需求。

然而，跨界融合的教学模式的推广与实施也面临着诸多挑战。如何有效整合资源、优化课程设计、提升教师能力等问题都需要高校加以深思熟虑和积极探索。此外，教育体制本身的僵化以及传统教育理念的根深蒂固也是需要克服的障碍。

针对这些挑战，高校应当采取灵活多样的策略，如加强校内外资源的整合，优化课程结构，建立跨学科学习平台，提供更多实践机会，以及改革教学和评价方法等。只有这样，跨界融合的教学模式才能在未来的教育实践中发挥更大的作用，为创新创业工匠的培养提供强有力的教育支持。

在当前这个知识更新速度日益加快的时代，持续学习与终身教育已成为一个不容忽视的教育理念。这一理念认为，教育不应仅限于学校教育阶段，而应伴随个体的一生，以适应快速变化的社会和工作环境需求。对于湖南高校而言，这一理念的树立对于促进学生的全面发展，提高其创新创业能力具有重要意义。

持续学习强调的是一个人在整个职业生涯甚至是整个生命过程中，不断学习新知识、新技能的重要性。这种学习方式可跨越正规教育与非正规教育，不仅包括系统的学科学习，也包括工作实践、社区活动等多种形式。终身教育则是建立在持续学习基础上的更广泛概念，它涵盖从儿童期到老年期的全生命周期教育，其目标在于实现个人的持续发展和社会的整体进步。

在实践持续学习与终身教育理念的过程中，湖南高校需以创新的姿态重新审视和设计教育体系。这意味着，学校不仅要提供给学生固定的学科知识，更要教会学生如何学习，如何在未来的职业生涯中自我更新。这包括培养学生的学习兴趣、学习方法，以及如何有效地利用各种学习资源。

同时，湖南高校需要构建开放和灵活的学习平台，鼓励学生利用网络课程、工作坊、社区服务等多种方式进行自我提升。高校还可以通过与企业、研究机构等外部实体的合作，为学生提供实习实训、项目研究等机会，将理论学习与实践应用结合起来，这不仅有助于学生更好地掌握知识和技能，也为其日后的创新创业活动打下坚实基础。

此外，湖南高校应重视培养学生的自主学习能力和终身学习的习惯。这包括教会学生如何设定学习目标、如何管理自己的学习计划、如何评估自己的学习成果等。通过这些方法，学生可以培养出主动探索知识、不断求学的意识，形成终身学习的能力。

对教师队伍来说，持续学习与终身教育理念的实施也提出了新的要求。教师不仅要不断更新自己的专业知识和教学方法，还要学会如何引导和激励学生进行自我驱动的学习。这意味着，教师的角色从传统的知识传授者转变为学习的促进者和指导者。

在全球化的背景下，湖南高校的持续学习与终身教育理念的实施还应具有国际视野。通过国际交流与合作，湖南高校可以将世界各地的先进教育理念和实践引入校园，提升学生的国际竞争力。同时，高校还可以鼓励学生参与海外学习、研修项目，拓宽其视野，促进其跨文化的交流与合作能力，为未来的创新创业活动提供更广阔的平台。

综上所述，持续学习与终身教育理念的树立对湖南高校来说是一项重要而艰巨的任务。这不仅需要高校在教育理念、教育内容、教育方法等方面进行全面的更新和转变，还需要构建与时俱进的学习环境，培养有能力适应未来社会发展的高素质创新创业人才。通过持续的努力和探索，湖南高校将能在新时代背景下培养出更多能够持续学习、终身成长的新型工匠。

二、教育模式的创新与优化

融合学科边界的跨学科课程设计，是现代教育创新的一个重要方向，特别是在培养创新创业工匠精神的背景下显得尤为关键。这种课程设计方法打破了传统的学科界限，通过整合多学科的知识和技能，为学生创建一个跨领域学习的平台，旨在培养学生的创新思维、问题解决能力和跨学科协作能力。

在培养创新创业工匠精神的过程中，融合学科边界的课程设计可以激发学生的创造力和创新精神，这主要得益于跨学科学习环境的开放性和包容性。学生不再局限于单一学科的知识体系，而是被鼓励在不同学科之间寻找联系，发掘新的思维方式和解决问题的策略。从实际操作的角度讲，这种跨学科的交流和合作能够使学生更好地应对复杂的实际问题，培养他们将理论知识应用到实践中的能力。

（一）跨学科课程设计应遵循的基本原则

具体来说，跨学科课程设计应遵循几个基本原则。首先，需要明确课程设计的目标和预期成果，确保课程内容既有广度也有深度，既能够覆盖多个学科的基础理论，又能注重实践应用和技能培养。其次，课程内容的选择和组织要有助于促进不同学科之间的相互理解和知识整合，鼓励学生在学习过程中进行跨领域的思考和创新。此外，课程实施过程中应采用灵活多样的教学方法，比如案例教学、项目驱动、团队合作等，以增强学生的参与度和协作精神，通过实践活动让学生体会跨学科协作的价值和意义。

面对快速发展的社会和复杂多变的问题，尤其是科技领域的飞速发展带来的挑战和机遇，跨学科课程能够为学生提供一个广阔的知识视野和更加全面的技能框架，帮助他们更好地适应未来社会的需要。例如，工程技术与管理学的结合、计算机科学与艺术设计的融合等，都是跨学科课程设计的成功案例，这些课程不仅提高了学生的技术能力，也培养了他们的审美能力和创造力，为创新创业提供了良好的土壤。

湖南高校在推进创新创业教育改革的过程中，应充分利用跨学科课程设计这一策略，构建起适应新时代要求的教育模式。这不仅需要教师队伍在专业知识和教学技能上进行跨学科培训，以适应新的教学需求，也需要学校在课程设置、资源分配、评价体系等方面进行相应的调整和优化，为跨学科课程设计和实施提供支持。通过这种全方位的改革和创新，可以有效提升湖南高校创新创业工匠培养机制的效果，为学生走向社会、面对未来挑战提供坚实的基础。

（二）产学研相结合的协同创新体系的构建

在当今社会，创新与创业已成为推动经济发展和科技进步的核心力量。对于高等教育机构特别是湖南地区的高校而言，培养具有创新意识和创业能力的工匠型人才是实现教育目标、服务地方经济建设的重要途径。产学研相结合的协同创新体系的构建，既是国际上成功的教育经验，也是对湖南高校教育模式创新与优化的重要启示。

产学研协同创新体系是指高校、企业和研究机构三者在资源共享、优势互补的基础上，通过以市场需求为导向的项目合作，共同进行科技研发和人才培养的一种机制。这一体系的核心在于实现从知识到技术再到产品的转变，最终达到推动科技进步和经济发展的目的。

在构建这一体系时，高校起着至关重要的作用。一方面，高校拥有丰富的科研资源和高水平的教研人员，能够为科研创新提供坚实的理论基础和技术支撑。另一方面，高校通过教学活动，培养学生的创新意识和实践能力，为企业和研究机构提供了技术创新和产业升级所需的人才。通过校企合作项目，学生能够在实践中学习和应用新知识，企业也可以通过实习、就业等机会直接吸引和筛选人才。

企业作为产学研协同体系的另一个核心成员，提供市场需求信息和实际案例支持，确保研究和教学活动与实际产业需求紧密结合。通过投资科研项目、提供实习实训基地等方式，企业不仅可以促进高校进行应用性、实用性更强的研究，同时还能通过与高校的密切合作及时吸收高校科研成果，提升自身的技术水平和市场竞争力。

研究机构是连接高校和企业的桥梁，它们通常具有较强的研究开发能力和专业技术优势。研究机构的参与能够为校企合作提供最新的科研成果和高端技术支持，有助于解决企业在发展过程中遇到的技术难题，同时也为高校师生提供了更广阔的科研平台和更多样的实践机会。

为了有效实施产学研协同创新体系，需要相关政策的支持和引导。政府部门可以通过制定优惠政策、提供资金支持、搭建平台等多种方式，鼓励和促进高校、企业和研究机构之间的合作。此外，建立健全项目评估和激励机制，可以有效提高参与各方的积极性和创新成果的转化率。

在协同创新体系构建过程中，还需要注重保护知识产权，确保合作各方的利益得到公平合理的分配。同时，加强国际合作与交流，借鉴海外成功的经验和模式，可以为体系建设提供更多样化的思路和方法。

通过产学研相结合的协同创新体系，可以实现资源共享、优势互补，加快科技成果的产业化过程，为培养创新创业型工匠人才提供有力支持。这对于提升湖南高校的教育质量和办学水平，服务地方经济社会发展具有重要意义。

（三）灵活多样的教育评价机制

在当前教育领域，灵活多样的教育评价机制被广泛认为是推动学生全面发展、激发学生创新精神和实践能力的重要手段。这种评价机制的核心在于多维度、多角度地评估学生的学习成果，不再仅仅依靠传统的、单一的考试成绩来衡量学生的能力，而是通过多种方式来综合评价学生的知识掌握程度、创新思维、实践操作能力以及团队合作精神等多个方面。

灵活多样的教育评价机制首先强调的是过程评价与结果评价相结合。过程评价关注学生的学习过程，比如学生在课堂讨论中的表现、团队项目中的参与程度、日常作业的完成情况等，这些都是评价学生学习态度和能力的重要指标。结果评价则关注学生的学习成果，包括课程考试、项目实作成果展示、实习报告等。这种过程与结果相结合的方式，能够全面反映学生的学习效果和能力水平，更有助于教师了解学生的具体情况，进而提供更有针对性的教学指导。

其次，这种评价机制还注重学生能力的全面发展，尤其是创新能力和实践能力的培养。在传统的教育评价体系中，很多时候只注重学生的理论知识掌握程度，并不能全面反映学生的综合素质。而灵活多样的教育评价机制通过项目制学习、实习实训、创新创业竞赛等形式，让学生在实践中学习和成长。通过这些活动的参与和成果的展示，学生不仅能够将理论知识应用于实践，而且还能进一步锻炼自己的创新思维和解决问题的能力。

再者，灵活多样的教育评价机制也强调了反馈的重要性。及时、具体、建设性的反馈对学生来说是极其宝贵的，它能够帮助学生认识到自己的不足之处，明确未来的努力方向。为此，这种评价机制鼓励教师根据学生的学习情况，提供个性化的反馈意见。同时，也鼓励学生之间进行同伴评价，相互学习、相互激励。

此外，这种评价机制还注重利用现代信息技术手段，提高评价工作的效率和准确性。随着教育技术的不断发展，利用电子学习日志、在线互动平台等工具进行教学和评价已成为可能。这些工具不仅能够帮助教师收集和记录学生的学习数据，而且还能够通过数据分析，更准确地把握学生的学习情况，进而更合理地调整教学策略。

在追求创新和实用的同时，灵活多样的教育评价机制还关注评价的公正性和科学性。为了确保评价结果的客观性和准确性，需要构建一套严密的评价标准和程序。这套标准和程序不仅需要反映出评价的目标和要求，而且还需要有足够的灵活性，以适应不同学生的特点和需求。

总的来说，灵活多样的教育评价机制通过多维度、全方位的评价体系，不仅能够更全面、更准确地评价学生的学习成果，而且能够促进学生能力的全面发展，特别是创新能力和实践能力的培养。对于湖南高校而言，探索和实施这样的教育评价机制，对于提高教育质量、培养新时代的高素质创新创业人才具有重要的启示和借鉴意义。

三、国际合作与交流的拓展

（一）深化国际合作项目

深化国际合作项目对湖南高校制定具有前瞻性和创新性的工匠培养机制具有重要意义。在全球化背景下，国际合作与交流不仅可以促进学术知识和技能的传播，还能极大地拓宽学生的视野，为他们提供在多元文化环境中学习和成长的机会。深化国际合作项目涉及如下几个方面：

建立以结果为导向的合作框架。高校在寻求国际合作时，应该明确合作项目的具体目标和预期成果。这需要确立明确的合作框架，包括合作的领域、方式、期限以及如何评估合作成效。通过设定具体的里程碑，可以更好地监控项目进展和质量，从而保证合作项目能够有效地促进工匠精神的培养和传承。

强化国际课程和教材的开发与引进。深化国际合作项目，高校不仅要注重邀请国外知名教授来校讲学，还要通过合作开发含有国际视角的课程和教材。这些课程和教材应围绕创新思维、国际市场分析、跨文化交流等主题，旨在帮助学生建立全球视野，掌握国际通用的专业知识和技能。同时，应鼓励学生参与国际竞赛和项目，通过实践活动增强理论知识的应用能力。

促进师资交流与培训。师资队伍的国际化是深化国际合作项目的重要一环。通过与国际高校和研究机构的合作，可以促进教师之间的学术交流和经验分享，为教师提供在国际合作中提高教学和研究能力的机会。此外，应定期组织教师参加国际研讨会和工作坊，以获取最新的教育理念和教学方法，不断提升教学质量。

发展国际创新创业平台。高校应积极探索与国外高校及研究机构合作建立国际创新创业平台，为学生提供跨国界的实践和竞赛机会。这些平台不仅能够让学生接触到国际市场，还能帮助他们建立国际网络，为将来的职业发展打下坚实的基础。同时，通过参与国际项目，学生能够学习到如何在不同文化和市场环境中进行创新创业活动，提高跨文化沟通和协作的能力。

加强学生的国际交流和实习机会。为了进一步拓宽学生的国际视野，高校应通过合作项目为学生提供海外学习、实习和交换的机会。这些活动可以帮助学生亲身体验不同国家的学术环境和工作环境，增加对国际化背景下工作方式和文化差异的了解。此外，海外实习和交换项目有助于学生提前与国际组织和企业建立联系，为未来的就业和创业开辟渠道。

综上所述，深化国际合作项目对于促进湖南高校创新创业工匠培养机制的发展具有不容忽视的重要作用。通过建立以结果为导向的合作框架、强化国际课程和教材的开发与引进、促进师资交流与培训、发展国际创新创业平台以及加强学生的国际交流和实习机会等措施，高校可以有效地提升工匠培养质量，为学生的全面发展和未来的国际竞争力打下坚实的基础。

（二）推广国际双创教育平台

推广国际双创教育平台对湖南高校创新创业工匠培养具有重要意义。这类平台通过汇聚全球资源、经验和理念，为学生和教师提供一个开放、多元的学习和交流环境，从而促进国际合作与交流的拓展。这不仅可以提高学生的国际视野，还能够加深他们对创新创业领域的理解和掌握。

国际双创教育平台的核心在于跨国界的知识共享和人才交流。这种平台能够带来最前沿的创新理念和创业实践，让学生接触到不同国家和地区创新创业的最新动态，了解全球市场的需求和挑战。这种直接的国际交流和沟通极大地激发了学生的创新激情和创业动力，提高了解决实际问题的能力。

在推广国际双创教育平台的过程中，重视师资队伍的国际化建设显得尤为重要。通过与国际高水平大学和研究机构建立合作，邀请国外优秀的教授和专家来校讲学或进行短期工作坊，不仅能够提升教师的国际视野和教学水平，还能促进学术交流与合作，提高教育质量。

另外，建设国际化的课程体系也是推广国际双创教育平台的关键。通过开设涵盖国际创新创业理念、实践经验和案例分析的课程，引入国际标准和评估体系，确保学生能够在全球化的背景下进行学习和实践，从而拓宽知识视野，提升创新创业能力。

技术支持是实现国际双创教育平台推广的重要保障。利用现代信息技术手段，如在线教育平台、虚拟实验室、远程视频会议等，建立便捷高效的国际合作与交流渠道，使学生即使身处湖南，也能享受到世界级的教育资源和交流机会。

此外，鼓励学生参与国际竞赛和项目也是推广国际双创教育平台的有效途径。通过参加国际性的创新创业比赛和项目，学生能够将所学知识和技能应用到实际中，与来自不同文化背景的团队成员进行合作，提升团队合作能力、解决问题能力和国际竞争力。

为了更好地推广国际双创教育平台，高校应当建立健全的支持体系，包括提供足够的资金支持，建立项目申报、评审、执行和反馈的完整流程，以及搭建学生与国际资源对接的桥梁等，从而营造有利于创新创业的校园文化和氛围。

通过推广国际双创教育平台，湖南高校的学生可以充分利用国际资源，深化对创新创业的认识，拓展国际视野，提升个人综合素养和国际竞争力，为未来在全球化背景下的创新创业活动奠定坚实的基础。这不仅对湖南乃至中国的高等教育和创新创业发展具有重要的启示与借鉴，也为解决全球性问题和挑战提供了人才支持和智力支持。

第五章 新时代湖南高校创新创业工匠培养机制构建

第一节 培养机制构建的原则与目标

一、以学生为中心的原则

（一）个性化学习路径的理论

在新时代湖南高校创新创业工匠培养机制构建的过程中，强调个性化学习路径的重要性是基于对学生发展需求和未来职业发展趋势的深刻理解。这一观点核心在于将学生的兴趣、特长和职业规划作为教育和培养过程的重点，从而更好地激发学生的学习动力，提升学习效率，并最终实现学生的全面发展和社会的可持续进步。

个性化学习路径的理论基础来源于教育学、心理学等多个领域的研究成果，这些研究一致表明，教育活动如果能够紧密结合学生的个人特点和需求进行设计和实施，将更能有效促进学生的内在动机，进而提高学习成效。基于这样的理解，个性化学习路径变得尤为关键，它要求教育者不仅要全面考察和评估学生的现有能力和兴趣，同时还需要对学生的未来发展潜力进行科学预测。

（二）个性化学习路径的构建

具体到个性化学习路径的构建过程中，首要任务是确立学生中心的教学理念。这意味着教育活动的设计和实施应围绕学生的需求展开，而不是单纯依赖教材内容或教师的讲授。具体措施包括但不限于设立多样化的课程选择系统、提供灵活的学习时间安排，以及打造符合个人特色的学习计划。这些措施共同作用，能够为学生提供一个宽广的学习空间，使他们能根据自身的特点和兴趣选择最合适的学习路径。

此外，个性化学习路径的实施还需依托现代信息技术的支持。通过大数据分析、人工智能推荐等技术手段，可以精准分析学生的学习习惯、成绩变化、兴趣偏好等信息，从而为学生量身定制更加个性化的学习资源和学习策略。此举不仅可以极大提升学习效率，还能够进一步激发学生的学习动力，形成积极向上的学习氛围。

在个性化学习路径的构建过程中，教师的角色也在发生重大变化。他们不再是知识的单向传递者，而是学习的引导者和促进者。教师需要具备丰富的教育理论知识和实践经验，能够根据学生的具体情况灵活调整教学策略，同时还需关注学生的情感需要、学习动机等非学术因素，通过各种形式的指导和支持帮助学生探索适合自己的学习路径。

进一步地，实施个性化学习路径还需要创建一个开放、包容的校园文化氛围。学校应鼓励学生按照自己的兴趣和能力进行学习和尝试，尊重学生的选择，同时为学生提供全方位的资源和支持，包括学习材料、实践机会、创新创业指导等。这样的校园文化可以有效促进学生个性的发展和自主性的培养，为学生未来的职业生涯和终身学习奠定坚实的基础。

强调个性化学习路径的重要性，既是对传统教育模式的一种超越，也是对未来教育发展趋势的一种预见。通过为学生量身打造个性化的学习计划，不仅能够充分挖掘和利用每位学生的潜力，还能够促进学生全面、协调、可持续的成长，为新时代培养出更多符合社会需求的创新创业工匠人才。这一过程中，学校、教师、学生以及社会各界都需要共同努力，形成合力，共同推进高校创新创业工匠培养机制向更加科学、高效、个性化的方向发展。

（三）促进自主学习与主动探索能力的培养

在新时代高校的创新创业教学中，促进自主学习与主动探索能力的培养显得尤为重要。这不仅是教育的需要，也是时代的要求。自主学习是指学生在教师的引导下，根据自己的兴趣爱好、学习特点和需求，自主选择学习内容、学习方法和学习节奏，进行自我管理和自我监控的学习行为。而主动探索则侧重于学生在学习过程中的主动性和探究性，不仅仅满足于现有知识的吸收，更加注重通过各种方式去发现问题、分析问题和解决问题。

在培养这两方面能力的过程中，教育者需要创造条件，让学生在实践中学，通过实际操作来掌握知识和技能。这意味着教学模式从传统的“注入式”教学转变为“引导—探索—实践”模式。通过这种模式，学生能够在探索中发现问题、在实践中解决问题，从而实现知识的内化与能力的提升。

同时，高效的自主学习和主动探索离不开合理的学习环境。高校应该提供充分的资源，包括图书、网络资源、实验设备等，满足学生探索未知的需求。此外，营造富有挑战和创新的学习氛围也非常必要，这不仅能激发学生的学习兴趣，还能鼓励学生跳出舒适区，勇于尝试和创新。

评价和激励机制也是不可或缺的一环。学校可以通过设置合理的评价体系，对学生的自主学习和探索行为进行量化评价。在评价过程中，应注重过程和方法，而不仅仅是结果，鼓励学生敢于尝试、乐于探索。同时，通过设立奖励机制，对学生在自主学习和主动探索中取得的成绩和突破给予物质和精神上的奖励，以此激发学生的动力。

更重要的是，在培养学生自主学习与主动探索能力的过程中，教师的角色转变成为指导者和协助者。教师不再是单向传授知识的“讲授者”，而是成为学生学习过程中的“助力者”和“引导者”。教师通过提供适当的引导和帮助，帮助学生确定学习目标，制订学习计划，选择合适的学习方法和资源，同时在学生遇到困难时给予适时的帮助和支持。

此外，鼓励学生之间的协作学习也是非常关键的。在协作学习过程中，学生可以相互交流思想，共同探讨问题，通过集体智慧解决问题。这种学习方式不仅能培养学生的团队协作能力，还能促进学生之间的知识共享和经验交流，为自主学习和主动探索提供更多的视角和思路。

综上所述，促进自主学习与主动探索能力的培养是一个系统性工程，它需要教育者不断创新教育理念和教学方法，为学生提供丰富资源和宽松环境，同时通过合理的评价和激励机制及教师的有效引导，激发学生的学习热情和探索精神，最终达到提高学生综合素质和创新能力的目的。通过这样的培养机制，不仅能够帮助学生适应未来社会的多元化需求，还能为国家的发展培养出具有创新精神和实践能力的高素质人才。

（四）增强学生参与感和归属感

增强学生参与感和归属感是新时代湖南高校创新创业工匠培养机制构建中的一个重要原则。这一原则认为，学生不仅是教育活动的对象，更是教育创新和实践的主体。通过提高学生在教育活动中的参与度和归属感，可以更有效地激发他们的创新潜力和创业热情，从而更好地培养适应新时代需要的工匠精神和创新创业人才。

参与感是指学生在学习过程中感受到自己是参与者，其行动和选择能够影响学习结果的意识和感觉。高校创新创业教育中增强学生的参与感意味着要更多地将学生置于主动地位，参与到课程设计、实践活动、项目研究等各个方面，使得学生不仅仅是被动接受知识和技能，而是通过参与和体验，主动探索、实践、反思，从而更加深刻和全面地理解和掌握知识。

归属感是指学生感受到自己是学校、班级和团队的一员，对于集体有一定的认同感和满足感。在高校创新创业教育中，增强学生的归属感意味着要营造一个包容、合作、互助的学习环境，让每个学生都能感受到自己的价值被认可和尊重，他们的努力和贡献对于集体目标的实现是重要的。这种归属感的强化，有助于提升学生的团队协作能力，增强他们面对挑战和困难时的韧性。

要实现这一目标，高校需采取多样化的措施。一是改革教育教学方法，采用更多元化的教学模式，如翻转课堂、项目制学习等，让学生在课程中有更多的操作机会和决策权，积极参与到学习过程中，通过实践操作来加深理解，提高创新和解决问题的能力。二是强化师生互动，教师不仅传授知识，更重要的是引导、激励和支持学生，建立平等、开放的师生关系，让学生在学习中感受到被尊重和支持。三是建立健全学生参与学校管理和决策的机制，让学生能够参与到学校事务管理中来，对于学习环境和教育政策有发言权，这不仅能够提升他们的责任感和使命感，也有助于学校更好地了解和满足学生的需求。四是加强团队建设和集体活动，通过开展丰富多样的团队活动和课外项目，增进学生之间的相互了解和信任，强化团队合作，让学生在集体活动中找到归属和认同。

通过上述措施，可以有效提升学生的参与感和归属感，使其在创新创业教育中发挥主体作用，主动探索与实践，从而更好地塑造新时代的工匠精神和创新创业能力。这一过程不仅对学生个人的成长和发展有深远影响，同时也对高校创新创业教育体系的完善和提升起到了积极作用。

（五）构建多元化评价体系

构建多元化评价体系是推进以学生为中心的培养机制构建的核心环节，它要求评价方式多样，既能全方位、立体化地反映学生的能力水平，又能激励学生全面发展，为学生的持续成长提供科学、合理的导向。

在传统的教育评价体系中，考试成绩往往是评价学生学习成果的唯一或主要指标。这种单一的评价方式，很难全面准确地反映学生的综合素质和能力，对于培养具有创新精神和创业能力的高素质工匠人才而言显得尤为不足。因此，构建多元化评价体系成为新时代教育改革的迫切需求。

多元化评价体系着重于学生能力的多方面发展，强调过程与结果的结合，注重学生知识的应用能力、创新能力和实践能力的培养。在这一体系中，不仅有传统的笔试、口试等评价方式，还包括学生的课堂表现、小组合作、项目研究、实习实训表现等多种形式的评价方式。通过这样的评价体系，能够更全面、更客观地评价学生的学习成果和能力水平，有助于发现学生在学习过程中的问题，为教学提供反馈，促进学生能力的全面发展。

构建多元化评价体系还需要明确评价的指标体系，这些指标应覆盖学生的知识掌握程度、能力水平、学习态度、团队协作能力、创新创业意识等多个方面。这要求高校深入分析各专业培养目标，结合行业需求和社会发展趋势，科学设置评价指标，确保评价体系的合理性和有效性。

此外，构建多元化评价体系还需重视反馈机制的完善。评价的目的不仅在于评定成绩，更重要的是通过评价过程中的反馈，引导学生认识到自己的不足，明确未来的学习方向和目标。因此，评价体系中应包含及时、有效的反馈机制，教师需根据评价结果，及时对学生进行个性化指导，帮助学生制定改进措施，促进学生的个性化发展和能力提升。

实现多元化评价体系的构建，还需要高校改革现有的教学管理体系，优化教学资源配置，加强师资队伍建设，提高教师的专业素质和评价能力。同时，还需加强与企业、行业的合作，建立校企合作的实践教学基地，为学生提供更多实践、实习的机会，使学生在真实的工作环境中接受考验，提高其实践能力和创新创业能力。

通过构建多元化评价体系，能够激发学生的学习兴趣和主动性，促进学生全面、个性化发展，为培养具有湖湘匠心的新时代工匠人才奠定坚实的基础。这一评价体系的建立和完善，不仅能够推动教育教学方法和手段的创新，还能进一步优化高校的教育资源配置，提升教育质量，对于推进高等教育现代化、建设创新型国家具有重要意义。

二、实践与创新相结合的目标

深化产教融合，构建实践平台，在新时代湖南高校创新创业工匠培养机制中占据着至关重要的地位。这一策略旨在通过紧密结合企业实际与教育教学，为学生提供真实的工作环境，增强学生的实践能力和创新精神，从而培养出既有理论知识又有实践经验的高素质工匠型人才。

在具体实施产教融合战略时，高校和企业通过建立合作关系，共同设计课程体系，实现教学内容与企业需求的无缝对接。这不仅能够确保所教授的知识与技能是市场所需的，还能通过企业提供的实习机会，让学生在学习过程中就能体验到工作环境，理解岗位要求，培养其解决实际问题的能力。

此外，高校还应致力于构建多层次、开放式的实践平台。这些平台涵盖实验室、实训基地、创新工作室、孵化器等多种形式，不仅为学生提供了研学实践的场所，还通过引入企业项目、技术挑战等方式，激发学生的创新意识和创业兴趣。在实践过程中，学生能够学以致用，锻炼团队合作与项目管理能力，为将来的职业发展打下坚实基础。

为了持续推动产教融合的深入发展，高校应加强与行业领先企业的合作，定期邀请企业专家和技术人员到校授课、指导学生实践活动，以及共同研发符合行业发展趋势的课程。这种双向互动不仅能够确保教育教学更贴近实际，还能帮助企业培养符合自身需求的优秀人才。

同时，高校应采取灵活多样的教学方法和手段，如案例教学、项目驱动教学、模拟实训等，使学生在模拟和真实的工作场景中学习和成长。通过这种方式，可以极大地提高学生的实际操作能力和问题解决能力，培养他们的创新思维和实践经验。

培养工匠人才不仅是技术和技能的传授，更是职业精神和工匠精神的培养。高校应在实践平台的构建中融入职业道德教育，强化学生的社会责任感、团队协作精神和持续学习的能力，从而培养出不仅具备专业技能，而且具有高度责任感和创新精神的新时代工匠。

在此过程中，政府的支持和政策引导也发挥着重要作用。应通过财政资助、政策优惠等方式，激励高校和企业加强合作，共同打造高水平的实践教学平台，为工匠人才的培养提供更加广阔的舞台。

通过深化产教融合，构建全方位的实践平台，可以有效地联结教育与产业，理论与实践，从而为高校培养出更多适应新时代需求的创新创业工匠型人才。这种人才培养模式的成功实践，将为湖南乃至全国的高等教育发展与创新驱动发展战略的实施提供有力的支撑。

强化创新意识，促进技能提升，在新时代高校创新创业工匠培养机制中扮演着举足轻重的角色。它要求教育者与学生共同认识到，创新不仅是一种智力活动，也是提升个人和集体能力的关键因素。通过有效融合理论学习与实践操作，培养学生解决实际问题的能力、创新思维和团队协作精神，进而推动技术进步和社会发展。

创新意识的强化首先需要构建开放包容的学习环境，学校和教师应鼓励学生跳出书本，主动探索、勇于尝试，甚至在实践中接受失败，从而获取宝贵的经验教训。此外，学校应设置多样化的创新实践课程和项目，通过模拟真实业务环境或参与真实项目的方式，让学生面临实际问题，激发他们解决问题的热情和创造性思考。

在技能提升方面，注重实践与创新的结合不仅能够增强学生的专业技能，还能提升他们的综合素质。通过引入行业最新技术、工具和方法，让学生在实践中学习和应用，能够有效促进学生对专业知识的深入理解。同时，应该鼓励学生参加各种竞赛、展览和交流活动，通过与同行的交流与竞争，进一步激发学生的创新精神和团队合作能力。

教育机构还应加强与行业的合作，构建产学研一体化的教学模式。通过企业实习、实训基地建设、专家讲座等形式，将企业的先进技术、管理经验和文化理念直接带入教学中，让学生在了解行业前沿的同时，亲身体验和实践，这对于强化创新意识与促进技能提升均至关重要。

在培养创新工匠的过程中，还应重视对学生创新能力和实践能力的双重评价。评价体系应超出传统的理论考试范围，更多地关注学生的创新思维、问题解决能力、团队协作精神以及项目实施的能力。这种评价机制不仅能更全面地反映学生的实际能力，也能激励学生更加主动地参与创新实践活动。

综上所述，强化创新意识，促进技能提升是构建新时代湖南高校创新创业工匠培养机制的核心内容。通过创设开放的学习环境，引入真实的实践项目，加强与行业的合作，以及建立科学的评价体系等举措，可以有效地激发学生的创新意识，提升其综合素质和专业技能，为社会培养出更多具有创新精神和实践能力的优秀人才。

第二节 课程体系与教学内容的优化

一、跨学科课程整合与创新

实践导向的课程设计理念，是新时代教学变革的一个重要方向，尤其在培养高技能人才、创新型人才方面起到了不可或缺的作用。这种理念突破了传统教学模式的限制，强调通过实践活动来促进学生知识、技能和创新能力的全面发展。在湖南高校的创新创业工匠培养机制构建中，实践导向的课程设计理念得到了广泛的应用和深入的探索。

实践导向的课程设计，旨在通过构建以学生为中心的学习环境，让学生在实践中学习，在学习中实践。这种设计不仅仅关注知识的传授，更加关注学生能力的培养，通过引导学生主动探索、解决问题，促进其创新思维和实践能力的发展。这种课程设计理念的核心，在于将实际的行业需求、社会问题作为教学内容的重要组成部分，让学生在解决实际问题的过程中，获得必要的理论知识与操作技能。

在构建实践导向的课程体系时，高校通常会结合自身所在地的工业特点和社会需求，选择与之相关的行业问题作为教学案例。通过与企业、研究机构的紧密合作，引入真实的项目案例，使学生能够在真实的工作环境中学习和实践。这种合作不仅丰富了教学内容，也提供了丰富的实践平台，为学生提供了接触实际工作流程、参与真实项目研发的机会。

（一）多元化教学设计

与此同时，实践导向的课程设计还注重跨学科的整合，鼓励不同学科间的合作与交流。在解决实际问题的过程中，往往需要多学科知识的综合运用。通过跨学科课程的设计，可以构建起一个多元化的知识体系，让学生在学习过程中能够接触到不同学科的知识，增强解决问题的综合能力。这种跨学科的学习环境，不仅有助于学生全面发展，也能激发学生的创新思维。

（二）教师团队合作

为了有效实施实践导向的课程设计，教师的角色也在发生变化。传统教学模式下，教师主要扮演知识传授者的角色。而在实践导向的教学中，教师更多地成为引导者、协调者和支持者。他们需要根据学生的学习情况和项目的具体需求，提供必要的指导和帮助，促进学生之间、学生与教师之间以及学生与社会实践之间的有效互动。

（三）有效的评价反馈机制

此外，评价体系的改革也是实践导向的课程设计的一个重要组成部分。在这种课程设计中，评价体系不再仅仅侧重于学生对知识的掌握程度，更加重视学生在实际操作中所展现出的能力，包括解决问题的能力、团队合作的能力和创新思维的能力。这要求评价体系能够全面、客观地反映学生的学习成果，促进学生的全面发展。

实践导向的课程设计是一项系统工程，它不仅涉及课程体系的构建、教师角色的转变、评价体系的改革，还包括学校管理模式、资源配置等多个方面的配合。湖南高校在构建创新创业工匠培养机制时，通过不断探索和实践，逐步完善了这一课程设计理念，为学生提供了一个丰富的学习和实践平台，有效促进了学生创新能力和实践能力的发展，为社会培养了大量高技能、创新型的工匠人才。

（四）跨学科课程体系的构建

跨学科课程体系的构建策略，需紧密结合当前社会发展需求和新时代湖南高校创新创业工匠培养的目标，旨在通过多学科知识的整合提升学生的创新能力和综合素质。在构建跨学科课程体系时，考虑到知识融合、实践应用和个性化学习的重要性，有助于学生在学习过程中培养跨学科的思维模式和解决问题的能力。

为构建有效的跨学科课程体系，需要对目标课程群进行深入分析与设计，首要任务是确定跨学科课程的核心目标和培养方向。这一过程中，教育者需充分认识到跨学科教育的意义，即不仅是知识的简单叠加，更是对学生认知方式、思维方式和学习方法的改革。教育者应以培养学生的创新精神和问题解决能力为核心，明确跨学科课程的学习成果。

在具体实施策略上，跨学科课程体系的构建需要紧紧围绕几个关键点进行。首先，精心设计课程内容，跨学科课程需要将不同学科的知识点有机融合，形成互补和增效的教学效果。这要求教育者具备广博的知识背景和前瞻的教育理念，能够在课程设计中把握学科交叉的最新发展和学生的学习需求。

其次，强化实践教学模式，在跨学科课程教学中大力推广项目式学习、问题导向学习等教学方法。通过这些教学形式，学生可以在解决实际问题的过程中，实现知识的跨学科整合和应用。实践教学不仅能够增强学生的实际操作能力和团队协作能力，还能够激发学生的创新思维和探索精神。

再次，注重学生个性化学习路径的构建。跨学科课程体系要为学生提供充分的学习自由度，允许学生根据自己的兴趣和未来发展方向选修相关课程。这种个性化学习路径的设置，不仅能够满足不同学生的学习需求，还能激励学生主动探索、积极学习。

此外，加强教师团队的跨学科合作也是成功构建跨学科课程体系的关键之一。教师团队需要跨越学科界限，共同参与课程设计和教学实践，通过教师间的协作交流，丰富教学内容，促进教学方法的创新。同时，高校可通过建立教师发展中心、提供跨学科教学培训等措施，支持教师的专业成长和跨学科教学能力的提升。

最后，构建跨学科课程体系的过程，还需要高度重视学生反馈和课程评价机制的建立。通过定期收集学生的学习反馈和课程评价信息，可以及时调整课程设置和教学方法，确保跨学科课程体系更好地服务于学生的学习和发展。在这一过程中，有效的沟通机制和信息反馈渠道的建立，对于提升教学质量和课程体系的持续优化具有重要作用。

综上所述，构建跨学科课程体系是一项系统工程，需要教育者、学生和管理者共同努力，通过多元化的教学设计、强化实践教学、个性化学习路径的创建、教师团队合作和有效的评价反馈机制等多方面的策略实施，以培养适应新时代要求的创新型人才。通过这样的跨学科课程体系构建，可以有效地整合不同学科的优势，激发学生的创新潜能，为湖南以及更广泛地区的经济发展和社会进步培养出更多高素质的创新创业工匠。

在多样化和复杂的知识经济时代，学生的创新能力成为评价高等教育质量的重要指标之一。教学评价体系，作为高等教育中不可或缺的一环，对于激发和提升学生的创新能力起到了决定性作用。传统的教育评价体系往往侧重于知识的记忆与理解，难以全面反映学生的创新能力和实践技能。因此，优化课程评价方法，建立一个能够促进学生创新能力的评价体系，成为高校创新创业教育中亟待解决的问题。

评价方法的创新首先需要从评价的目标入手。在创新创业教育中，评价不仅仅是对学生知识水平和技能的量化，更是对学生创新思维和创新实践能力的培养。因此，评价体系应当注重对学生创新意识、创新思维、问题解决能力、团队协作能力等方面的考察。这要求评价方法能够多方位、多角度地反映学生的创新能力。

具体到课程评价方法的创新上，可以考虑以下几点改进策略。首先，采用多元化的评价工具和手段。传统的笔试、闭卷考试等评价方式难以全面反映学生的创新能力。因而，可以引入开放式问题、案例分析、项目设计、实践操作等评价方式，将学生的实践操作能力、创新思考能力以及解决实际问题的能力纳入评价范畴。通过这种方式，学生被鼓励在解决实际问题的过程中发挥创新思维，提升创新实践能力。

其次，强调过程性评价与结果性评价相结合。创新能力的培养是一个循序渐进的过程，过程性评价能够更好地监控和促进学生创新能力的形成。通过定期的自我评价、同伴评价以及导师评价，反馈学生在课程学习过程中的表现，促使学生不断优化自己的学习方法和策略，从而提升创新能力。同时，结合最终的成果展示或者项目成果，对学生的创新成果进行量化和评价，从而实现对学生创新能力的全面评估。

再者，实行个性化评价，尊重学生差异。每个学生的学习背景、兴趣和能力水平都有所不同，个性化评价能够为每个学生提供最适合其特点的评价方法和标准。例如，可以通过设置不同难度级别的项目任务，让不同能力水平的学生选择，既能保障学生的参与感，也能有效地激发学生的潜能和创新思维。

此外，反馈机制的建立也是优化课程评价方法的关键一环。有效的反馈不仅能够及时告知学生自身的学习状况和存在的问题，还能激励学生针对性地进行学习和改进。因此，建立一个及时、具体、建设性的反馈体系，并将其与课程评价紧密结合，对于促进学生创新能力的发展至关重要。

综上所述，优化课程评价方法，建立一个既能全面反映学生知识理解和应用能力，又能有效激发和评价学生创新能力的体系，对于新时代湖南高校创新创业工匠培养机制的构建具有重要意义。通过创新评价工具和手段的引入，过程性与结果性评价的结合，个性化评价的实行以及反馈机制的建立，能够有效地促进学生创新能力的提升，培育出更多适应未来社会发展需要的创新型人才。

二、实践教学内容的设计与实施

实践课程的模块化设计是高校创新创业教育中一项重要的教学改革。这种设计理念旨在将复杂的实践教学内容分解为若干可操作、相对独立的教学单元或模块，每个模块围绕特定的知识点、技能或项目开展，通过模块间的有机连接和逻辑累积，形成完整的教学体系。该方法不仅能够更好地适应学生的个性化学习需求，还能提高教学的灵活性和针对性，进一步激发学生的学习兴趣和创新创业潜力。

（一）模块化设计的实践课程内容

模块化设计的实践课程通常包括理论学习、技能训练、项目实践等多个部分，每个部分由若干教学模块组成，这些模块分别涵盖了从基础知识到应用技能、从团队合作到项目管理的多个方面。在实施过程中，教师根据教学目标和学生的实际情况，灵活组织和调整各模块的教学内容和顺序，使学生能够逐步构建起完整的知识体系和技能框架。

（二）模块化设计的实践课程特点

在实践课程的模块化设计中，途径多样化是其一大特点。例如，采用案例教学、模拟实训、实习实训、创业实战等多样化的教学方法，使学生在不同模块中能够体验和掌握多角度的实践技能。此外，项目导向型学习方法被广泛应用于模块化设计之中，通过让学生参与真实或模拟的项目开展，既锻炼了他们的实践能力，又增强了解决实际问题的能力。

针对模块化设计的另一个重要方面是跨学科知识的整合。现代创新创业任务往往需要多学科知识的综合运用，因此在模块设置时考虑到跨学科的知识融合，让学生在解决问题的过程中，能够接触并学习到不同领域的知识，这样不仅有助于拓宽学生的知识视野，还能培养他们的综合素质和团队合作能力。

评价体系的构建是实践课程模块化设计中的另一核心要素。为了切实反映学生的学习效果，评价体系需要覆盖每个模块的学习内容和学习成果，采用过程评价与结果评价相结合的方式，不仅注重学生知识技能的掌握程度，还重视学生创新意识和创业能力的提升。通过对学生进行多维度、全方位的评价，既能有效激励学生积极参与各项学习活动，又能为教师提供反馈，帮助他们不断优化教学模块。

实践课程模块化设计对教师提出了更高的要求。教师不仅需要具备扎实的专业知识，还需掌握现代教学理念和方法，能够根据模块化教学的需要进行教学设计和内容更新。此外，教师还需具备一定的项目管理和团队协作能力，能有效指导学生在项目实践中发挥作用。

通过实践课程的模块化设计，可以极大地提高教学效率和学习效果，更好地满足高校创新创业教育的目标要求。这种教学模式的成功实施，不仅能为学生提供一个更加丰富、实用的学习平台，还能够为社会培养出更多具备实践能力和创新精神的高素质人才。

（三）跨学科实践项目的开发的影响因素

跨学科实践项目的开发是高校创新创业工匠培养机制中的一个关键环节，旨在通过打破传统学科壁垒，整合不同学科资源，提供给学生一个广阔的学习和实践平台，以培养他们的创新思维和实践能力。这一过程涉及课程设计、项目管理、资源整合与团队合作等多个方面，对教学内容的设计与实施提出了新的挑战。

在跨学科实践项目中，学生需要将来自不同学科的知识融合应用，解决实际问题。这不仅要求学生具备扎实的专业知识，还需要拥有开放的思维模式和良好的团队合作能力。因此，项目的设计要围绕培养学生的综合素质展开，注重理论与实践、学科知识与技能的有效结合，以及学生主动学习和团队协作的培养。

开发跨学科实践项目首先需要明确项目的目标和预期成果。这些目标不仅包括学生应掌握的知识和技能，还应涵盖创新意识、解决问题能力、团队合作等软技能的培养。同时，项目的设计应充分考虑学生的兴趣和需求，以及社会和产业界的实际需求，这样才能增强项目的吸引力和实用性。

在教学内容的设计上，跨学科实践项目应包含从问题发现、问题分析到解决方案的设计、验证和优化等一系列过程。这一过程中，教师应引导学生学会如何收集和分析信息，如何进行团队沟通与协作，如何运用跨学科知识进行创新设计，以及如何利用现代科技手段进行实验验证和成果展示。

资源整合是跨学科实践项目成功的关键之一。这包括内部资源如实验室、设备、资金等的配置，也包括外部资源如企业合作、行业专家指导等的引入。高校应通过建立校内外合作网络，为学生提供丰富的实践资源，同时也为教学团队提供跨学科交流和合作的平台。

项目的管理和运作也是一个重要方面。应建立有效的项目管理机制，包括项目选题、团队组建、进度监控、成果评估等环节，确保项目能够顺利进行并取得预期成果。同时，应鼓励学生参与到项目管理中来，培养他们的责任感和管理能力。

评估与反馈机制的建立，对于跨学科实践项目的持续改进和优化至关重要。评估不仅应关注项目成果的质量和创新性，还应关注团队合作、问题解决等过程性指标。通过定期的反馈和评估，可以及时发现问题并进行调整，促进教学质量的不断提升。

跨学科实践项目的开发，为学生提供了一个将知识转化为实践、将创意转化为创新的平台。通过这一过程，不仅可以增强学生的综合素质和职业技能，还可以激发他们的创新精神和创业意识，为新时代的社会发展和经济建设培养出更多高素质的创新型人才。

企业合作与实地实习在新时代湖南高校创新创业工匠培养机制中扮演着至关重要的角色。通过与企业的紧密合作，高校能够为学生提供真实的工作环境，这不仅有助于学生将理论知识与实践技能相结合，而且也促进了学生对所学专业的深刻理解和创新创业能力的培养。企业合作与实地实习的有效执行，需要高校和企业双方共同努力，建立一个互惠互利的合作机制。

企业合作起初需要高校积极寻找与其教育理念相符合的企业伙伴。这些企业不仅具备一定的行业影响力和技术水平，而且能够提供符合学生专业发展需要的实习岗位。合作过程中，高校应与企业共同参与实习项目的设计，确保实习内容既能够反映最新行业发展趋势，也能够满足学生的学习和成长需求。

在合作机制的建立上，双方可以签订合作协议，明确各自的权利与义务，如企业提供实习岗位、实验设备以及专业指导，而高校则负责学生的基本理论教育和实习前的准备工作。此外，高校还可以定期组织教师赴企业进行实践学习和交流，以促进教学内容的持续更新，提高教学质量。

实地实习方面，高校需要精心设计实习计划，包括实习目标、内容、时间安排、评价标准等，确保实习活动有序进行。学生进入企业后，应该明确实习任务和目标，切实投入到企业的日常工作中，通过参与真实的项目开发、产品设计等工作，提升自己的专业技能。同时，企业指导老师的角色也非常重要，他们不仅要对学生的工作进行监督指导，还要定期与学生沟通，了解学生的学习情况，及时给予反馈和建议。

实地实习不仅仅是一个提供给学生观察和学习的场所，更是一个能够让学生亲身体验工作流程、企业文化、团队协作的重要平台。通过在企业中的工作体验，学生可以更好地理解和把握所学知识的应用场景，提高解决实际问题的能力。同时，这种亲身的体验也有助于学生更准确地评估自己的兴趣和职业倾向，为未来的职业生涯规划打下坚实的基础。

为进一步提升实地实习的效果，高校与企业还可以共同开发一系列配套的培训课程和讲座，例如行业趋势分析、企业运营管理、创新思维培养等，以增强学生的理论知识和实践能力。此外，鼓励学生在实习结束后撰写实习报告，总结实习经历和收获，不仅能够帮助学生加深对所学知识的理解，也能为后来的学生提供宝贵的参考和借鉴。

通过企业合作与实地实习，高校能够架构起一座连接理论与实践、教育与行业的桥梁，有效促进学生的全面发展。这种教育模式的创新对于培养新时代具有工匠精神的创新创业人才十分关键，不仅有利于学生能力的提升，也为社会培养了一批理解行业、掌握先进技术、具备创新能力的高素质人才。

在新时代湖南高校创新创业工匠培养机制的构建过程中，评估与反馈体系的建立是不可或缺的环节。这一体系不仅涉及对学生创新创业技能的综合评估，还包括教学活动本身的质量反馈及持续改进。有效的评估与反馈体系能够确保教育资源的高效利用，促进教学内容与方法的不断优化，提高学生的综合实践能力。

评估与反馈体系的构建，应遵循多元化、系统化和动态调整的原则。多元化体现在评估内容不仅包括学生的理论知识掌握程度，还应涵盖实践技能、创新思维、团队协作等多方面能力的评价。系统化则要求评估与反馈体系覆盖教育教学的全过程，不仅仅是课程结束后的总结评价，更包括课程实施中的阶段性评估与即时反馈。动态调整原则强调评估与反馈体系本身也要不断更新迭代，根据学生的学习反应和社会发展需求，及时调整评估标准和反馈机制。

在具体实施方面，首要任务是明确评估目标和标准。这包括确定哪些是学生必须掌握的核心能力，哪些是可通过选修课程进一步拓展的技能，以及这些能力和技能的具体表现形式和达成水平。接下来，设计多样化的评估工具和方法，如书面考试、项目实作、小组讨论、个人报告、同伴评价和教师观察等，以全面、真实地反映学生的学习成果。同时，建立高效的信息反馈机制，确保学生能够及时获得关于自身学习进展和存在不足的具体反馈，教师也能够根据学生的反馈调整教学内容和方式。

进一步地，评估与反馈体系还应关注教学过程和结果的质量控制。这意味着不仅要对学生的学习成果进行评价，也要对教育教学活动的设计、实施和改进等各个环节进行评估和监控。通过设立各种质量监控指标，如学生满意度、教学活动的参与度和有效性、教材和教学资源的使用情况等，可以及时发现问题和不足，促进教学质量的持续提高。

此外，评估与反馈体系还需要注重培养学生的自我评价能力。通过引导学生参与自我评估和同伴评估，不仅能够增强他们的自主学习能力和批判性思维能力，还能够提升他们对学习过程和结果的主观认知，为终身学习奠定基础。

评估与反馈体系的建立是一个复杂的过程，它需要教育工作者不断探索和实践，综合考虑学生的个体差异、社会需求的变化以及教育技术的发展趋势。通过持续地优化和调整，可以构建出一个既能够准确评价学生学习成果，又能够促进教育教学活动持续改进的评估与反馈体系，为湖南高校培养新时代的创新创业工匠提供有力支撑。

第三节　教学方法与手段的创新

一、混合式教学模式的探索与实践

混合式教学模式是近年来教育领域中崭露头角的一种教学模式，它融合了传统课堂教学和在线教学的优点，旨在通过灵活多样的教学方法和手段，提高学生的学习主动性、互动性和个性化学习的需求。混合式教学模式的理论基础植根于多种教育心理学和教育技术学理论，包括建构主义学习理论、认知负荷理论、多媒体学习理论以及自主学习理论等。

（一）混合式教学模式的理论依据

建构主义学习理论认为，知识是学习者在特定的社会文化背景和个人经验中主动建构的结果。混合式教学模式通过在线和面对面的教学相结合，为学习者提供了丰富的学习资源和多样化的互动方式，有助于学习者在真实或接近真实的情境中构建知识，增强学习的深度和广度。

认知负荷理论强调，在任何学习过程中，人的认知系统能处理的信息量是有限的。混合式教学模式通过将知识点分解，并通过视频、图文、案例等多种方式呈现，能有效分散学习的认知负荷，让学习者在适宜的认知压力下，更有效地理解和吸收新知识。

多媒体学习理论指出，当多种感官同时参与学习时，学习效果会更好。混合式教学模式利用网络平台提供视频、音频、图表等多媒体教学资源，使学习不再局限于文字和口述，学生可以通过听觉、视觉等多种感官参与学习，加深理解。

自主学习理论着重于学习者在学习过程中的主动性作用。混合式教学模式不仅提供了灵活的学习时间和环境，还通过在线讨论、互评作业等形式，鼓励学生自主查找资料、分析问题和协作学习，极大地增强了学习者的学习自主性和动机。

（二）混合式教学模式的实践探索方法

混合式教学模式的实践探索方法不断涌现，诸如翻转课堂、微课程、项目式学习等，这些都是混合式教学理论实践的具体表现。翻转课堂强调在课外通过网络学习理论知识，课上进行深入讨论和实践操作，充分调动了学习者的主动学习精神和创造力。微课程依托于短视频等多媒体资源，精炼内容，方便学习者碎片化学习。项目式学习通过解决实际问题来推动知识的综合运用，培养学生的问题解决能力和团队协作能力。

在实施混合式教学模式时，教师的角色也发生了变化。教师不再是知识的单向传递者，而是成为设计者、引导者和协助者。教师需要根据学习目标和学生特点设计在线和面对面结合的教学活动，引导学生在课内外主动学习，协助学生解决学习过程中的问题。

（三）混合式教学模式的教学效果

混合式教学模式在提高教学效果、激发学生学习兴趣、培养学生综合能力方面展现出巨大潜力，但也面临着设备条件限制、教师技能要求高等挑战。因此，实施混合式教学需要高校、教师和学生共同努力，不断探索和优化教学模式，以达到培养新时代高素质创新创业工匠的目标。

混合式教学模式，作为传统教育和现代信息技术的完美结合，正逐渐成为高等教育革新的重要方向。这种模式通过线上与线下教学活动的有机融合，能够有效提升学生的学习主动性、互动性和个性化学习需要的满足程度。在新时代湖南高校的创新创业工匠培养机制构建过程中，混合式教学模式的探索与实践展示出独特的价值与意义。

该模式的核心在于打破时间与空间的限制，实现知识传授的灵活性和多样性。通过线上平台，学生可以随时随地访问课程内容，包括视频讲座、互动讨论和模拟实验等，这不仅扩大了学习资源的接触面，也为学生提供了自主学习的空间。而线下教学活动，则侧重于加强师生互动、团队合作以及实践技能的培养，特别是针对创新创业项目的实际操作，可以有效提高学生的问题解决能力和创新实践能力。

在湖南高校中引入混合式教学模式，需要教师不断创新教学方法与手段。教师在此模式下扮演的角色更加多样化，不仅是知识的传递者，更是学生学习活动的设计者、引导者和参与者。他们需要利用信息技术工具，设计出既符合线上学习特点又能够与线下教学活动无缝对接的教学内容和活动，同时还需关注学生在学习过程中的反馈，及时调整教学策略。

一个成功的混合式教学模式实践案例来自湖南某高校的创新创业课程。该课程结合了线上平台的课程教学视频、在线讨论以及线下的实验室操作训练和小组讨论，使学生能够在理论学习与实践操作之间建立紧密的联系。线上平台提供的资源丰富、便于学生复习和预习，线下活动的设计则注重培养学生的实际操作能力和团队合作精神，两者相辅相成，促进了学生的全面发展。课程结束后，通过对学生的反馈收集和学习成果的评估，结果显示学生在创新思维和创业能力上有了显著提高，学生对混合式教学模式的满意度较传统教学模式有了明显提升。

混合式教学模式的实施，对教育资源的要求较高。高校需要建设稳定高效的线上学习平台，同时还需对线下教室、实验室等教学设施进行优化升级，以支撑混合式教学活动的顺利进行。此外，教师的信息技术能力和教学设计能力也是实现混合式教学成功的关键因素之一。高校应当加强对教师的培训，提高其利用现代信息技术进行教学设计和管理的能力。

通过混合式教学模式的探索与实践，湖南高校能够构建一个更加灵活多样、互动参与的教学环境，为学生提供更加丰富和高效的学习体验。这对于培养新时代的创新创业工匠具有重要的意义，不仅能够激发学生的学习兴趣和创新潜能，也为其将来投身于社会的各类创新创业活动奠定了坚实的基础。通过不断的探索和实践，高校可以不断优化和完善混合式教学模式，为高质量的创新创业教育提供有力的支撑。

二、创新创业实训平台的建设与应用

实训平台的设计理念与架构在于创新创业教育环境中发挥着核心作用，旨在为学生提供一个接近实际工作环境的学习场所，以增强其实际操作能力和解决实际问题的能力。这种实训平台不仅要能模拟真实的创新创业场景，还应该具有高度的灵活性和扩展性，以适应不断变化的教学和技术需求。

（一）创新创业实训平台建设的要求

设计理念上，实训平台应本着服务于学习者的创新和创业实践过程为核心，鼓励学生通过实践学习和体验，积极探索和解决问题。平台应强调学习过程的体验性和互动性，允许学生在模拟的或实际的项目环境中进行实践操作，通过项目驱动的学习方式，提升学生的创新思维和实践能力。此外，实训平台还需融入跨学科的教学内容，促进学生综合运用不同学科的知识和技能，解决复杂的实际问题。在此基础上，平台设计应注重用户体验，界面友好，操作简便，确保学生能够快速掌握使用方法，有效地进行学习和实践操作。

架构方面，实训平台应建立在先进的技术基础上，采用模块化、分层的设计思想，以保证平台的灵活性和扩展性。在技术选型上应充分考虑当前及未来的技术发展趋势，如云计算、大数据、人工智能等，利用这些技术为学生提供强大的数据分析、处理能力和更加智能化的学习体验。平台的架构应包括数据层、应用层和表示层等多个层级，每一层均具备独立的功能，既能保证系统的稳定性和安全性，又能灵活对接各类创新创业教学的需求。

在数据层，实训平台应具备强大的数据处理和存储能力，能够处理海量的学习数据，包括学生的学习进度、成果、互动记录等，以支持个性化学习和教学分析。应用层则是平台的核心，需要整合各类教学资源和工具，如虚拟实验室、在线课程、项目管理工具等，支持多种教学活动。表示层主要负责提供用户界面，应确保清晰易用，能够适应不同设备和屏幕尺寸，提供良好的用户体验。

此外，实训平台的设计还应考虑到与外部系统的整合问题，如与学校的教学管理系统、线上图书资源等的对接，以实现信息共享和资源整合，进一步拓宽学习资源和支持学生创新创业活动的范围。通过API接口或中间件技术，使平台能够灵活对接外部服务，丰富教学内容和形式，提高教学效果。

为保证实训平台的持续更新和优化，应建立完善的反馈机制，定期收集用户（包括学生和教师）的反馈信息，分析学习数据，了解用户需求和使用中的问题，及时进行调整和改进。同时，还需要建立专门的技术支持团队，负责平台的维护和升级工作，确保平台能够稳定运行，满足教学和学习的需求。

通过上述设计理念与架构的实施，实训平台能够为湖南高校的创新创业工匠培养提供有力的支撑，为学生搭建一个集知识学习、技能训练和实践探索于一体的全方位学习平台，有助于培养学生的创新意识、创业能力和工匠精神，促进高校创新创业教育的发展。

在新时代高校创新创业工匠培养机制的构建过程中，多元化实训资源的整合与优化显得尤为重要。这一过程不仅要求教育机构充分利用现有教学资源，而且还需要创造性地整合和优化这些资源，以提高教学效率和质量，更好地满足学生的学习需求和发展趋势。

在实训资源的整合过程中，高校应当重视资源的多样性。这包括但不限于线上与线下的教学资源、校内外的实训基地、产学研结合的项目资源等。通过资源的多样化整合，学生能够在更为广泛的环境中学习与实践，不仅能提升学生的技能，还能增强其创新意识和创业能力。

（二）实训资源的整合与优化

资源整合的首要步骤是调查与分析现有资源。这一过程需评估现有教学资源的类型、数量、质量和使用效果，以确定资源整合的方向和重点。随后，高校需要根据教学目标和学生需求，设计资源整合方案，明确各类资源在教学中的具体应用方式和目的。

实训资源的优化则需要高校不断更新教学内容和方法，引入新技术和新理念。例如，可将最新的行业趋势和技术进步融入教学资源中，不断更新实训平台的硬件设施和软件应用，以保持教学内容的前沿性和适应性。同时，优化也要求高校加强师资队伍建设，引进具有丰富实践经验的专业教师，提升教学质量。

为了实现资源整合与优化的最大效益，高校需要采取有效的管理与监督机制。这包括建立资源共享机制，鼓励校内外资源的互联互通；制定资源整合与优化的标准和流程，确保整合过程的科学性和合理性；以及建立反馈机制，根据教学效果和学生反馈调整资源整合方案，确保资源的有效利用。

此外，高校还应加强与企业、研究机构的合作，通过校企合作和产学研结合等模式，拓展实训资源的来源，实现资源的共享和优化。这种合作不仅能为学生提供更多的实践机会，还能使教学内容和实训资源更紧密地贴合行业需求，从而提高教育质量和学生的就业竞争力。

在资源整合与优化的过程中，学生的主体地位不可忽视。高校应鼓励学生积极参与资源整合与优化的过程，通过项目学习、团队合作等形式，让学生在实践中学习，在学习中实践。这种参与过程能够增强学生的实践能力和创新能力，为学生将来的创新创业活动打下坚实的基础。

综上所述，多元化实训资源的整合与优化是新时代湖南高校创新创业工匠培养机制构建的重要组成部分。通过资源的有效整合与优化，不仅可以提高教学质量，增强学生的实践能力和创新能力，还能为学生的全面发展和未来的职业生涯奠定坚实的基础。因此，高校应重视资源的多样化整合和持续优化，不断探索和实践，为创新创业教育注入新的活力和动力。

实训平台在创新创业教育中的应用案例分析展示了这一平台如何有效地促进了学生的实践能力和创新意识。实践平台，作为一种教育新模式，通过提供近似于真实商业环境的实训条件，让学生在模拟或实际的商业运行过程中学习和实践，从而提高其解决实际问题的能力和创新创业精神。

案例分析揭示，这些平台不仅包括物理空间，如创业孵化基地、实验室、工作室等，还涵盖了虚拟环境，比如线上平台和模拟软件。这些实训平台能够提供全方位的创新创业教育体验，包括市场调研、产品设计、团队建设、财务管理等多个方面，让学生在实践中学习和成长。

通过深入分析湖南高校创新创业实训平台的案例，发现这些平台的建设和应用极大地促进了学生的主动学习和实践操作能力。实训平台为学生提供了将理论知识应用于实际创业项目的机会，使得学生能够通过亲身经历来理解创业过程中可能遇到的各种挑战和困难，以及如何有效地解决这些问题。

一方面，实训平台通过提供真实或模拟的商业环境，使学生能够在安全的环境中尝试和犯错，从而学习如何管理风险和应对失败。这种经验的积累对于培养学生的创新意识和创业精神至关重要。另一方面，实训平台还鼓励学生之间的协作学习，通过团队合作来完成项目任务，这不仅能够加深学生对知识的理解，也有利于培养他们的沟通能力、团队精神和领导能力。

除此之外，案例分析还指出，成功的实训平台需要高校、企业和政府之间的紧密合作。高校提供科研和人才支持，企业提供实战经验和资源投入，政府则提供政策和资金支持。这种多方合作能够确保实训平台的建设更加贴近市场需求，更有效地促进学生的创新创业能力的培养。

案例中还展示了一些优秀的实训平台操作模式，如创新工作坊、企业合作项目和创业竞赛等。这些模式不仅增加了学生的实践机会，也让学生在竞争和协作中学习如何将创意转化为实际的产品或服务，如何进行市场营销和品牌建设，如何构建自己的创业团队等。

通过对湖南高校创新创业实训平台的案例分析可以看出，这种教育模式能够有效地建立学生的实践能力和创新思维，为学生未来的创业之路打下坚实的基础。此外，这一模式还促进了高校教育教学改革的进一步深化，加强了理论与实践的结合，为培养新时代的高素质创新型人才开辟了新的途径。

第四节 评价机制的改革与完善

一、过程性评价与结果性评价的结合

在当前教育评价体系中，过程性评价的重要性日益凸显，它强调在整个教育和培养过程

中对学生的学习态度、学习方法、团队合作能力、创新实践活动等方面进行全面、连续的评价，不仅仅关注最终的学习结果和成果。这种评价方式能够更加真实、全面地反映学生的学习进展和能力提升，有助于促使学生形成自主学习、终生学习的能力，对于高校创新创业工匠的培养具有重要意义。

过程性评价与结果性评价的结合，旨在通过综合考量学生在创新创业过程中的表现和最终成果，形成对学生综合能力和素质的全面评价。过程性评价的应用，尤其强调在教育和培养过程中的实时反馈，促使学生及时调整学习策略，增强解决问题的能力，这对于涉及大量实践、探索和创新的创业教育尤为关键。

（一）过程性评价的实施

过程性评价的实施需要教育者改变传统的教学观念和评价习惯，关注学生的学习过程和努力程度，而非仅仅关注答案的对错或者项目的成功与否。这种评价方式鼓励学生不断尝试，即使在项目失败的情况下也能从中学习到宝贵的经验，这种经验的积累对于学生未来的创新创业活动具有不可估量的价值。

有效的过程性评价应包括对学生在学习过程中的参与度、合作态度、问题解决能力、创新思维等多方面的考核。教育者可以运用多样化的工具和方法，如学习日志、反思报告、同伴评价、教师观察记录等，以确保评价的全面性和客观性。此外，过程性评价还需要建立起包容失败的文化氛围，鼓励学生勇于尝试和创新，将失败视为学习和成长中不可或缺的一部分。

过程性评价的改进和完善亦需与信息技术的发展紧密结合，利用大数据、云计算等现代技术手段收集和分析学生的学习数据，为教育者提供更为精准、实时的反馈信息，帮助学生更好地认识自我，调整学习路径，从而实现个性化学习和成长。

在高校创新创业教育中，过程性评价不仅能促进学生综合能力的全面发展，还能激发学生的创新潜能和创业热情。它要求教育者摒弃传统的教学和评价模式，以学生为中心，更加注重学习过程中的体验和实践，通过建立和完善过程性评价机制，为学生提供一个充满挑战和创新的学习环境，从而培养出适应新时代需求的高素质创新创业工匠。

在新时代湖南高校创新创业工匠培养机制中，结果性评价作为一种重要的评价手段，旨在通过对学生创新创业项目成果的直接评估来衡量其学习或项目进展。结果性评价主要关注的是学生在学习或实践过程结束时的成果表现，包括但不限于项目的创新性、实用性、市场潜力等多个维度。这种评价方式能够直观地反映学生的成果水平，从而为高校提供明确的教学成效反馈，不仅有利于激励学生创新创业的热情，还能够推动高校不断优化教学资源配置，提高教学质量。

（二）结果性评价的实施

结果性评价的作用首要体现在激励学生的创新创业活力上。通过明确的成果反馈，学生能够清晰地认识到自己在创新创业过程中的位置和成长路径，从而更有针对性地规划未来的学习和发展方向。此外，结果性评价还能够凸显优秀创新创业项目，为其提供更多的支持和资源，进一步培养和塑造高素质的创新创业工匠人才。

同时，结果性评价在促进教学改革和提高教学质量方面也发挥着不可或缺的作用。它要求教育者不断审视和调整教学内容、方法和手段，确保教学活动和评价标准能够紧密结合学生的创新创业实践，这对于推动教育教学方式的转型升级具有重要意义。

然而，结果性评价也存在一定的局限性。最为显著的是它可能过分强调结果的高低或成败，而忽略了学习和创新创业过程中的努力和进步。这种评价方式有时可能导致学生承受过大的成果压力，从而抑制其创新创业的积极性和主动探索精神。此外，由于创新创业成果往往具有一定的不确定性和风险，单纯依靠结果性评价可能难以全面准确地评估学生的创新创业能力和潜力。

（三）过程性评价与结果性评价结合

为了克服这些局限性，结果性评价应与过程性评价相结合，形成一个更加全面和动态的评价体系。过程性评价强调对学生创新创业过程中表现的关注，包括学习态度、努力度、团队合作能力等非成果性指标，能够为学生提供及时的反馈和引导，帮助他们在创新创业的道路上持续成长。通过过程性评价和结果性评价的有机结合，既可以激发学生的创新创业热情和潜能，又可以综合评价学生的创新创业能力，从而更有效地推动高校创新创业工匠培养机制的构建和完善。

综上所述，结果性评价在新时代湖南高校创新创业工匠培养机制中扮演着至关重要的角色，它不仅有助于激发学生的创新创业动力，还促进了教育教学的质量提升。然而，考虑到其固有的局限性，高校应当采取多元化的评价体系，将结果性评价与过程性评价相结合，以全面、客观地评价和促进学生的创新创业能力发展。通过不断优化评价机制，可以有效构建和完善新时代湖南高校创新创业工匠培养机制，为社会培养更多高素质的创新创业工匠人才。

在新时代高等教育背景下，湖南高校创新创业工匠培养机制的建设，尤其需重视评价机制的改革与完善。过程性评价与结果性评价的有效结合，不仅是教育评价领域的重要话题，也是提高高校创新创业教育质量的关键方式。过程性评价关注学习过程中的学生表现，强调对学生学习态度、技能掌握进程以及团队合作精神的评价；而结果性评价则侧重于学习结果，主要通过考试成绩、项目成果等形式，评价学生的知识掌握和应用能力。两者的有效结合，意味着既重视学习过程，又注重学习结果，能够全面、真实地反映学生的创新创业能力。

有效结合过程性与结果性评价的策略，首先需要建立一个科学、合理的评价体系。该体系应包含明确的评价目标、评价内容、评价方式和评价时机等组成部分。在评价内容上，不仅包括学生的专业知识和技能，还应包含创新思维、团队协作、风险管理等非智力因素。在评价方式上，结合形成性评价和总结性评价，利用多元化评价方法，如同行评审、教师评价、自我评价、项目评价等，以多维度、立体化的方式反映学生的全面能力。

进一步而言，过程性与结果性评价的有效结合还需要强调动态调整和持续改进。评价不应是一次性的，而是一个动态循环的过程，应根据学生的学习进度和反馈信息及时调整评价标准和方法，使评价更具针对性和实效性。此外，通过建立反馈机制，让学生及时了解自身的学习情况和不足，促使学生在学习过程中持续自我改进，不断提升自己的创新创业能力。

再者，过程性与结果性评价的有效结合还要注重评价主体的多元化。除了教师的评价外，还应引入企业导师、行业专家的评价，乃至同学之间的互评，增加评价的客观性和广泛性。这样不仅可以从多个角度、多个层次全面评价学生的创新创业能力，还可以增强学生对评价的认可度和满意度，激发学生的学习动力和创新热情。

此外，有效结合过程性与结果性评价还意味着要注重评价结果的应用。评价结果不应仅仅作为学生评定成绩的依据，更应作为教学改革和课程调整的重要依据。通过对评价数据的分析和应用，可以及时发现教学过程中存在的问题，调整教学策略和内容，优化创新创业教育的整体布局，从而更好地服务于学生的成长和发展。

最终，通过上述策略的实施，过程性与结果性评价的有效结合将有助于形成一个公平、合理、全面的创新创业教育评价体系，真实而准确地评估和促进学生的创新创业能力的发展。这不仅对提升学生的个人竞争力具有重要意义，也对推动高校创新创业教育的改革与发展，乃至促进地区经济社会创新发展具有深远的影响。

二、多元评价主体的参与与反馈

建立多元评价主体的合作框架是现代高教体系中创新创业教育的重要组成部分，这一过程不仅涉及学生在学术、技能以及综合素质方面的全面评价，更重要的是要营造一种多方参与、相互协作与反馈的评价体系。这样的评价机制能够更加全面地反映学生的学习与成长情况，同时也对教学内容与方法、项目实践等提供改进的依据。

在这一框架下，学校教师、行业专家、企业家、同学们以及社会各界人士共同参与到创新创业工匠的培养评价中来。这样的多元评价主体，在提高教育评价客观性与公正性的同时，也能更好地引入行业标准，对学生进行更为贴近实际需要的技能、知识和素质评价。

教师作为教学过程的直接参与者和主导者，对学生的学习情况了解最为深刻。他们负责学生日常学习过程的评价，指导学生在学术研究、技能掌握及创新能力等方面的发展。通过持续观察学生在课堂上的表现、作业完成情况以及项目实践能力，教师能够为学生成长提供最直接的指导和反馈。

行业专家和企业家作为行业的实践者和前沿探索者，能够从专业角度评价学生的技能和实践能力是否达到行业标准。他们的参与，不仅能为学生提供最新的行业信息，还能通过实习、项目合作等形式，为学生提供实战经验，这对于学生能力的提升尤为关键。同时，行业专家和企业家的反馈也能帮助高等教育机构及时调整教学内容和方向，确保教育的实用性和前瞻性。

同学之间的互评也是评价机制中不可忽视的部分。同学们通过团队合作、项目实践等活动中互相观察、评价，不仅能增进团队合作精神，还能在相互学习中促进自身能力的提升。通过这种评价方式，学生能够从同伴那里获得宝贵的反馈信息，对自己的学习和改进方向有更清晰的认识。

社会各界的参与则进一步拓宽了评价的视角。社会服务、志愿活动、社交媒体互动等，都是学生展示自己创新创业精神和社会责任感的舞台。来自社会的评价不仅可以提高学生社会实践的积极性，还能加深学生对社会需求和发展趋势的理解，为他们今后的创新活动和职业发展提供方向。

为了让这一多元评价主体的合作框架有效运行，需要建立一套完善的信息沟通和反馈机制。这包括建立统一的评价标准、多渠道的信息交流平台以及定期的评价会议等。通过这种机制，可以确保来自不同主体的评价信息能够及时收集和整合，对学生的学习和发展提供全面、多角度的支持和引导。

此外，对于参与评价的各方，也需要提供相应的指导和培训，帮助他们了解评价的目的和意义，掌握评价的方法和技巧，确保评价的公正性和有效性。只有这样，才能确保建立的多元评价主体合作框架能够顺利运行，真正发挥其应有的作用。

通过这样的合作框架，创新创业教育的评价体系将不再是单一的、封闭的，而是开放的、动态的，能够适应时代发展的需求，更好地服务于学生的全面成长和终身学习的旅程。

发展参与式评价方法是面向新时代湖南高校创新创业工匠培养机制构建中的一项重要改革与完善措施。在传统的教育评价模式中，评价主体往往是教师或者教育管理者，其评价结果往往以定量分数的形式体现，较少考虑学生的个性化需求和差异化发展。而参与式评价方法的提出和实施，则是为了突破这一局限，实现评价主体多元化，评价方式人性化，促进学生全面而个性化的成长。

参与式评价方法强调学生、教师、企业及社会各界人士等多方的共同参与。在这种评价体系中，不仅有传统的教师评价学生的环节，学生自评、同伴评价、社会评价等多维度的评价方式也被纳入其中。这样的评价体系更加全面、立体，能够真实反映学生的学习状态与成长进步，更好地指导其创新创业活动和职业技能的提升。

在参与式评价方法中，学生自评是一项核心内容。学生通过自我反思，对自己在创新创业过程中的表现、所遇挑战及其解决策略进行评价，这不仅有助于学生自我认知的提升，也促使其能够主动掌控学习过程，增强解决问题的能力。同时，同伴评价也是参与式评价的重要组成部分。在同伴互评中，学生们可以从他人的视角观察和理解自己，这种方式既能增加学生之间的互动和沟通，也有利于培养他们的批判性思维和公平竞争意识。

企业和社会人士的参与，进一步拓宽了评价的视角。通过企业导师的实地指导和社会各界人士的反馈评价，学生们能够及时了解行业动态，把握社会需求，实现学以致用。这种评价不仅关注学生理论知识的掌握，更重视学生实践能力的培养和综合素质的提升，为学生将来的职业生涯奠定坚实的基础。

为了有效实施参与式评价，高校需要构建开放、灵活的评价体系，充分调动各方面的资源和力量。一方面，教育管理部门要确立多元化评价的指导思想，明确评价的目标与标准，为不同主体参与评价提供统一的规范和基础。另一方面，也需要依托信息技术手段，建立高效便捷的评价信息系统，保证评价过程的透明公正，确保评价结果能够及时反馈给评价对象及相关利益方，促进评价效果的最大化。

通过发展参与式评价方法，可以更好地促进湖南高校创新创业工匠的培养。这种评价方式能够激发学生的内在动力，增强其自主学习和自我提升的意识，同时也为教师的教学方法和教育理念的改革提供了新的视角。在广泛而深入的参与中，学生、教师、企业及社会各界共同为高校创新创业教育的发展贡献力量，共同构建开放、包容、高效的创新创业教育生态系统。

构建实时反馈与迭代改进机制是新时代湖南高校创新创业工匠培养机制的关键组成部分。在教育实践中，评价机制的核心目的不仅在于完成对学生能力和成就的度量，更重要的是要通过评价引导学习者不断进步，促进教学质量的提升。因此，实现评价机制的实时反馈和迭代改进对于培养符合新时代要求的创新创业工匠人才具有重要意义。

实时反馈机制指的是在学习和教学过程中，能够对学生的学习成果、学习态度和学习过程进行即时的评价和反馈。这种方式能够使学生在最短的时间内获取关于自己学习状态的信息，从而及时调整学习方法、改进学习策略，实现学习效果的最大化。实时反馈还包括教师对自己教学方法和教学内容的及时调整，以更好地适应学生需求和学习特点，提高教学效率和教育质量。

迭代改进机制则是在实时反馈的基础上，根据学生的学习反馈、教学评价以及外部环境变化等因素，不断调整和改进教育教学方法、内容和评价标准的过程。这一机制要求教育管理者、教师和学生能够形成良好的沟通机制，使评价体系兼具灵活性和适应性，能在不断变化的教育环境中有效地支持学生的个性化学习和全方位发展。

在构建实时反馈与迭代改进机制的过程中，多元评价主体的参与至关重要。这意味着不仅仅是教师对学生的评价，学生自评、同伴评价、行业专家评价以及社会反馈等也应该被融入评价体系之中。多元评价主体的参与能够确保评价结果的客观性和全面性，有助于学生从不同视角了解自我，促进自我认知的深入和全面。

在实现多元评价主体参与的同时，如何构建一个有效的信息反馈和处理机制亦尤为重要。教育技术的发展，尤其是大数据、人工智能等技术的应用为实时反馈和迭代改进提供了强有力的技术支撑。通过构建在线学习平台、学习管理系统等，可以实现对学生学习过程的跟踪记录，自动化分析学习成果，及时向学生和教师提供反馈信息，从而加快反馈速度、提高反馈质量。

此外，为了确保实时反馈与迭代改进机制的有效运行，还需要制定明确的反馈和改进策略。这包括但不限于设定具体、可操作的反馈指标和标准，明确反馈内容和形式，制定针对性的改进措施，以及定期对反馈和改进效果进行评估和总结，形成闭环管理机制。

综上所述，构建实时反馈与迭代改进机制要求我们深入理解评价的多维度、动态化特点，以及多元评价主体的重要作用。通过运用现代信息技术，构建高效的反馈系统，并制定科学合理的反馈和改进策略，可以有效地促进学生的学习与成长，提升教育教学质量，为湖南高校创新创业工匠培养奠定坚实的基础。

第六章 师资队伍建设与激励机制研究

第一节 师资队伍建设的现状与问题

一、师资队伍结构分析

（一）年龄结构

高校作为新时代知识传递与创新的先锋力量，其教学与科研队伍的建设对于培育具有创新精神和实践能力的高素质人才具有决定性作用。在师资队伍结构分析中，年龄结构作为其中一个重要组成部分，直接影响着团队的活力、教学理念的更新及科研能力的发展。

当前，高校师资队伍在年龄结构上呈现多样化的特点，但也面临着一系列不容忽视的问题。一般来说，一支健康、活力四射的师资队伍应当包括成熟稳健的中老年教师和充满活力的年轻教师。中老年教师凭借丰富的教学经验和深厚的学术底蕴，为学术队伍的稳定性和持续发展提供保障。而年轻教师则以其现代化的知识结构、灵活的教学方法和创新的科研思维，注入新鲜活力，推动学科进步和创新。

然而，现实情况是，部分高校存在师资力量老龄化和青年教师比例偏低的现象。老龄化的教师队伍可能会在一定程度上导致教学内容和手段落后，科研创新能力不足。这主要是因为随着年龄的增长，部分教师可能在接受新理念、新技术方面存在困难，不易适应快速发展的教育教学要求和科研领域的创新需要。

另一方面，青年教师的比例偏低，则限制了高校教师队伍整体的活力和创新能力。青年教师通常更加接近当前的科学研究前沿，对新技术、新理念的接受程度和应用能力更强。如果不能有效吸引和培养足够多的青年教师，就难以形成持续不断的创新动力。

此外，一个合理的年龄结构还应该促进不同年龄段教师之间的知识和经验交流，形成良好的师徒关系和合作研究模式。年长教师可以通过传帮带，将自己的宝贵经验和教学智慧传授给年轻教师，帮助他们迅速成长。而年轻教师则可以通过积极引入新知识、新技术，帮助老教师更新教学和科研视野，共同推动学科发展和科研创新。

为了优化高校师资队伍的年龄结构，需要从战略高度和长远计划出发，实施一系列针对性措施。招聘政策上，高校应更加注重年轻优秀人才的吸引和培养，通过提供有竞争力的薪酬待遇、科研启动经费和良好的发展平台等方式，引入更多的年轻血液。同时，应建立健全中长期师资队伍规划，合理安排教师的年龄结构和职称结构，确保队伍的持续更新和活力保持。

在激励机制上，既要重视对年轻教师的职业发展支持和鼓励，也要关注中老年教师的成就感和归属感的提升，通过制定科学的评价体系和合理的晋升机制，激发全体教师的积极性和创新能力。

通过上述措施，可以逐步实现高校师资队伍年龄结构的优化，为高校的教学和科研工作注入持续的活力，进而推动高校的整体发展，为培养新时代的高素质创新型人才奠定坚实的基础。

（二）专业分布

在探索新时代湖南高校创新创业工匠培养机制的过程中，师资队伍结构尤为关键，其中学科专业分布情况是构建高效师资队伍的基石。高校师资队伍的学科专业分布直接影响着教育质量和学校培养目标的实现，这一点在新时代背景下显得尤为重要。对于湖南地区的高校来说，面对快速发展的社会和经济，需要培养出大量具有创新意识和实践能力的高素质工匠人才，这就要求高校教师团队不仅要具备深厚的教学和科研能力，更要涵盖多元化的学科专业背景，以适应多样化的教育和学习需求。

观察当前湖南高校的师资队伍学科专业分布情况，可以发现几个显著的特点和面临的问题。一方面，理工科学科的师资力量相对集中，这与湖南地区传统的工业基础和近年来科技发展的需求相吻合。这些学科领域的教师往往拥有较强的科研能力和一定的行业经验，能够提供与实际生产紧密相关的教学内容。然而，另一方面，人文社科、艺术设计等学科的师资队伍相对薄弱，这在一定程度上限制了学生能力培养的全面性和多样性。

更为关键的是，随着社会对高素质创新创业工匠人才需求的不断提升，单一学科知识已经难以满足复杂问题解决的需要。当前，湖南高校中师资队伍的交叉学科能力并不强，缺乏能够将不同学科知识融合应用于教学和科研中的教师。这种情况限制了学生创新思维和跨学科能力的培养，不利于创新创业工匠人才的培养。

针对上述学科专业分布现状，湖南高校需要采取有效措施改善师资队伍结构。增加人文社科、艺术设计等非理工科学科的师资力量，是平衡学科专业分布的第一步。这不仅有助于培养学生的综合素养，还能够丰富学生的知识体系，拓宽其视野。同时，高校应加大对交叉学科领域教师的引进和培养力度，鼓励和支持教师开展跨学科研究和教学活动，建立跨学科研究团队，推动不同学科间的资源共享和知识融合。

此外，高校还应积极响应国家对新工科、新文科等新学科专业发展的号召，根据社会发展需求和学校自身定位，及时调整和优化学科专业设置，加强与地方经济社会发展紧密结合的应用型、交叉型学科建设。通过引进和培养既懂技术又懂管理，既通理论又善实践的复合型教师，增强师资队伍的综合实力和创新能力。

解决学科专业分布不均衡的问题，对于提升湖南高校教育教学质量、实现创新创业工匠培养目标具有重要意义。只有构建起多元化、平衡发展、相互融合的师资队伍学科专业结构，高校才能更好地适应新时代教育的需求，为学生提供更加广阔的知识视野和创新创业的土壤，从而培养出能够适应未来社会发展需求的高素质创新创业工匠人才。

（三）学历层次与职称构成

在探讨现代高校师资队伍建设的过程中，学历层次与职称构成是两个不可或缺的维度，它们共同描绘了一个高校教师力量的基本面貌。学历层次直接关系到教师的知识结构和理论深度，而职称构成则反映了教师队伍的专业级别和科研能力，这两者相辅相成，共同促进高校教育和科研水平的提升。

在多数高校中，教师的学历结构正向高级学位倾斜，硕士和博士成为主流。这一现状表明高等教育机构重视教师高水平的学术研究能力，以适应日益增长的教学和科研需要。具有高级学位的教师能够在专业领域内进行深入的讲授和创新研究，有力推进了学术知识的传承与创新。然而，单一的高学历教师构成也带给高校师资队伍建设的某些问题，如理论研究能力强而实践应用能力不足，这在一定程度上影响了学生的实际操作能力和创新能力的培养。

职称构成方面，正高级职称和副高级职称的教师是构成高校教师阶层的骨干力量。他们在教学和科研领域具有丰富的经验和深厚的专业能力，是高校教学质量和科研水平的重要保证。然而，当前一些高校中存在低职称教师比例偏高现象，这直接影响到教育教学的质量和科研项目的落地。另一方面，高校在师资队伍建设中还面临着高职称教师年龄结构老化的问题，这对于知识更新和教育理念的革新带来挑战。

针对学历层次与职称构成在高校师资队伍建设中的现状和问题，必须采取有效措施加以改进。一方面，应该鼓励和引导教师继续深造，提高自身的学历水平，同时开展丰富多样的实践教学和科研项目，增强教师的实践操作能力和创新能力。另一方面，高校应当优化职称评定标准，构建更加公平、透明、科学的职称评定机制，真正将优秀的教育工作者选拔上来。同时，通过制定合理的年龄结构和职称结构比例，逐步改善高职称教师队伍的老化现象，确保教师队伍的活力和教学质量。

除此之外，还需要加大对青年教师的培养和支持力度，为他们提供更多的成长机会和发展平台，促进其快速成长为高校教育教学和科研工作的新鲜血液。通过定期组织教师培训、学术交流和研究项目，提高教师的专业素质和科研能力，为高校持续稳定发展奠定坚实的师资队伍基础。

综上所述，优化学历层次与职称构成，对于高校师资队伍建设至关重要。高等教育机构应当从实际出发，结合自身发展需要，采取切实可行的措施，全面提升教师队伍的整体素质和专业能力，助推高校教育质量和科研水平的全面提升。

（四）高等教育师资队伍建设的国际化与多元化

国际化与多元化是高等教育师资队伍建设的重要特征，它不仅是提高教学和科研水平的重要手段，也是适应全球化发展趋势和培养具有国际视野人才的必然要求。在新时代背景下，高校更加注重师资队伍的国际化与多元化建设，通过引进外籍教师、鼓励教师出国研修、建立国际合作交流平台等多种方式，不断加强师资队伍的国际化水平。

国际化特征主要体现在师资队伍构成的多元性上。引进外籍教师为学生提供更为纯粹的国际化学习环境，同时也为本土教师提供了学习和交流的机会，促进了教学方法和教育理念的创新。外籍教师带来的不同教育背景、文化视角和专业知识，为高校的学术研究和教学活动注入了新的活力和多元性。

多元化特征则体现在师资队伍的学术背景、研究方向和教育理念上。高校通过构建多学科交叉融合的教育平台，鼓励教师之间的跨学科研究与合作，促进了学术创新和知识更新，同时也为学生提供了更加宽广的知识视野和学习机会。此外，教育理念的多样化也是师资队伍多元化的体现之一，教师根据自己的教学经验和对学生的理解，采取不同的教学方法和手段，满足不同学生的学习需求。

国际化与多元化的发展面临着诸多挑战。其中，最为显著的是语言和文化障碍问题，外籍教师在教学过程中可能会因语言不通畅和文化差异而影响教学效果。此外，师资队伍的国际化进程中，如何保持本土教育特色和文化传承也是一个不可忽视的问题。同时，国际化师资的引进和培养亦需要大量的财政资金和政策支持，这对高校的经济和管理提出了更高要求。

面对这些挑战，高校需要制定科学合理的师资队伍国际化策略，比如加强对外籍教师的语言培训和文化适应辅导，为其提供充分的支持和帮助，以减少文化和语言障碍带来的影响。同时，高校应注重培养教师的国际视野和跨文化沟通能力，鼓励教师参与国际交流与合作，通过出国访学、参加国际会议等途径提升自身的国际化水平。

在保持师资队伍国际化发展的同时，高校也应强化对本土文化的传承和发展。在引进国际化师资的过程中融入本土文化元素，强调教育的本土化和国际化相结合，确保在实现国际化发展的同时，不丢失本国的文化特色和教育理念。

综上所述，师资队伍的国际化与多元化建设是新时代高校发展的重要方向之一。通过持续优化师资队伍结构，引进和培养具有国际视野的教育人才，高校能够提升教育教学质量，为学生提供更加国际化和多元化的学习环境。同时，高校需要在实践中不断探索和解决国际化发展过程中遇到的各种问题，确保师资队伍国际化建设能够健康、持续发展，为培养具有国际竞争力的高素质人才奠定坚实的基础。

二、师资队伍建设面临的挑战

（一）资源的分配不均

在探索新时代下湖南高校师资队伍建设与激励机制的过程中，我们不可避免地会遭遇到众多挑战，其中最为突出的一项挑战便是高等教育资源的分配不均。这一问题的存在极大地制约了师资队伍建设的效果与质量，从而影响到整体的教学和科研水平，进一步影响创新创业工匠的培养效果。

高等教育资源分配不均主要表现为硬件资源和软件资源两方面。硬件资源包括但不限于校园基础设施、教学实验室、科研设备等，而软件资源则涉及教育经费、科研项目、优质教师等。这种资源分配的不均衡性，导致了部分高校在师资队伍建设方面处在相对不利的地位，进而影响学校的教育教学质量和科研竞争力。

资源分配的不均衡性来源于多个方面。经济发展水平的地域差异导致不同地区的高校获得的支持力度不同，使得资源富裕地区的高校相比资源贫瘠地区的高校拥有更多的发展机会。政策导向也是一个重要原因，国家和地方政府对高等教育的投入往往偏向于重点高校和特定领域，造成资源向少数高校集中。此外，部分高校的管理模式和运营效率问题也导致资源使用的效率不高，从而间接加剧了资源分配不均的问题。

师资队伍建设面临的这一挑战，不仅仅体现在师资的数量不足，更重要的是质量方面的不均。在资源富裕的高校，由于能够提供更好的研究环境和更充足的科研经费，能够吸引更多优秀的教师和科研人员。反之，在资源匮乏的高校，即便是有志于教育教学和科研创新的优秀人才，也因环境和条件限制无法充分发挥其能力，长此以往，将会形成恶性循环，进一步拉大高校之间的差距。

面对高等教育资源分配不均的挑战，相关部门和高校需从多个角度出发，寻找解决之道。改善资源分配机制，减小区域和高校之间的差距，实现更为公平的资源分配是根本出路。同时，提高高校自身的管理和运营效率，加大内部激励，促进资源的合理利用也是缓解这一挑战的有效途径。此外，鼓励高校之间的合作共享，充分利用互联网等现代信息技术，通过建立共享平台等方式，实现资源的优势互补和有效整合，也是一个可行的解决方案。

通过综合施策，逐步解决高等教育资源分配不均的问题，将为师资队伍建设提供更加坚实的基础，对于提升高校创新创业工匠培养质量，促进高等教育持续健康发展具有重要意义。

（二）年龄与结构性失衡

在探讨高校师资队伍建设的过程中，年龄与结构性失衡是一个不可忽视的问题。这主要表现在两个方面：一是青年教师的短缺，二是中老年教师占比过高，这种结构性失衡对高校的教学质量和科研创新能力产生了深远的影响。

青年教师的短缺，使得教育和科研队伍更新换代缓慢，新鲜血液的不足影响了教育教学和科研创新的活力。在科技迅速发展的今天，高校作为知识和技术创新的重要阵地，急需具有现代科技视野和创新能力的青年教师来补充新鲜血液。然而，由于薪酬待遇、职业发展空间等方面的限制，使得高校往往难以吸引和保留优秀的青年教师。

另一方面，中老年教师占比过高也带来了一系列问题。虽然中老年教师往往拥有丰富的教学和科研经验，但在某些情况下，他们可能在接受新知识、新技术方面存在困难，这在一定程度上制约了高校教育教学内容的更新和教学方法的创新。此外，中老年教师队伍的过度老化还可能导致师资队伍的整体活力降低，影响高校在激烈的国际竞争中的竞争力。

对于这一问题，高校应采取针对性的措施进行改进。一是改善青年教师的薪酬待遇和职业发展环境，通过提供更具吸引力的条件来吸引和留住优秀青年人才。可以通过设立青年教师科研启动基金、提供更多的科研平台和项目机会、改革评价体系减少“唯论文”倾向等方式，激发青年教师的工作热情和创造力。

二是加强中老年教师的继续教育和培训，鼓励他们学习新知识、新技术，提高自身的教学和科研能力。可以通过组织定期的培训研讨活动、鼓励参与国内外的学术交流等方式，帮助中老年教师更新知识体系，促进教师队伍的整体素质提升。

三是优化教师队伍结构，推动年龄结构和专业技能的合理布局。高校可以通过引进海外高水平人才、构建跨学科教研团队等方式，实现师资队伍的优化配置，提升教学和科研工作的整体效能。

通过这些措施的实施，可以有效缓解师资队伍年龄与结构性失衡的问题，为高校创新创业教育提供有力的师资支持，进而提升高校的整体教学质量和科研创新能力，为社会培养出更多具有创新精神和实践能力的优秀人才。这不仅是高校自身发展的需要，也是社会发展进步的需要，对于推动高等教育现代化，建设创新型国家具有重要意义。

（三）科研与教学能力的双重压力

在高校师资队伍建设中，教师们面临的科研与教学能力的双重压力是显而易见的。这种压力源自于高校对教师综合能力的高要求，即不仅要求教师有扎实的专业知识和研究能力，同时也要求他们具备高水平的教学技巧和传授知识的能力。这两方面的能力要求看似平衡，实则往往导致教师在实际工作中难以兼顾，形成了巨大的职业压力。

科研能力作为高校教师的核心竞争力之一，对于提升高校的学术影响力和学科排名具有直接作用。在当前的高等教育体系中，科研成果不仅是高校评价教师业绩的重要标准，也是确定教师职称晋升、薪酬待遇及研究经费等一系列重要资源分配的依据。因此，教师在科研工作上投入巨大，从选题、申请项目到论文发表，步步深入，每一步都充满挑战。但科研工作的不确定性和项目申请的激烈竞争使得教师承受着巨大的心理压力。

与科研能力的重要性相对应的是教学能力的关键性。教学是高校的基本职能之一，优质的教学直接关乎学生的成长和发展。作为教学的主体，教师不仅要具备深厚的学科知识，还要掌握有效的教学方法，培养学生的批判性思维和创新能力。同时，随着教育理念的更新和学生需求的变化，教师还需要不断更新教学内容和教学方式，以适应教育的发展趋势。这就要求教师在维持教学质量的同时，还需不断地自我学习和成长。

两者之间的平衡是高校教师职业发展中的一大挑战。一方面，投入大量时间和精力在科研上意味着无法给予教学足够的关注，这可能导致教学质量下降，影响学生的学习效果；另一方面，如果过分强调教学，又可能耽误科研工作，影响到教师的学术发展和职业晋升。这种双重压力下的平衡是需要高校管理层、教师个人和社会各界共同努力的结果。

为了缓解这一问题，一些高校已经开始尝试建立更为合理的评价体系，不再单一地强调科研成果，而是将教学工作的评价也同等重视，试图建立一个既能激励教师科研工作，又能充分体现教学价值的评价机制。此外，加强师资专业发展和继续教育，帮助教师提升教学和科研能力，也是解决这一问题不可忽视的途径。

在实施上述策略的过程中，高校需要更加细致和具体地考虑到每位教师的个人情况，制定个性化的发展规划和支持措施。只有这样，才能真正缓解教师的双重压力，促进高等教育事业的健康发展。因此，高校教师科研与教学能力的双重压力不仅是一个需要高度关注的问题，更是一个需要全社会共同探索和解决的挑战。

在高等教育领域，尤其是在新时代背景下，师资队伍的建设被赋予了重要的使命和期望。作为高校创新创业教育的支撑和引领力量，师资队伍的素质和能力直接决定着高校教育质量和创新创业教育的效果。然而，在实际的师资队伍建设过程中，创新激励机制的缺失与不完善成为一个不容忽视的问题，这一问题影响着师资队伍建设的质量和效率，也影响着高校创新创业教育的整体发展。

传统的高校激励机制往往过于侧重于教学与科研成果的量化评价，忽视了教师在创新创业教育过程中的实际贡献与个人发展需求。这种单一的评价与激励体系，很难激发教师在创新创业教育领域的积极性和创造性，导致教师在面对创新教学方法和创业指导任务时缺乏足够的动力和支持。

由于创新激励机制的缺失，高校教师在进行创新创业教育研究和实践活动时面临着多方面的困难，比如资金支持不足、社会合作机会有限、个人职业发展路径不明确等，这些问题直接影响着教师的工作积极性和教学创新能力的发挥。此外，不完善的激励机制也使得高校难以吸引和留住具有专业素养和创新精神的教师人才，影响了高校师资队伍的结构优化和能力提升。

为了应对这些挑战，必须从体制机制上进行改革，构建一个多元化、灵活化的创新激励机制。这样的激励机制应当能够充分考虑教师在创新创业教育中的个性化需求，实现对教师工作的全方位评价和激励，包括教学创新、科研成果转化、学生创业指导等多个维度。同时，激励机制应当为教师提供足够的资源支持，如提供创新教育项目的启动资金、创业实践平台的建设等，以提高教师的参与积极性和创新能力的发挥。

此外，高校还应当加强与社会各界的合作，为教师提供更多外部资源和平台，利用社会力量支持创新创业教育。比如，通过校企合作项目，为教师提供实际的创新创业案例和实践机会，不仅能够增强教师的实战经验，也有助于教师进行理论与实践的有效结合。

（四）加强师资队伍的专业培训和能力提升

在完善激励机制的同时，高校还应当加强师资队伍的专业培训和能力提升，通过定期的培训和学习，提高教师的创新教学能力和创业指导水平，使其能够适应创新创业教育的发展需求。同时，加大对教师个人职业发展支持力度，明确创新创业教育领域的职业晋升路径，激励教师通过不断的学习和实践，实现自身价值的提升和职业生涯的发展。

构建和完善创新激励机制，不仅需要高校内部管理者、教师和相关部门的共同努力，也需要政府相关政策的支持和社会各界的广泛参与。通过综合施策，才能有效解决师资队伍建设中创新激励机制的缺失与不完善问题，为高校创新创业教育提供坚实的师资支持，进一步推动新时代高等教育的全面发展。

第二节　师资队伍建设的策略与措施

一、引进与培养相结合的策略

深化人才引进机制是当前高等教育发展中的重要议题，尤其对于湖南省高校在新时代背景下推动创新创业教育的升级具有重要意义。在此过程中，识别与实践有效的人才引进策略和措施成为增强教育质量和竞争力的关键。

人才是推动教育和科技创新的第一资源，高校的发展离不开高水平的师资队伍。随着全球化和信息化的发展，优秀人才的竞争日益加剧，高等院校面临着更为复杂和严峻的人才引进环境。深化人才引进机制，意味着需要系统性、策略性地思考和实施人才引进的各项措施，以吸引和留住更多的高层次人才。

（一）人才引进策略

1. 建立一个全面、开放和具有竞争力的人才引进体系

引进高层次人才，首要任务是建立一个全面、开放和具有竞争力的人才引进体系。这包括制定具有吸引力的薪酬福利政策、提供有竞争力的科研条件和生活环境、建立科学的评价和激励机制等。薪酬福利政策不仅要能够吸引人才，更要能够留住人才，这就要求高等院校能够提供具有竞争力的薪资待遇、科研经费和住房政策等。

2. 为人才提供优越的科研平台和丰富的科研资源

在科研条件方面，要深化人才引进机制，意味着必须为人才提供优越的科研平台和丰富的

科研资源。这包括建设高水平的实验室、研究中心、提供先进的科研设备、充足的科研经费和便捷的科研服务。此外，高校还需要建立灵活高效的科研项目管理和成果转化体系，以激发人才的创新热情和科研潜力。

3. 建立科学的评价和激励机制

建立科学的评价和激励机制也是深化人才引进机制的重要组成部分。评价机制应该全面、公正，不仅考量科研成果的数量和质量，还要重视人才的团队协作能力、教学质量及社会服务等多方面的表现。激励机制应该多样化，除了物质激励之外，还应包括职称晋升、科研奖励、学术交流机会等非物质激励，以满足不同人才的发展需求和期望。

4. 建立有效的人才引进跟踪和服务系统

此外，高校还需要建立有效的人才引进跟踪和服务系统，为新引进的人才提供全面的入职指导和持续的职业发展支持。这包括但不限于职业规划咨询、科研合作机会匹配、子女教育和家属就业支持等，以解决人才关心的实际问题，增强其对高校的归属感和忠诚度。

深化人才引进机制，还需要高校建立更广泛的人才引进网络和平台。这意味着，除了传统的学术交流和人才招聘活动之外，高校还应该通过与国内外知名高校、科研机构和企业建立战略合作关系，利用各种渠道和方式吸引更多优秀人才。同时，高校也应积极响应国家的人才引进政策，利用政府提供的各种政策和资源，提高人才引进的成功率和效率。

综上所述，深化人才引进机制是一个系统工程，需要高校在理念更新、政策制定、环境建设等多方面进行综合考虑和积极实践。只有这样，高校才能在激烈的全球人才竞争中立于不败之地，为教育和科技创新提供持续而强大的动力。

（二）人才培养策略

在职师资培养体系的强化，是提升高校教师队伍质量、推动创新创业教育发展的关键一环。实现这一目标需从多个维度进行考虑和实施，包含明确培养目标、设置多样化培养路径、创新培养模式、提供必要的支持与激励机制等方面。

1. 明确培养目标

明确培养目标是强化在职师资培养体系的出发点。这要求高校清晰界定在职教师培养的具体目标，如提升教育教学能力、增强科研创新能力、优化知识结构等。在确立目标的基础上，要进一步细化具体的能力标准和评价指标，为培养活动的开展提供明确的方向和依据。

2. 设置多样化培养路径

设置多样化培养路径是实现师资队伍全面发展的手段。这包括但不限于组织海内外学术交流、引入行业专家开展专题讲座、推动教师参与科研项目与实践活动等。通过多种途径拓宽教师的知识视野、更新教育教学理念、积累实际操作经验，有助于提升教师的综合素质和专业能力。

3. 提供必要的支持与激励机制

创新培养模式是提高培养效率和质量的关键。可以考虑采用“导师制”“项目驱动法”“团队合作法”等模式，根据不同教师的特点和发展需求，制定个性化的培养方案。例如，通过建立导师制度，让资深教师与年轻教师进行一对一的指导，既能传承经验、又能激发创新；而采用项目驱动法，则有助于教师围绕实际问题进行研究，解决问题的过程中提升自身能力。

提供必要的支持与激励机制是保障培养成功的基础。这包括为教师参与培训和学术交流提供经费支持、为获得显著成绩的教师给予物质奖励和职称晋升机会等。通过构建公平、合理的激励机制，激发教师参与培养活动的积极性和主动性，进而营造积极向上的师资培养氛围。

4. 培养成效的监测与评价

除上述方面外，加强在职师资培养体系还应关注培养成效的监测与评价。这不仅包括对教师能力提升的直接评价，也包括对培养活动设计的反馈和改进意见的收集。通过建立科学合理的评价体系，及时调整和优化培养策略，不断提高在职师资培养的质量和效果。

综上所述，强化在职师资培养体系是一项系统工程，需要高校从多个层面进行综合考虑和周密部署。只有确立明确的培养目标、设置多样化的培养路径、创新培养模式并提供必要的支持与激励机制，才能有效提升在职教师的整体素质和教育教学水平，进而推动高校创新创业教育的全面发展。

二、师资培训与交流平台的搭建

全面提升师资培训效果关键在于构建多元化的培训体系、实施差异化的培训内容、采用灵活多样的培训方式、创建有效的激励与反馈机制。

（一）全面提升师资培训效果

1. 构建多元化的培训体系

在构建多元化的培训体系方面，需要结合高校教师的多样化需求设计培训计划。高校作为知识和创新的前沿阵地，其教师队伍既需要具备深厚的学科专业知识，也需要掌握先进的教学理念和方法。因此，师资培训体系应覆盖学科知识更新、教育理论与实践、科研能力提升、国际视野拓展等多个维度，旨在全面提升教师的教学和科研能力。

2. 实施差异化的培训内容

实施差异化的培训内容，是指根据不同教师的发展阶段、专业特点和个人需求，提供定制化的培训计划。新进教师可能更需要从事教学工作的基本技能培训，而资深教师可能更关注学科前沿发展、科研方法论等领域。此外，对于特定领域或具有特殊才能的教师，应提供专项培训或深造机会，以促进其专业成长和个人潜力的发挥。

3. 采用灵活多样的培训方式

采用灵活多样的培训方式，旨在通过多种渠道和形式提高培训效果与参与度。线下集中培训、线上远程学习、工作坊式互动、实地考察交流、引入国内外专家讲座等多种方式相结合，可以满足教师个性化学习需求，增强培训的灵活性和实用性。特别是在信息技术飞速发展的今天，利用网络平台进行在线培训，不仅可以突破时间和空间的限制，还可以实现资源的最大化共享和利用。

4. 创建有效的激励与反馈机制

创建有效的激励与反馈机制，是实现师资培训持续性和有效性的重要保障。通过建立合理的激励机制，如培训成绩与职称晋升、薪酬待遇挂钩，可以激发教师参与培训的积极性。同时，建立一个系统的反馈和评价机制，不仅可以帮助教师及时了解自身培训效果，对照自我提升的进度和方向，也可以为高校教务部门提供优化培训计划的依据。

除此之外，加强与国际一流高校和研究机构的合作交流，也是提升师资培训效果的一个重要途径。通过访问学者计划、国际会议交流、联合研究项目等方式，高校教师可以直接接触到学术前沿，拓展国际视野，同时促进教育教学方法和科研工作的国际化进程。

综上所述，全面提升师资培训效果需要高校制定科学合理的策略，围绕培训体系的构建、培训内容的差异化、培训方式的多样化以及激励与反馈机制的完善等关键点展开。通过持续优化和深化培训工作，可以有效提升高校教师队伍的整体素质和创新能力，为学科建设和人才培养提供有力支撑。

（二）构建多元化的师资交流平台

构建多元化的师资交流平台是提升高校教师教学和科研能力、推动教育创新创业的重要举措。这种交流平台旨在为教师提供一个广阔的学术和教育实践交流的空间，使他们能够相互学习、协作研究、分享经验、汲取不同的教育理念和教学方法，从而促进个人和集体的成长和发展。

在构建这样一个多元化的师资交流平台时，需要考虑包括线上与线下两个维度的结合使用。线上平台可以借助现代信息技术，创设虚拟社区、在线研讨会、专题网络课程等形式，让教师不受地理位置的限制，就能够参与到全国乃至全球的教育交流中来。线下平台则可以通过定期举办研讨会、工作坊、公开课、教育展览等活动，促进教师之间的面对面交流和合作。

在内容构建方面，多元化的师资交流平台应涵盖教学理论、教学方法、课程开发、学生管理、科研成果等多个方面。通过设立不同的专题和板块，鼓励教师根据自己的需求和兴趣选择参与，这样既能保证教师能找到与自己职业发展紧密相关的内容，也能增加平台的吸引力。

此外，交流平台的建设还需要重视师资的培训需求。可以通过对教师需求的调查和分析，定制化地提供培训课程和资源。这种针对性的培训既可以在平台内部通过线上课程的形式实现，也可以通过组织教师参加外部的专业培训、研讨会等形式进行。

为了增强交流的效率和效果，平台还应该具备良好的交流工具和功能，比如实时通讯、论坛讨论区、文件共享、在线协作工具等，使教师能够方便快捷地进行信息交流和资源共享。

管理机制也是保证交流平台运行良好的关键。需要设立专门的管理团队，负责平台的日常运维、内容更新、用户管理等工作。同时，也要建立一套完善的激励机制，比如对于活跃贡献的教师给予一定的荣誉和物质奖励，鼓励更多的教师参与到平台的建设和使用中来。

为了满足不同教师的需求，多元化的师资交流平台应该注重跨学科、跨文化的交流。可以通过建立合作关系，邀请国内外的教育专家、学者参与到平台中，为教师提供更加广泛的视野和学习资源。这种类型的交流不仅能够促进教师对于不同教育体系、教学理念的了解，还能够激发教师的创新思维，推动教育教学的创新与发展。

综上所述，构建多元化的师资交流平台需要从平台的形式、内容、培训需求、交流工具、管理机制以及跨学科、跨文化交流等多个方面进行考虑和设计。通过这样一个平台，可以有效地促进高校教师之间的交流与合作，激发教师的教学热情和创新能力，从而推动高校教育教学的质量和水平的提升。

在现代教育体系中，利用科技手段优化师资培训与交流体验是提高教师专业技能与教学效果的重要方式。随着科技的迅速发展，传统的师资培训和交流模式已经不能完全满足现代教育的需求。因此，构建一个集成了多种科技手段的师资培训与交流平台变得尤为重要。

对于教师而言，科技手段的利用可以突破时间和空间的限制，提供更为灵活和便捷的学习方式。线上平台的建设使得教师可以随时随地参与到培训和交流中来，不论是通过虚拟现实技术体验不同的教学环境，还是利用在线课堂参与到远程的专业发展课程中，科技的融入使得教师的学习过程更为高效和个性化。

除了教师个人专业发展的需求，科技手段在促进教师之间深入有效的交流中也发挥了关键作用。通过建立在线论坛、社交媒体群组等交流平台，教师可以分享自己的教学心得、研究成果，甚至是教学资源，从而实现知识和经验的共享。这种模式不仅加强了教师之间的互动，还促进了教育理念和教学方法的创新。

在具体实施上，虚拟现实和增强现实技术的应用尤为值得关注。这些技术可以模拟真实的教学场景，让教师在一个几乎等同于实际情境的环境下进行教学实践，有助于提高他们处理实际教学问题的能力。同时，通过VR和AR技术，教师还可以体验到不同文化背景下的教学情境，开阔视野，提升跨文化教学能力。

大数据和人工智能技术的利用也是提高师资培训质量和效率的重要手段。通过对教师培训过程中生成的数据进行分析，平台可以针对每位教师的学习习惯和需求提供个性化的学习建议和资源推荐。此外，人工智能技术还能作为一种智能助教角色，为教师解答疑问，提供即时的反馈，从而实现更加个性化和精准的教学支持。

在推动师资培训与交流平台的构建的同时，保障教育数据的安全也是不容忽视的问题。随着科技手段的广泛应用，大量教育相关数据被收集和分析，这就要求平台在设计之初就要充分考虑数据保护的法律要求和技术措施，确保教师个人信息和教学数据的安全。

通过上述探讨可以看出，利用科技手段优化师资培训与交流体验，不仅能够提升教师的专业技能和教学质量，还能够促进教育创新和发展。未来，随着更多先进技术的应用，师资培训与交流的方式将进一步多样化和个性化，助力教师成长和职业发展。

第三节 激励机制的设计与实施

一、绩效评价体系的构建与完善

绩效评价作为激励机制的核心，其重要性在于通过客观、公正的评价体系，激励教职工持续提升其教学和科研能力，促进学校教学质量和科研水平的整体提升。绩效评价的目标明确与多元化是构建高效绩效评价体系的基础，这意味着评价制度既要明确评价的目标，又要体现评价指标的多元化，以实现综合评价教职工的工作表现。

（一）明确绩效评价的目标

明确绩效评价的目标意味着要确保每一位教职工都清楚绩效评价关注的重点，这些目标应当与学校发展计划和教育教学改革的目标相契合。比如，若学校当前的重点是提高学生的创新能力和实践技能，那么绩效评价的目标之一就应该是评估教职工在促进学生创新实践能力方面的贡献。这种明确的评价目标有助于教职工理解期望从他们的工作中获得什么样的成果，进而在他们的工作实践中做出相应的调整。

（二）绩效评价多元化

绩效评价的多元化是另一个关键因素，这不仅意味着需要从教学、科研、社会服务等多个维度进行评价，还意味着在评价方法和工具上的多样化。这种多维度、多方法的评价体系能更全面、准确地反映教职工的工作绩效，同时也能够激发教职工在各个方面的潜能和创造力。例如，对于教学工作的评价，可以采用学生评价、同行评审、教学观摩等多种方式；对于科研工作，则可以通过科研项目的承担情况、科研成果的发表和转化等多个维度进行评价。

（三）评价结果的应用

在构建绩效评价体系时，还需考虑评价结果的应用，将绩效评价与教职工的职业发展、奖励激励以及能力提升等方面紧密结合。这种做法不仅能够更好地激励教职工提升个人工作绩效，也能够为学校管理提供更为科学的依据。

此外，绩效评价体系的构建和完善是一个动态的过程，需要根据学校发展的需求和教职工的反馈进行不断调整。这一过程中，重视教职工的参与和意见反馈至关重要，可以通过定期的座谈会、问卷调查等形式获取教职工的意见和建议，以确保绩效评价体系更加公正、合理和有效。

绩效评价体系的目标明确与多元化是提高教育教学质量、促进师资队伍建设的重要环节。通过科学设置绩效评价的目标并采用多维度的评价模式，不仅能够更有效地激发教职工的积极性和创造性，同时也能为学校的长远发展提供强有力的人才支持和质量保障。

（四）绩效评价指标体系建立的指标

绩效评价指标体系的建立是确保师资队伍建设与激励机制有效实施的关键环节。这一体系需要精细化、多维化地反映教师的工作表现与贡献，以此为依据来实施奖励或者改进措施。在构建该体系时，需要综合考虑教育活动的多方面特性和目标。

1. 教学质量

教学质量是绩效评价的核心指标之一。这包括教师的教案准备、上课方式、学生反馈、课程满意度以及学生的成绩进步等方面。通过这一系列指标可以全面评估教师的教学效果和质量。

2. 科研能力

科研能力是另一个重要的评价维度。教师的科研项目、发表的论文数量和质量、科研成果的转化应用、科研经费的获取等，都是衡量一个教师科研水平和能力的重要标准。科研能力的评价反映了教师在专业领域的学术贡献和创新能力。

3. 团队合作与领导能力

团队合作与领导能力也是绩效评价体系中不可忽视的一部分。教育活动经常需要教师之间的协同合作，以及师生之间的良好互动。教师在团队中的角色、领导力、合作态度及其在项目或课程中的组织能力等方面，都应纳入绩效评价体系。

4. 社会服务能力

社会服务能力亦是评价指标之一。教师参与的社会服务项目、与行业的合作情况、为社会服务的创新项目等，均可作为评价教师社会服务能力的指标。这反映了教师将专业知识应用于实践、服务社会的能力。

5. 教师的个人发展和职业成长

绩效评价体系还应当关注教师的个人发展和职业成长。教师参加的培训、获得的认证或奖励、个人职业规划的实施情况等，都是评价教师持续成长和发展的重要指标。

（五）绩效评价指标体系建立的原则和意义

此外，绩效评价指标体系还需具备一定的灵活性和适应性，以适应教育领域快速变化的特点。随着教育理念的更新和教育技术的进步，评价体系也应随之调整，以保持其评价的准确性和时效性。绩效评价指标体系的建立，应当基于公正、客观的原则，旨在激发教师的积极性、创造性和职业责任感，从而提高整个师资队伍的教学质量和科研水平。通过绩效评价，可以识别优秀教师，给予物质和精神的奖励，同时也可以发现存在问题的地方，为教师提供个性化的发展建议和支持。故而，绩效评价指标体系的建立并不是一次性的任务，而是一个循环往复、逐步完善的过程。它需要教育管理者、教师以及相关利益方的共同参与，通过持续的反馈和调整，使之更加符合教育发展的需求，更有效地促进教师和教育机构的共同成长。

绩效评价结果的应用与反馈机制是绩效管理体系中至关重要的一环，它直接关系到绩效评价的实效性和激励机制的科学性。在高等教育机构中尤为关键，它能够显著提高教师和科研人员的工作积极性和创新能力，进而推动学校整体教学质量和研究水平的提升。

绩效评价结果的应用主要体现在对教师和科研人员的奖励与惩罚制度上。奖励机制通过识别和肯定优秀教师和科研人员的工作成效，激发其继续保持和提升工作表现的动力。比如，学校可依据绩效评价结果，给予优秀教师经济奖励、职称晋升、更多的研究经费、学术交流机会等。相对地，对于表现不佳的教师和科研人员，通过绩效评价结果的应用，学校可以进行必要的管理干预，包括但不限于培训提升、岗位调整，甚至是开展辅导期直至解聘等措施，以此确保教学和科研质量。

绩效评价的反馈机制，则是确保评价结果能够被有效沟通和应用的关键。反馈机制应包括明确、及时和建设性的反馈原则。明确是指绩效评价的结果和后续的任何管理决策需要清晰地传达给每位教师和科研人员，确保他们了解自己的表现评价和对应的后果。及时则是指反馈需要在绩效评价结束后尽快进行，以便教师和科研人员能够在最短的时间内根据反馈进行自我调整和改进。建设性的反馈意味着反馈的过程和内容不仅仅是对过去表现的总结，更重要的是为教师和科研人员指明未来改进的方向和方法。

好的绩效评价反馈机制还包括确保评价过程的透明和公正。这意味着评价的标准、过程和结果都应对教师和科研人员开放，以增加评价系统的可信度。评价过程中的互动沟通也是反馈机制的一部分，教师和科研人员应有机会表达自己的观点和反馈，与评价者进行对话，共同探讨提升绩效的策略。

此外，绩效评价结果的应用和反馈机制也需要考虑持续改进。这意味着根据反馈结果对评价体系本身进行定期的审视和优化，确保评价标准的时代适应性和评价过程的效率。这种持续的优化过程有利于建立一个动态适应、互相激励的绩效管理体系，促进教师和科研人员的持续成长，从而实现高等教育机构的长期发展目标。

通过上述的绩效评价结果应用与反馈机制的深入探索，可以看出，建立有效的绩效评价体系不仅仅是对过去工作的量化，更重要的是，它为教师和科研人员的个人发展、激励机制的完善以及高等教育机构的持续进步提供了动力和方向。这一体系的成功实施，依赖于对教师和科研人员工作特性的深刻理解、公正透明的评价准则，以及对评价结果的合理应用和有效反馈，进而形成了一个良性循环，促进了高等教育机构整体迈向更高的质量和效率。

二、激励政策的制定与执行

（一）制定激励政策的理论基础

激励政策的理论基础是多方面的，旨在构建一个科学、合理的激励体系，以有效激发和提升教师队伍的积极性和创新能力。在现代教育体系中，激励政策的理论基础主要涵盖了以下几个方面：

动机理论是激励政策制定的重要理论基础之一。它认为，每个人的行为都是由内在需求和外在因素驱动的，通过理解和满足这些需求，可以有效激发个人的积极性和创造力。马斯洛的需求层次理论、赫茨伯格的两因素理论以及德西和瑞安的自我决定理论等，都为激励政策提供了重要的心理学理论支撑。

公平理论也是激励政策制定中不可或缺的理论基础。该理论认为，人们对激励的反应不仅受到实际收益的影响，还受到他们对这些收益与工作投入等其他因素之间公平性的主观感知影响。因此，确保激励政策的公平性，特别是在评价、奖励与惩罚机制中体现公平原则，对于激励效果的实现至关重要。

目标设置理论也提供了激励政策设计的理论依据。这一理论强调，具体、挑战性的目标能够更好地激发人的潜力。在激励政策中，通过为高校教师设定清晰、可量化的短期和长期目标，不仅可以促进他们的自我发展，还能有效提高团队的整体表现。

除此之外，正向心理学近年来在激励政策的制定中起到了积极作用，它注重发掘和利用个体的优势和潜能，而非仅仅修复不足之处。通过正面激励方式，如正面反馈、认可和赞赏等，能够有效增强个人的归属感、自尊和自我效能感，进而提升他们的工作动力和创新行为。

社会交换理论同样对激励政策的制定具有重要意义。该理论认为，个体在社会互动中遵循着一种相互交换的原则，期望自己的付出能获得相应的回报。在激励政策中，如果教师感知到他们的努力和贡献能够得到公正和合理的奖励，将更愿意投身于工作和创新活动中。

（二）激励政策的执行

实施激励政策时，需要深入理解以上理论并将其灵活应用于具体的政策设计中，考虑到不同教师的需求和期望，制定出能够真正触动他们内心、激发他们潜力的激励机制。这要求政策制定者不仅具备跨学科的理论知识，还要有深入了解教师心理和实际工作环境的能力，以确保激励政策的有效性和适应性。

通过上述理论的应用，激励政策能够科学地设计和执行，不仅能够促进高校教师的个人发展，还能够推动教育教学和科研工作的整体进步，为培养更多创新型人才奠定坚实的基础。在新时代背景下，高校激励政策的制定与执行必须基于深厚的理论基础，结合高校发展的实际需求和教师个体的具体情况，这样才能达到激发创新潜能、提升教育质量的目标。

激励目标的明确设定对于构建和实施有效的激励政策至关重要。这不仅涉及激发教师和研究人员的积极性、创新性和责任心，还关系到高校能否培育出符合新时代需求的创新创业工匠。因此，激励目标的设定需要综合考虑多方面因素，以确保其既具有挑战性又能实现，从而在提高教育和科研质量上发挥核心作用。

在设定激励目标时，首要任务是确保这些目标与高校的整体发展战略以及创新创业教育的具体目标相一致。这意味着高校需要深入分析当前的教育和科研形势，明确在新时代背景下对于创新型人才的需求，并据此制定出旨在提升师资队伍能力、促进学生创新创业能力发展的具体激励目标。

除了与高校发展战略对齐外，激励目标的设定还应考虑到可衡量性。这些目标需要有清晰的评价标准和可量化的结果指标，以便于对激励效果进行有效监控和评估。例如，可以通过课题批准数、发表的科研论文数量和质量、专利申请和授权情况等指标来衡量科研激励的成效；通过创新创业课程的设置情况、学生参与创新创业活动的比例和质量来评估教学激励的效果。

此外，激励目标应具有多样性和灵活性，以满足不同师资成员的需求和期望。由于教师和研究人员在职称、研究方向、工作经验等方面存在差异，他们对激励的需求也各不相同。因此，高校在设定激励目标时，应该设计出包含多种激励方式和层次的激励体系，既包括物质激励（如科研经费支持、奖金、津贴等），也包括非物质激励（如职称晋升机会、学术交流机会、研究休假等）。

为确保激励目标的有效实施，需要建立一个透明、公平和科学的评价机制。这包括定期对激励政策和激励目标的实施情况进行审查和评估，确保激励措施能够针对性地解决师资队伍面临的实际问题，同时调整和优化那些未能达到预期效果的激励措施。

在明确设定激励目标的基础上，高校还需要积极创建一个支持性的环境，以保障这些目标能够顺利实现。这不仅涉及激励政策的具体实施，还包括营造一个鼓励教师和研究人员积极参与创新创业活动、支持他们进行学术探索和技术创新的学术氛围和文化环境。通过这种方式，可以进一步激发师资队伍的积极性，促使他们在实现个人发展目标的同时，为培养新时代的创新创业工匠做出更大的贡献。

综上，激励目标的明确设定是激励政策制定与执行过程中的关键一环，它要求高校不仅关注目标的科学性和实现可能性，还需关注激励体系的完善性、评价机制的合理性以及支持环境的建设。通过精心设计和实施针对性的激励目标，可以有效激发师资队伍的潜能，进而推动高校创新创业教育的深入发展，为新时代的社会经济发展培养更多高质量的人才。

传统的激励机制往往侧重于物质奖励，例如，通过提供科研经费、发放奖金及晋升职称等方式进行激励。然而，随着社会发展和个人需求的不断变化，单一的物质激励已不足以满足教师和科研人员的多样化需求。因此，设计灵活多样的激励措施变得尤为重要。

首先，针对不同个体的需求和行为的多样性，激励措施应包含物质激励和精神激励两个方面。物质激励可以进一步细分为直接经济利益和间接经济利益，其中直接经济利益指直接的金钱奖励，而间接经济利益则可以是提供研究资助、学术交流机会的资金支持等。精神激励则包括公开表彰、职业晋升机会、参与决策和规划等，通过认可个人或团队的工作成果和贡献，增强其工作满意度和归属感。

其次，激励措施的设计需要考虑个体差异性，实现个性化激励。具体而言，可以通过问卷调查、面对面访谈等方式了解科研人员和教师的个人兴趣、职业目标和期望的激励方式，基于此设计激励方案。例如，对于致力于科研的教师，可以重点提供科研项目的支持和优先的资源分配；而对于热衷于教育教学的教师，则可以增加教学奖励、优化教学条件等。

再者，激励措施的实施应具有灵活性和时效性。灵活性意味着激励机制能够随着外部环境和内部需求的变化进行相应的调整。时效性则要求激励措施能够及时响应教师或科研人员的表现和成果，快速给予反馈和奖励，这有助于及时调动他们的积极性。

此外，多样化的激励措施还应注重提升个体的自我实现需求。例如，通过提供专业成长和个人发展的机会，如培训计划、学术交流、访学等，帮助教师和科研人员提升个人能力，实现职业生涯的长远发展。

实施多样化的激励措施，需要高校建立科学、合理的评价体系作为支撑。这一体系应综合考虑创新创业活动的特点和要求，量化评价标准，确保激励机制公正、公平地执行。同时，高校应加强对激励政策执行情况的跟踪和评估，及时调整和优化激励措施，确保激励体系的有效性与时代适应性。

通过上述多样化的激励措施设计与实施，可以全面激发高校教师和科研人员的内在动力，促进其在新时代湖南高校创新创业教育中发挥关键作用，进一步推动高校教育质量和科研水平的提升。这不仅有利于高校内部的可持续发展，也为湖南省乃至国家的创新驱动发展战略贡献了力量。

激励效果的评估与反馈是激励政策制定与执行过程中的重要环节，它直接关系到激励措施的有效性和教师的工作动力。在高等教育机构中，通过精准的评估和有效的反馈机制，不仅可以及时调整和优化激励政策，还能增强教师队伍的凝聚力和战斗力，更好地促进学校的教学和科研工作。

激励效果评估的核心在于设定合理的评价标准和指标体系。这一体系应当全面地覆盖教师工作的各个方面，既包括教学、科研、社会服务等传统评价维度，也应考虑教师的创新能力、团队合作精神等新时代高校教师所应具备的素质。此外，评价标准需与激励政策的目标相匹配，确保评价结果能够真实反映激励政策的效果。

评估过程中，采用多元化的评估方法至关重要。除了传统的定量分析，如教学评价分数、科研项目数量和质量等指标外，还应引入360°评价、同行评审等方式，充分考虑各方面的意见和反馈。这种多角度、多维度的评估方式有利于全面、客观地评价激励效果，避免单一评价标准可能带来的偏差。

实施评估的另一个关键点是建立高效的信息反馈机制。信息反馈不仅需要及时，还应该是双向的。一方面，评估结果需要及时反馈给教师本人，帮助其了解自己在教学、科研等方面的表现，明确今后努力的方向。另一方面，教师对评估结果和激励政策的看法和建议也应当收集起来，供学校管理层参考和利用。这样的双向反馈有助于建立起开放、透明的沟通氛围，提高激励政策的透明度和公平性。

此外，评估与反馈过程也应当注重保护教师的隐私和尊严。评价过程中收集的信息应当严格管理，确保仅用于改进教师工作和优化激励政策，避免对教师个人形象和声誉造成不必要的影响。

值得注意的是，激励效果的评估与反馈是一个动态调整的过程。随着社会的发展和高校环境的变化，评价标准和指标体系也需要不断更新和完善。同时，基于评估结果对激励政策进行优化调整，是提高激励效果的关键。只有不断适应教师队伍和高校发展的需要，才能确保激励政策长期有效，真正激发教师的创新创业精神和工作动力。

在实施这一过程中，还应该注重激励机制的持续性和稳定性。频繁变动的激励政策可能会引起教师的不满和焦虑，而一个长期稳定、预期明确的激励体系更有助于激发教师的内在动力，提高其对学校的归属感。

综合来看，激励效果的评估与反馈是高等教育机构激励政策成功实施的关键。它不仅需要科学合理的评价标准和指标体系，还需要高效、开放的信息反馈机制。通过不断优化评估与反馈过程，可以有效提高激励政策的有效性，促进教师的专业成长和学校的整体发展。

第七章 校企合作与产教融合模式创新

第一节 校企合作的现状与问题分析

一、校企合作模式概述

校企合作的基本模式是当前高等教育与企业界合作发展的重要路径，它旨在通过校企之间的资源共享、优势互补，为学生提供更为实际与贴近产业需求的教育和培训，同时协助企业解决技术难题和创新挑战，最终实现人才培养和经济社会发展的双赢。

在这一合作模式下，高校可以利用企业的实际案例、项目、技术和设备等资源，设计出与时俱进的课程体系和培训计划，强化学生的实践能力和创新精神。这不仅使学生能够在真实的工作环境中学习和成长，同时也减少了学生从学校到职场的转换时间，增加了其就业竞争力。

企业则可以通过校企合作模式，参与到人才培养的过程中来，对学生进行早期的筛选、培训和吸纳，有效地解决了招聘成本高、人才对接难等问题。此外，企业还可以通过与高校的合作，在研发、技术创新等方面得到支持，促进企业自身的持续成长和发展。

（一）校企合作的基本模式

校企合作的基本模式主要包括以下几种：

① 订单式培养：企业根据自身人才需求，与高校合作定制人才培养计划，高校依据企业的要求进行针对性的人才培养。此模式下，学生更多的是在企业进行实践学习，企业不仅提供实习岗位，还参与到课程内容的设计和教学过程中。

② 实习实训基地建设：高校与企业共同建设实习实训基地，为学生提供实地实践的机会。这些基地一方面具有教学功能，让学生在实践中学习和提高；另一方面也具备研发功能，支持学校和企业共同开展科研项目和技术创新。

③ 合作办学：包括联合办学和企业参与高校学科专业建设等方式。在这种模式下，企业不仅提供资金支持，还会参与课程设置、教材编写、师资培训等环节，甚至直接参与学生的教育和培训过程。

④ 创新平台合作：高校与企业共同建立创新研究平台，例如产学研合作基地、技术研发中心等，旨在围绕企业关键技术需求和行业前沿问题开展合作研究，推进科技成果的转化。

⑤ 学术成果转化：高校通过技术转移、科研成果共享等方式，将学术成果转化为企业的创新动力，同时企业的实际需求和问题也能反哺高校的科研方向，促进学科建设和学术研究

的深入发展。

这些校企合作的基本模式各具特色，既满足了企业对高素质技术技能人才的迫切需求，也为高校学生提供了更为广阔的学习和发展空间。通过深化校企合作，不仅可以优化教育资源配置，提高教育质量和效率，还可以加速科技成果的转化应用，推动产业升级和经济发展，实现教育和经济社会的良性互动和共同进步。在未来的发展中，校企合作需要更加深入和精细化地进行，以应对快速变化的社会和经济环境，培养更多的创新型、实用型人才，共同推动社会进步和发展。

（二）校企合作的现状

校企合作模式自20世纪末期以来，在中国教育领域迅速发展，并逐渐成为高等教育体系中不可或缺的一部分。这种模式的核心在于教育机构与企业之间的紧密合作，旨在促进教学内容与企业实际需求之间的密切匹配，以及加快学生实践技能和创新能力的培养。

在早期，校企合作模式主要侧重于为企业提供定制化的培训服务，满足特定行业或企业对专业人才的需求。这种模式通常基于单个企业和教育机构之间的合作，形式相对简单，合作内容多聚焦于专业技能培训。

随着时间的推移，校企合作开始向更深层次、多元化的方向发展。教育机构和企业之间的合作范围扩大到了科研创新、实习实训、课程共建、师资交流等多个层面。特别是随着“产教融合”和“双元制教育”概念的提出与推广，校企合作的内涵和外延都得到了显著扩展。企业不仅是教育的受益者，更成为教学资源的提供者，参与到课程内容的制定、教学过程的实施，乃至学生评价和认证过程中。

展望现状，校企合作模式已经成为中国高等教育体系中一项重要的创新实践活动，特别是在职业教育和工程教育领域展现出强大的生命力和影响力。然而，受多种因素影响，当前校企合作仍然面临着诸多挑战和问题。

从企业方面来看，一些企业对于参与校企合作的积极性不高，原因在于他们对合作的直接经济回报有着急切的期待，而教育合作项目往往需要较长时间才能显现效益。此外，一些企业对于参与教学活动所需投入的人力、物力资源也有所顾虑。由于缺乏足够的激励机制，企业在合作中的积极性和持续性不足，这直接影响了合作效果的提升。

从教育机构方面来看，虽然高校普遍认识到校企合作的重要性，但在合作过程中仍存在一些问题。这包括部分高校在与企业合作时过于注重眼前的经济利益，忽视了教育质量和长远发展。同时，一些高校在校企合作中缺乏足够的主动性和创新精神，合作模式单一，难以满足企业不断变化的需求。

尽管存在这些问题，但校企合作模式的发展潜力和价值仍不容忽视。通过不断探索和完善，校企合作有望成为推进高等教育改革、促进人才培养模式创新的重要力量。为此，需要政府、教育机构和企业三方共同努力，构建更加开放、灵活、互利的合作机制，激发校企合作的内生动力，推动教育质量和效率的全面提升。

在探索校企合作与产教融合模式的过程中，诸多挑战与问题逐渐浮现。这些挑战不仅体现在合作机制和体制上，还涉及文化、观念以及实际操作层面的诸多方面。

首个挑战在于合作双方目标的不一致性。学校更注重理论知识的教授和学术研究，而企业则更看重技能培训和即时的业务需求。这种差异导致在合作初期就可能出现理念的冲突，如何调和双方的期望成为摆在合作双方面前的首要问题。

此外，信息不对称也是一个重要问题。企业对于学校能提供何种资源、学校了解企业具体需求的程度不足，导致合作过程中频繁出现误解与摩擦。这不但影响合作效率，更可能导致部分合作计划的流产。

另外，缺乏有效的沟通渠道和机制问题也日益凸显。有效的沟通是校企合作成功的关键，但目前很多学校和企业在合作过程中，往往由于没有建立起快速、高效的沟通通道，导致信息传递滞后，不能及时解决合作中出现的问题。

资源共享方面的困难也是不容忽视的一环。尽管校企合作的目的之一就是资源共享，但在实际操作过程中，双方在资源开放、共享的程度、方式上的差异很大，特别是涉及企业的核心竞争力资源，更是难以打开共享的局面。

保障双方合作利益的法律制度不完善，也是当前校企合作面临的一个问题。合作过程中可能出现的知识产权、成果归属、责任分担等问题，若没有明确的法律规定和合约约束，易造成诉讼纠纷，影响合作关系的稳定性。

教育与生产需求脱节的现象尚未得到根本解决。虽然校企合作模式旨在紧密连接教育与经济生产，但在某些领域，学校教育内容的更新速度仍跟不上企业技术发展和市场变化的步伐，进而影响了人才培养的针对性和实用性。

人力资源的流动与激励机制也是校企合作中的难题。如何在保证教师职业发展和学生利益的同时，激励他们参与到校企合作项目中，特别是如何对参与合作的企业员工进行有效激励，以促进其积极贡献知识和技能，是需要解决的问题。

投入产出比不匹配问题也影响着校企合作的积极性。企业往往期望从合作中快速获得回报，而教育成果的体现往往需要更长的时间。这种期望的差异有时会导致企业对持续投入的犹豫，影响合作的深度和广度。

面对以上挑战与问题，校企合作与产教融合模式的创新显得尤为重要。只有通过不断深化改革，创新合作机制，加强沟通与理解，才能更好地促进高等教育与企业发展的深度融合，实现互利共赢的目标。

二、校企合作中存在的问题与挑战

在探讨校企合作中存在的问题与挑战时，企业需求与高校培养目标脱节问题是一个核心且广泛存在的问题。这一问题的根本原因在于高校教育与企业实际需求之间的信息不对称以及双方对教育成果期待的差异性。

高校作为知识与人才的培育基地，长期以来依托于学科体系和教学大纲来设计培养方案，注重学生理论基础的打造和学术研究能力的培养。其教学内容往往偏重于学术理论，缺乏与实际工作场景相结合的课程和实践环节。而企业作为市场经济的直接参与者，更加重视员工的实际操作能力、创新能力及问题解决能力。企业需要的是能够快速适应岗位需求，具有实际操作经验和解决实际问题能力的人才。

这种差异导致许多高校毕业生在步入职场时发现，自己在学校学到的知识与企业所需技能之间存在较大差距，需要经过一段相对较长的时间来进行岗前培训或者岗位适应训练。对于企业来说，这不仅增加了人才培养的成本，也影响了企业的运营效率。对于高校毕业生而言，这种脱节使他们面临较大的就业压力，不利于其快速成长和职业发展。

一方面，高校在制定人才培养方案时，需要更多地考虑行业发展趋势和企业真实需求，加强与企业的沟通与合作，通过校企合作项目、定向培养计划、实习实训基地建设等方式，让学生在学习过程中就能接触到更多实际工作情境，提前适应职场需求。另一方面，企业也应积极参与到人才培养过程中来，不仅通过提供实习实训机会，还可以参与教学内容和课程设置的讨论，帮助高校更精准地调整培养方案，使之更贴近企业实际需要。

在此基础上，高校与企业还需要共同探索一个长期有效的沟通机制，定期交流人才培养方面的信息，及时调整培养目标和内容，以保证教育成果与市场需求的持续对接。此外，还应加强对学生职业生涯规划与指导的关注，帮助学生树立正确的职业观念，引导他们根据自我兴趣和职业发展需要选择合适的学习路径和实习机会。

企业需求与高校培养目标脱节问题的解决，需要高校、企业、学生三方的共同努力。通过建立更紧密的校企合作关系，加强双方的沟通与交流，不断完善人才培养机制，能够有效缓解这一问题。只有这样，才能真正实现人才培养与社会需求的高度匹配，为学生的职业发展提供坚实的基础，同时也为企业获取符合需求的优质人才提供保障。

在当今社会，校企合作是推动教育与经济发展的重要桥梁，尤其在新时代背景下，对于提高学生的创新创业能力，培养高素质的技术技能人才具有重要意义。然而，校企合作模式单一，互动性与深度不足成为目前合作中亟须解决的问题。

目前校企合作普遍存在的一个问题是合作模式过于单一。大多数合作项目仅停留在企业提供实习实训基地，学校派送学生到基地参观学习或实习的表面层次。这种单一的合作模式虽然在一定程度上促进了学生的实践能力提升，但并未形成深层次、多元化的合作模式，如共同开发课程、共建实验室、共同完成科研项目等，这限制了校企合作的深度与质量，影响了学生综合能力的培养。

互动性不足是校企合作中另一个显著的问题。当前的校企合作往往处于较为被动的状态，多数合作是企业基于自身需求向学校提出合作意向，学校则根据企业的需求调整合作计划。这种合作方式缺乏双向互动和平等对话，导致企业不能充分利用学校的教育资源，学校也不能深入了解企业的实际需求，从而难以形成有效促进学生能力发展的教学内容和环境。双方的合作更多是一种形式，而非真正意义上的深度融合与协同发展。

深度不足则主要表现在校企合作过程中，合作的层次和领域受到限制。许多合作仅局限于简单的技能培训，缺乏对学生创新能力、批判性思维能力等素质的培养。在新时代背景下，企业对人才的需求已经从单一的技能操作转向综合素质的全面提升，而校企合作的浅层次合作模式难以满足这一转变。此外，校企合作中对于项目牵头、资金分配、成果共享等方面缺乏深入明确的规划与分工，使得合作往往因管理不善而效果大打折扣。

为有效应对这些问题与挑战，需要对校企合作模式进行多元化与深化改革。首先，应加强校企双方的互动交流，设立更为灵活的对话与反馈机制，确保合作双方能够及时了解对方的需求与变化，以便更好地调整合作计划与内容。其次，校企合作应拓宽合作领域与层次，从简单的实习实训合作拓展到课程共建、项目联合研发、教师企业实践等多个维度，实现资源共享、优势互补。再次，创新校企合作的管理和运营模式，建立起一套标准化、系统化的合作流程和评价体系，保障合作的有效实施与质量提升。最后，政府和社会应给予更多的政策支持和资源倾斜，为校企深度合作提供良好的外部环境和条件。

通过这些措施的实施，可以有效促进校企合作模式的多元化与深化，充分发挥校企合作在新时代高校创新创业教育中的积极作用，为培养更多高素质技术技能人才提供有力支持。

第二节　产教融合模式的创新与实践

一、产教融合的内涵与特征

产教融合的理念基础源于教育和产业深度结合的迫切需求，旨在通过高等教育系统与产业界的紧密协作，以促进知识的创造、应用和转化，进而推动经济社会的可持续发展。这一理念背后的核心观点是，教育不仅仅是知识传授的过程，更是创新能力、实践能力和社会责任感培育的过程。在此框架下，教育内容、教学方法、评价体系等都应当与时俱进，以满足社会和经济发展的新需求。

产教融合的实质在于构建开放、互动、共赢的教育和产业发展新模式。这种模式下，高校能够利用企业的实践场景为学生提供真实的学习经验，通过解决实际问题来培养其解决复杂问题的能力；反过来，企业也能够从高校的研究成果中获得技术支持，吸纳高素质人才，形成良性的创新生态圈。

（一）产教融合的内涵

从概念上看，产教融合要求高校和企业之间建立更为紧密和灵活的合作机制。这不仅意味着双方在资源、技术、人才等方面的共享，更代表了一种战略层面的合作伙伴关系，共同面对市场变化和技术进步带来的挑战。这种合作关系的实质是互利共赢，通过共同培养适应未来社会和产业发展需要的高素质人才，以实现社会的整体进步和良性循环。

（二）产教融合的特征

产教融合的特征体现在多个层面。首先在教学内容上，更强调与产业实际需求相结合，重视实践技能和创新能力的培养；其次在教学方式上，采用项目驱动、案例教学等方法，让学生在解决实际问题的过程中学习和成长；在评价体系上，更加重视学生的实践能力和创新成果，而非传统的知识记忆和复述。

要实现产教融合，必须建立健全的政策支持体系，包括财政资助、税收优惠、项目申报等方面的支持，以鼓励更多企业参与到产教融合的过程中。同时，还需要建立符合产教融合需要的人才培养体系，调整和优化人才培养模式，确保教育质量与产业发展需求同步。除此之外，还应鼓励和促进产学研用紧密结合，通过项目合作、联合实验室、技术研发中心等形式，实现知识的有效转化和创新产品的孵化。

产教融合不仅改变了传统教育与产业界的关系，也为高校毕业生提供了更为广阔的发展空间。通过参与企业的实际项目，学生不仅能够获得宝贵的一线经验，更能够在实践中不断完善自我，增强就业竞争力。对于企业而言，参与产教融合活动不仅能够减少招聘成本、提高员工素质，更重要的是能够通过高校的科研力量加快技术创新和产品升级，提升企业的核心竞争力。

综上所述，产教融合的理念基础在于通过教育和产业的深度融合，促进高等教育质量和教学改革，满足社会和经济发展的新需求。这一过程不仅需要政策的引导和支持，还需要教育和产业界建立紧密且灵活的合作关系，共同打造适应新时代要求的高素质人才培养模式，为推动经济社会可持续发展提供强有力的支持。

产教融合的内涵与特征体现在教育与产业深度融合，旨在通过教育资源和产业实践有效链接，促进教育内容与产业发展需求的同步更新，进一步推动人才培养模式的创新与转型。在这一背景下，多元主体参与机制成为产教融合不可或缺的一环，其通过整合不同领域的资源和力量，共同促进教育与产业的有机结合。

多元主体参与机制主要包括高校、企业、政府和社会其他相关组织。高校作为人才培养的主体，通过与企业、政府等合作，开展实践教学、科研项目以及成果转化，将教学内容与产业实际需求紧密结合起来。企业则通过参与课程开发、提供实习实训基地、共建研发中心等方式，直接参与到人才培养过程中，实现校企共育人才的目标。政府机构主要通过政策引导和扶持，搭建产教融合平台，为校企合作提供政策、资金和服务支持，创造有利于产教融合发展的外部环境。其他社会组织和行业协会等参与者，通过构建行业标准、促进信息交流等方式，为产教融合提供辅助支持。

多元主体参与机制的实施，需要建立一套有效的沟通协调和资源整合机制。这意味着高校、企业、政府及其他社会组织等参与者之间需要建立起良好的合作关系，实现信息共享、资源共享和成果共享。通过建立合作机制和平台，各方能够依托自身优势，共同参与到产教融合过程中，为学生提供更加丰富、多元的学习和实践机会。

在多元主体参与的过程中，企业和高校的合作是核心。企业不仅能够为高校提供真实的案例和先进的技术支持，还能够提供就业岗位，促进学生的就业能力与符合市场需求的专业技能的培养。而高校则可以通过企业的需求反馈，及时调整教学内容和课程设置，增强教育的时效性和针对性。此外，通过产学研一体化的合作项目，双方可以共同参与科研项目，促进科技成果的转化，推动产业技术进步和创新。

政府的角色在于提供政策指导和制度保障。政府可以通过出台相关政策和激励机制，鼓励校企合作，支持产教融合项目的实施。通过财政资助、税收优惠等手段，降低校企合作的成本，增强合作的动力和活力。同时，政府还需要完善相关法律法规，为产教融合提供良好的外部环境和制度保障。

在多元主体参与机制中，实现资源共享和成果共享是关键。这不仅包括物质资源的共享，如实验室、仪器设备、实习基地等，也包括非物质资源的共享，如人才、技术、信息等。通过建立共享平台，各参与方可以充分利用现有资源，避免资源浪费，提高资源利用效率，加快产教融合进程。

实践证明，多元主体参与机制能够有效地推动产教融合的发展，为人才培养提供更加广阔的空间和更加丰富的资源。通过校企政社各方的共同努力，可以构建更加紧密的产教融合体系，提高教育质量和人才培养效率，服务于经济社会的发展需要。

在探索产教融合模式创新与路径时，我们需要明确其内涵与特征，以及面对的挑战和机遇。产教融合，是指在一国或一区域的教育体系与产业体系之间建立起的一种相互促进、共同发展的关系。这种模式旨在通过教育与产业的深度结合，推动科技成果的转化和经济结构的优化升级，从而实现社会经济的可持续发展。

产教融合的内涵在于形成教育资源与产业需求的良性互动机制。具体而言，这包括教育内容与产业技术的同步更新，教育形式与产业实践的紧密结合，以及教育目标与产业发展的同步导向。其特征表现为双向互动、需求导向、创新驱动和协同育人。这种模式通过打通产业与教育之间的隔阂，使学习者在接受教育的同时，能够直接接触到最前沿的产业技术和实践经验，极大地增强了教育的针对性和实用性。

（三）产教融合的模式创新

模式创新是产教融合发展的关键所在。为了适应快速变化的经济和技术环境，产教融合模式需要不断创新，从而更好地服务于经济社会的发展。模式创新的路径可以从以下几个方面着手：

一是构建多元化的合作平台。通过搭建校企共建、共治和共享的平台，促进资源共享，实现信息互通，加深教育与产业之间的互动合作。这种平台既可以是物理上的共享空间，也可以是基于互联网的虚拟协作网络，关键在于能够有效整合双方资源，促进知识与技能的共同进步。

二是深化产教融合的内涵。这意味着单纯的校企合作已无法满足现有的需求，产教融合需要在内容、形式、机制等方面进行更深层次的创新。例如，引入产业界的实践教育者参与课程设计和教学，开发更多符合产业发展需求的课程和项目，以及通过创新人才培养模式，培养更多符合产业发展要求的复合型、应用型人才。

三是强化政策导向和激励机制。政府在产教融合中发挥着至关重要的作用，通过出台有利于产教融合的政策，提供必要的财政支持和政策激励，可以有效促进教育资源与产业发展更好地结合。例如，可以通过税收减免、项目资助、人才培养支持等方式，激励企业参与到教育活动中来，推动产教融合向纵深发展。

四是适应地方产业特色，推动个性化、特色化模式的发展。不同地区的产业结构和发展阶段有所不同，产教融合的模式也应该体现出这种多样性。这就需要教育机构和企业根据地方的实际产业特色来设计和实施具有地方特色的产教融合项目，从而更好地服务于地方经济的发展。

综上，产教融合模式的创新与路径探索，需要在构建合作平台、深化融合内涵、强化政策支持和适应地方特色等方面下功夫。通过这些创新探索，可以更有效地促进教育资源与产业需求的对接，推动人才培养与产业发展的同步进步，从而在新时代背景下，为建设创新型国家和实现高质量发展提供坚实的支撑。

产教融合的内涵体现在通过教育资源与产业资源的有效结合，培养学生的实践能力与创新精神，以适应行业发展的需要。产教融合不仅仅是学校与企业之间的合作，更是教育模式、理念以及管理体制的深度融合。这种融合的实现，依赖于一套科学有效的评价体系与持续优化机制的支撑。

评价体系的构建首要着眼于目标设立与成效评估。在产教融合的背景下，评价体系应囊括学生的技能掌握程度、创新实践能力、团队协作精神等多维度的指标，同时也要考虑教育过程的质量、企业参与程度以及双方资源的共享效率等因素。此外，评价体系还应当包括对社会需求的响应速度和质量，以及工程与技术人才培养的适应性和创新性。这种全方位、多角度的评价体系有利于准确把握产教融合的效果，为后续的决策提供依据。

评价体系的有效实施，离不开一套科学的操作流程和方法。这包括建立完善的数据收集与管理机制，确保评价依据的真实性和准确性；运用定性与定量相结合的评价方法，使评价结果更加全面和客观；以及定期开展评价，确保评价结果的时效性，及时发现问题和不足。

持续优化机制则聚焦于评价结果的应用以及基于评价结果的改进措施。通过分析评价数据，发现产教融合中存在的问题，如资源匹配不当、合作模式不适宜或者实践环节设计不合理等，进而采取针对性的措施进行调整和优化。持续优化机制的建立，需要学校、企业以及相关社会组织之间形成良好的沟通与合作机制，共同探讨和实施改进措施，实现资源优化配置，提高产教融合的质量和效率。

此外，持续优化机制还要求建立健全的反馈系统，通过定期向师生、企业和社会各方收集反馈意见，及时调整教育策略和合作模式。反馈系统不仅能够提升各方参与的积极性，更能够促进评价体系的完善和持续优化。

在这个过程中，创新亦是至关重要的。产教融合模式的发展离不开不断的创新探索。这包括教学内容与方法的创新、合作机制与模式的创新、管理制度与流程的创新等。通过持续的创新活动，不仅可以充实和完善产教融合的实践内容，还有助于探索更加高效、有效的融合路径，推动产教融合深度发展。

总体上，评价体系与持续优化机制是产教融合成功实施的关键支撑。通过建立科学合理的评价体系，结合持续的优化与创新，能够有效促进教育资源与产业资源的深度融合，培养符合时代需求的高素质技术技能型人才，为社会经济发展提供有力支撑。

二、产教融合模式的创新举措与实践案例

产教融合模式作为提高教育质量和促进经济社会发展的重要举措，在新时代得到了广泛的关注和快速的发展。该模式旨在深化教育体制改革，推动高等教育与产业界的紧密合作，以满足经济社会发展对高素质人才的需求。政策支持与指导是产教融合发展的关键因素之一，众多政策和指导原则相继出台，为产教融合提供了坚实的政策保障和方向指引。

政府在多个层面推进了产教融合的政策支持体系。比如，国家级别的政策方针强调产教融合的战略地位和长远目标，包括《国家中长期教育改革和发展规划纲要》等，明确提出要实现教育现代化，推动产教融合，促进学与用相结合。此外，专门的产教融合发展规划和政策文件，如《职业教育改革实施方案》和《产教融合型企业认定和管理办法》等，从体制机制、实施路径等方面为产教融合的具体实践提供了指导。

地方政府也积极出台本地区的支持政策和实施细则，针对产教融合过程中遇到的问题和挑战，提供了更为细致和针对性的政策措施。这些政策多聚焦于提高地方教育适应地方经济发展需要的能力，通过财税支持、项目扶持、人才培养计划等方式，加强与地方产业发展的协同。

在政策支持的指导下，产教融合的实践案例日益增多，这些案例涵盖了校企合作培养人才、共建共享教学资源、合作建设实习实训基地等多个方面。具有代表性的案例，如某高校与企业联合建立的产学研基地，通过共同研发新技术、新产品，既提升了学生的实践能力和创新能力，也为企业的技术创新和产业升级提供了有力支撑。这样的合作模式，有效地促进了教育资源和产业资源的优化配置，实现了教育内容和教学方式的创新，增强了学生的就业竞争力。

此外，政策也鼓励和引导高校、科研机构与企业之间建立长期稳定的合作机制，比如产学

研合作项目、技术创新平台等，这些合作机制不仅有利于高校和科研机构转化科学研究成果，促进学术成果的实际应用，同时也为企业解决技术难题、提高产品竞争力提供了有力支持。

政策支持的另一个重要方面是强化了人才培养模式的创新。政策鼓励高校根据社会和市场需求调整专业设置和课程内容，推动课程体系、教学方法、评价体系等方面的改革创新。这包括引入企业参与课程开设、实施工学结合的教学模式、开展项目化和问题导向的学习等，旨在培养学生的实践能力、创新能力和解决实际问题的能力。

在人才评价和激励机制方面，政策也提出了诸多创新措施。比如，建立更加客观公正的评价体系，不仅评价学生的学术成绩，还注重评价学生的创新能力、实践能力和社会责任感等素质能力。同时，通过建立奖学金、科研项目等激励机制，激发学生的学习兴趣和创新热情。

产教融合模式的创新与实践，需要政策的有力支持和指导。通过出台一系列政策措施，不仅为产教融合提供了制度保障和资源支持，也为教育和产业发展创造了更多可能。这些政策的实施，将进一步推动产教融合的深入发展，促进人才培养模式和教育体系的创新，并为经济社会发展培养出更多、更好的高素质人才。

跨界合作模式的探索与实施，在当前教育和产业发展的背景下显得尤为重要。它不仅能够帮助高校和企业实现资源共享，优势互补，还能促进学生的创新意识和实践能力的培养。在这一模式下，教育与产业的界限被打破，形成一种新型的合作关系，从而达到共赢的局面。

跨界合作模式主要是指高校与不同领域的企业之间建立合作关系，通过资源的交流和共享，实现知识与技能的双向流动。这种模式打破了传统教育与产业界限，实现了教育内容与产业需求的紧密结合，为学生提供了更加广泛的学习和实践平台。

在跨界合作模式的实施过程中，高校和企业通过合作开发课程、实验室、实习基地等，形成具有产业特色的教育资源。企业不仅提供实践场所，还参与课程建设和教学实施，使教育内容与企业的实际需求紧密结合，增强了教育的针对性和实用性。

此外，跨界合作模式还鼓励学生参与企业的实际项目，通过解决现实问题的方式，培养学生的创新能力和解决问题的能力。在这一过程中，学生不仅可以学习到最新的技术和方法，还能够提升自己的团队协作和沟通能力，为将来步入社会打下坚实的基础。

跨界合作模式的实施案例之一是湖南某高校与本地汽车制造企业的合作。该高校的机械工程学院与企业共同建立了汽车研发实验室，企业不仅提供实验室场地，还定期派遣工程师到校授课和指导学生的设计项目。通过这种合作，学生能够在学习过程中直接接触到汽车设计与制造的最前沿技术，极大地提高了学生的工程实践能力和创新能力。

另一个实施案例是一所高校与信息技术企业的合作。双方合作开设了一门“大数据分析与应用”的课程，企业不仅提供了大数据处理的平台和工具，还有企业工程师参与课程的部分教学和项目指导。学生在这门课程中学习到了如何处理和分析大数据，并且在企业工程师的辅导下，参与解决了一些实际的商业问题。这种跨界合作不仅增强了学生的实战经验，也为企业发掘了潜在的创新点。

跨界合作模式的成功实施需要高校和企业双方的共同努力。高校需要积极探索与企业合作的新模式、新机制，建立灵活高效的合作平台，同时也要不断优化教育内容和方法，确保教育质量。企业则需要真正投入到合作中，不仅仅是提供资金和资源，更要参与到教学活动和学生培养过程中，发挥企业在人才培养中的实践指导和技术支持作用。

通过跨界合作模式的深入探索与实施，可以实现教育资源的优化配置，提高教育质量和效率，促进学生能力的全面发展，同时也为企业的持续发展提供了人才支持和技术创新。这种模式的推广将为高校创新创业工匠培养提供了新的思路和方法，对于促进高等教育与经济社会发展的深度融合具有重要意义。

在探究创新人才培养体系的构建过程中，需要认识到该体系并非一成不变，而是要根据时代发展和产业需求不断进行调整和优化。这一体系的核心在于有效整合教育资源，创新教育模式，形成教、学、研、用紧密结合的全新人才培养模式，以满足新时代对人才的复合型、创新型需求。

教育资源的整合是构建这一体系的首要步骤。这包括教育机构内部的师资力量、教学设施、课程内容等资源的整合，以及教育机构与外部产业界、研究机构之间合作的资源整合。通过校企合作、产教研联合项目等方式，可以有效地将产业前沿需求和科研成果转化为教学内容和实践项目，为学生提供接触最前沿知识与实践经验的机会。

在教育模式创新方面，强调以学生为中心，重视培养学生的问题解决能力、创新能力和实践能力。采用项目导向学习、工作坊式教学、创新实验室等教育手段，让学生在解决实际问题中学习，在实践中掌握理论知识。此外，鼓励学生参与科研项目、创新竞赛、创业实践等活动，以实践促进创新能力和团队协作能力的培养。

评价体系的改革也是构建创新人才培养体系的关键一环。传统的以分数为主导的评价体系难以全面反映学生的创新能力和实践能力。因此，需要建立多元化评价体系，将实践能力、创新成果、团队协作能力等纳入评价指标，以促进学生全面发展。

案例研学是实现产教融合、创新人才培养的有效途径。通过引入真实的行业案例，让学生在解决实际问题的过程中学习与实践。这不仅可以增强学生的实战经验，还可以提高他们解决复杂问题的能力，更好地准备他们融入未来的工作环境。

在实践案例中，许多高校与企业合作成立实践教学基地，依托企业的项目和技术，设置实践课程和实习岗位，使学生能够在真实的工作环境中学习和成长。例如，某高校与本地新能源企业合作，共建新能源技术研究中心，为学生提供了参与新能源汽车研发的机会，使学生能够在实际项目中掌握前沿技术，培养了一批具有实战经验的新能源工程技术人才。

此外，数字化技术的应用也是人才培养模式创新的重要方向。利用大数据、人工智能等技术，实现个性化教学和智能管理，既能提高教学效率，又能更好地满足学生个性化学习需求。通过在线教育平台、虚拟实验室等数字化教学资源，学生可以随时随地进行学习和实践，使学习方式更加灵活多样。

构建创新人才培养体系，要求教育者、学生、企业等各方面密切配合，共同面对挑战、共担风险、共享成果。这样的体系不仅能培养出能够适应新时代要求的高质量人才，还能促进教育内容与社会需求的高度对接，推动社会经济发展和科技进步。通过这样的不断探索和实践，可以逐步形成具有湖湘特色的高水平创新创业教育体系，为区域乃至国家的可持续发展贡献力量。

在探索产教融合模式的创新举措与实践案例的过程中，成功案例的分析与经验总结对于理解和推广这一模式至关重要。产教融合模式的核心在于将教育资源与产业需求紧密结合起来，通过实践教学、合作科研等形式，让学生在求学期间就能够接触到真实的工作环境，不仅提升了教育质量，也为企业培养了更加适应岗位需求的人才。

在众多成功的案例中，可以发现几个共同的特点。首先，高校与企业之间建立了紧密的合作关系。这种关系不仅限于简单的实习安排，更包括了课程开发、共同研究项目等多个层面的合作。例如，一些高校与本地或领域内的企业共同制定了一套符合行业发展需求的课程体系，企业提供实际案例与技术支持，高校依此开展教学活动，这样的合作模式确保了教学内容的前沿性和实用性。

其次，实践教学是产教融合模式中的重要环节。通过设置实习基地、工作坊等方式，学生可以在学习过程中直接参与到企业的实际工作中，这不仅让学生能够将理论知识应用于实践，更重要的是培养了学生的创新能力和解决实际问题的能力。一些优秀的案例中，学生参与的项目甚至成为企业的重要创新成果。

最后，企业参与学生评价与指导过程，也是一种有效的模式。通过企业对学生的直接评价，可以更准确地反映学生的实际能力和发展需要。此外，企业专家的参与，为学生提供了与真实工作环境相接轨的指导，这对学生的职业规划和能力提升有着积极的影响。

对于产教融合模式的成功实践，一个值得关注的案例是某高校与汽车制造企业合作的项目。在这个项目中，学生不仅参与到企业的研发工作，还能通过特设的创新工作坊，将自己的想法和设计直接应用到新产品的开发中。这种模式不仅增强了学生的实践能力和创新能力，也为企业带来了新的想法和解决方案。通过这种紧密合作，双方实现了共赢。

在经验总结方面，产教融合模式的成功实践表明，高校与企业之间的紧密合作是该模式效果显著的关键因素。教学内容与实践环节的有机结合，可以显著提升学生的职业技能与创新能力。同时，企业对教学和评价过程的参与，不仅提高了教育的实用性和有效性，也为企业培养了符合需求的高素质人才。此外，这种模式下的教育理念和方法的创新，为高等教育的改革提供了有力的支持和示范。

因此，通过深入分析和总结产教融合模式的成功案例，可以发现其成功的关键在于高校和企业之间建立起了密切而有效的合作机制。这种机制不仅推动了教育内容和方法的创新，也为学生提供了贴近实际工作的学习机会，为企业提供了创新思维和技能完备的潜在员工，实现了教育与产业的双赢。未来，产教融合模式的探索与实践应更加注重合作的深度与广度，通过更灵活多样的合作模式，推动高等教育与产业发展的融合与进步。

第三节　校企合作与产教融合的长效机制构建

一、政策支持与法规保障

（一）政策支持与法规保障

在当前的教育与经济发展模式中，政策激励措施被广泛看作是推动校企合作与产教融合的重要手段。通过适当的政策支持与法规保障，可以为校企合作提供稳定的外部环境，激发双方合作的积极性，进而加快产教融合的步伐，培养更多适应新时代需求的高素质人才。

政策激励措施通常包括财政资助、税收优惠、项目扶持、人才奖励等多个方面。财政资助通常是最直接的支持方式，旨在降低校企合作的成本门槛，鼓励更多的企业参与到产教融合项目中来。例如，政府可设立专项基金，对参与校企合作项目的企业及高校进行资金补贴，以缓解初期合作的财务压力。

税收优惠则是另一种常见的激励措施。通过对参与校企合作的企业采取减免税收的措施，可以降低企业的运营成本，增加企业投入产教融合项目的积极性。税收优惠不仅能刺激企业研发投入，而且能促进高新技术成果的转化和产业化。

项目扶持是指政府通过项目申报、评审等程序，选择有潜力的校企合作项目予以扶持。这类项目通常涉及前沿科技研究、产业升级改造等领域，需要高校和企业共同协作完成。项目扶持不仅可以给予资金支持，还可以提供政策指导、市场推广等综合服务，帮助项目落地生根，加速成果转化。

人才奖励是激励校企合作与产教融合的另一个重要措施。这主要体现在对于在校企合作项目中表现突出的个人或团队给予物质或荣誉上的奖励，旨在激发科研人员和企业员工的创新动力和研发热情。人才奖励可以是政府颁发的科技进步奖、创新贡献奖等，也可以是企业对高校科研团队的特别奖励。

除了上述措施外，构建长效的政策激励体系还需要政策的持续性和稳定性。这意味着政策制定需考虑长远规划，避免频繁调整带来的不确定性。同时，政策应当具有针对性和灵活性，能够根据社会经济发展和产业需求的变化进行及时调整，确保政策激励的效果最大化。

在实施政策激励措施的过程中，还需要加强政策宣传和解读，确保校企双方充分理解和掌握相关政策。通过举办政策发布会、研讨会等形式，增强政策的透明度，提升校企合作的积极性和参与度。

政策激励措施的实施，能够明显提升校企合作与产教融合的积极性和效率，为培养新时代高素质人才提供有力支撑。通过这些措施，可以有效促进高校的教育资源与企业的实践需求相结合，推动高校教育教学改革与创新，加速科学研究成果的产业化进程，实现教育与经济社会发展的双赢。因此，构建一个全面、有效、长效的政策激励体系，对于促进校企合作与产教融合具有重要意义。

法律法规框架为校企合作与产教融合的长效机制构建提供了坚实的支撑，确保了这一创新模式的正当性、稳定性及可持续发展。在当前社会和经济环境下，高等教育机构与企业之间的合作日益成为推动区域经济发展和社会进步的重要力量。因此，建立和完善法律法规体系对于促进双方的有效合作、保护各方权益、激发创新创业活力具有重要意义。

在探索和实践校企合作与产教融合模式的过程中，法律法规框架首要任务是明确参与各方的权利、义务和责任。这包括但不限于，对合作双方在知识产权、成果共享、利益分配等方面的规定，以及对学生实践、实习保障、教师企业挂职等活动的法律界定。此外，法律框架还需明确创新创业教育的地位和作用，为高校、企业提供相应的政策指导和支持，比如税收优惠、财政补贴、科研基金支持等。

法律法规的制定和完善需要根据校企合作与产教融合的实际需要，不断进行动态调整。随着合作深度和范围的扩大，可能出现新的合作模式、新的创新实体，这就要求法律法规能够及时响应新的发展情况，提供相应的支持和规范。如在跨地域、跨领域合作中，涉及的法律环境和政策背景可能存在差异，法律法规框架要能够为这些复杂情况提供清晰的指引和解决方案。

同时，法律法规框架要注重保护学生的权益。校企合作与产教融合模式下，学生既是教育的受益者，也可能成为某些科研项目、创新创业活动的参与者。在这个过程中，如何确保学生在获得实践机会的同时，其学习权、劳动权、知识产权得到充分尊重和保护，是法律法规必须重点考虑的问题。

进一步而言，法律法规框架应鼓励和促进公平竞争和伦理行为。校企合作与产教融合实践中，应当建立诚信、公正的合作原则，禁止任何形式的不正当竞争和侵犯对方合法权益的行为。同时，应通过法律法规加强对合作过程中的知识产权保护，鼓励创新，保障创新成果能够得到合理应用和转化。

此外，法律法规框架的建立还需要考虑促进国际合作与交流。随着全球化进程的加深，校企合作与产教融合不再局限于国内，跨国合作成为一种趋势。在这个背景下，如何通过法律法规框架处理国际合作中的版权、专利、技术转移等问题，成为一个需要紧密关注的话题。

在法律法规框架的具体实施过程中，还需要加强对校企双方的宣传教育，提高他们对相关法律法规的认识和理解，确保在合作中能够严格遵守法律法规，规避法律风险。此外，还应建立有效的监督机制和纠纷解决机制，一旦出现合作中的法律问题或冲突，能够及时进行处理和调解，保障合作关系的健康发展。

综上所述，法律法规框架的建立和完善是校企合作与产教融合长效机制构建的重要基石，它不仅能够为各类合作提供规范和保障，还能够促进教育资源与社会需求的有效对接，推动创新创业教育事业的发展。通过持续优化法律法规体系，可以为校企双方创造一个公平、透明、有序的合作环境，激发更多的创新活力和潜力，为社会经济发展贡献更大的力量。

（二）跨界合作促进政策

跨界合作促进政策在校企合作与产教融合的长效机制构建中起到了至关重要的作用。这一政策不仅为高等教育机构与企业之间的紧密合作提供了坚实的法律基础，同时也为双方的深度融合铺平了道路。在当前社会经济迅速发展的背景下，技术的更迭与产业的更新换代要求高等教育与产业界不断加强联系，共同推进创新创业教育的进步。跨界合作促进政策正是在这样的背景下应运而生，目的在于打破传统教育与产业界之间的界限，建立一种全新的合作模式。

跨界合作促进政策强调，高等教育机构和企业应当摆脱以往单一的合作方式，转向更为灵活多样的合作模式。这种模式不仅涵盖了共同研发、人才培养等传统领域，还扩展到了共享资源、共同培训、信息共享等新的合作领域。通过这样的合作方式，双方可以实现资源的优势互补，促进创新能力的提升和人才培养质量的提高。

跨界合作促进政策的一个核心要素是政策支持与法规保障。为了确保校企合作与产教融合能够顺利进行，国家和地方政府出台了一系列相关政策和法规。这些政策和法规旨在为校企合作提供稳定的外部环境，降低合作过程中的风险。例如，政府通过财政资助、税收优惠等方式支持校企合作项目的实施，为双方提供合作的初始资金保障。同时，通过制定相关的法律法规，明确校企合作中的权利、责任与义务，避免合作过程中的法律风险。

跨界合作促进政策还注重激发企业参与校企合作与产教融合的积极性。政策鼓励企业将自身的实际需求与高等教育机构的教学研究相结合，共同设计和实施符合市场需求的教育培养方案，培养既懂技术又懂管理的复合型人才。此外，政策还鼓励企业参与到教学内容的设计、课程开发、实习实训基地的建设等多个环节，这样不仅可以提高教育的针对性和实用性，也有利于企业发现和培养人才。

在推动跨界合作促进政策的过程中，政府和企业需要相互协调配合，共同构建一个开放、共赢的合作生态。政府除了制定有利于校企合作的政策外，还需要加强对政策执行的监督，确保政策措施得到有效实施。同时，企业也需要积极响应政策号召，主动探索与高等教育机构合作的新模式、新路径。只有这样，才能真正实现校企合作与产教融合的深度发展，为培养新时代高素质工匠人才提供有力支撑。

在探索校企合作与产教融合模式创新的过程中，风险防控与权益保护政策是确保双方合作稳定发展的重要支柱。由于校企合作涉及多方利益的协调、资源的共享与风险的分配，因此，建立健全的政策支持与法规保障体系不仅可以为合作提供明确的规范与指引，而且能够预防潜在的风险，保护合作各方的权益，从而推进产教融合发展到新的阶段。

在政策支持层面，需要系统性地构建一个多层级的政策框架体系，这个体系应该涵盖国家、地方和行业三个层面。国家层面的政策应当明确校企合作与产教融合的指导原则、目标定位和发展方向，为各地区及行业合作提供宏观指引。地方政府的政策需要贴合本地区实际情况，侧重于推进本地高校与企业的深度合作，通过税收减免、资金补助、土地支持等措施，激励双方建立长效合作机制。行业层面的政策，则应聚焦于特定行业的需求，依托行业优势和资源，引导校企双方在人才培养、科技创新、实践教学等方面开展具体合作。

在法规保障方面，制定专门针对校企合作与产教融合的法律法规，是确保合作稳定性与合法性的关键。这些法规应该涵盖合作协议的签订、实施、监督和终止等全过程，对合作中可能出现的知识产权归属、经费管理、成果分配、纠纷解决等关键问题提供明确的解决途径。此外，还应建立健全快速高效的纠纷调解机制，确保一旦合作中出现纠纷，能够及时得到妥善处理，避免影响双方的合作关系和产教融合的深入发展。

风险防控方面，校企合作难免会面临诸多不确定因素，如市场变化、技术更新换代速度加快等，这就要求合作双方建立起一套科学的风险评估与防控体系。通过定期开展风险评估，及时发现合作中潜在的风险点，分析其成因，制定针对性的预防和应对措施。在合作协议中明确约定各种风险的权责分担机制，确保一旦发生风险能够按照预先约定的方式进行处理，避免双方利益受损。

权益保护政策则需要综合考虑校企双方的利益诉求，确保双方在合作中的权益得到平等保护。在合作协议中应明确各方的权利和义务，对知识产权归属、成果分配、资金使用、信息保密等关键问题做出具体约定。同时，建立一套高效透明的监督机制，确保协议的实施过程中双方权益不受侵害。对于合作过程中涉及的学生实习、人才培养等问题，还应考虑学生的权益保护，合理制定实习工作的时间、内容与待遇，确保学生在参与校企合作过程中的合法权益不受侵害。

通过这些政策支持与法规保障措施的实施，可以为校企合作与产教融合提供一个健康、稳定、可持续发展的环境。这不仅能促进高等教育资源与企业需求的精准对接，还能为社会经济发展注入新的动力，培养出更多适应新时代需求的高素质工匠人才。

二、组织架构与运行机制设计

（一）构建适应性管理体系

适应性管理体系是现代教育管理和企业管理中极为关键的概念。在校企合作与产教融合的背景下，构建一个能够灵活应对内外部变化、促进资源有效整合与优化配置的管理体系，对于促进高校与企业协同发展、实现合作共赢具有重要意义。适应性管理体系不仅需要注重结构的灵活性、流程的高效性，还需要关注人的主动创新能力与合作机制的有效激励。

在组织架构方面，适应性管理体系强调的是扁平化与模块化的组织结构设计。扁平化的组织结构有利于提高决策效率和响应速度，缩短信息传递的路径，使组织能够快速适应外部环境的变化。而模块化则允许组织在保持核心竞争力的同时，通过灵活调整各个模块的组合和运作，来适应不同项目和任务的需求。这种组织架构的设计，可以有效促进校企之间的资源共享与交流，提升合作的灵活性和效率。

在运行机制方面，适应性的管理体系应注重过程控制与结果导向的结合。过程控制涉及项目实施的每一个环节，需要建立健全的监督和评估体系，确保项目按照既定计划高效推进。结果导向则强调以项目成果为导向，设立明确的目标和可量化的绩效指标，激励团队成员创新思维和积极参与。此外，适应性管理体系还应包括灵活的激励与反馈机制，这不仅能够促进成员间的积极互动，还能及时调整策略以适应项目实施中遇到的各种挑战。

在人才培养方面，适应性管理体系注重多元化能力的培养与创新能力的激发。这要求高校与企业共同开发含有实践性、探索性的教学内容和项目，通过实践学习、项目导向、创新训练等方式，不仅为学生提供理论知识与实践技能的全面培养，还要激发学生的创新意识和解决问题的能力。同时，适应性管理体系还应包含有效的职业生涯规划指导，帮助学生确定自身兴趣与职业目标，实现个人价值与社会需求的最佳匹配。

在合作机制设计方面，构建适应性管理体系需要创新合作模式，并建立长效的沟通与协调机制。通过建立项目协调小组、联合研发中心等形式，促进高校与企业在科研、技术开发、人才培养等方面的深度合作。同时，利用现代信息技术手段，如云计算、大数据分析等，建立高效的信息共享与交流平台，提高协作效率，加强双方的信任与默契。

构建适应性管理体系是一个动态的过程，要求高校与企业不断地学习、反思和调整，以适应不断变化的外部环境和内部发展需求。通过不断优化组织架构、完善运行机制、加强人才培养和创新合作机制，校企合作与产教融合模式将能够实现可持续发展，为社会的进步和发展做出更大的贡献。

（二）合作共赢的资源配置模式

合作共赢的资源配置模式强调的是在校企合作和产教融合的过程中，通过优化资源配置，实现教育资源和企业资源的共享、互补和高效利用，以达到双方共赢的目的。这种模式下，高等院校和企业作为教育和经济发展的两大主体，通过有效的组织架构和运行机制设计，能够在各自优势的基础上相互促进，共同推动人才培养质量的提升和经济社会发展。

在合作共赢的资源配置模式中，高校能够依托企业的实践平台和行业资源，增强学生的实践能力和就业竞争力，同时，企业也能通过校企合作接入高校的创新科研成果和人才培养资源，促进企业技术创新和人力资源的优化配置。为了实现这一目标，校企双方需要建立一套科学的组织架构和运行机制。

组织架构方面，应建立由校企双方代表组成的合作领导小组，负责制定合作战略、规划和目标，及时解决合作过程中出现的问题。同时，可以设立专门的项目执行团队，负责具体合作项目的日常管理和实施，确保合作项目的顺利进行。

运行机制设计方面，校企合作应该建立一套明确的合作机制，包括但不限于人才培养模式的设计、科研项目的共同开发、资源共享机制的建立等。通过制定合作协议，明确双方的权利和义务，制定合理的利益分配机制，确保合作双方在资源共享中能够获得公平的回报，从而激发双方深化合作的积极性。

资源配置方面，需要根据合作双方的实际需求和各自优势，进行科学高效的资源配置。例如，高校可以将优质的教学资源、科研成果等输出给企业，企业则可以提供实习实训基地、就业岗位等资源，双方还可以共同建立研发中心、实验室等，形成资源共享、优势互补的局面。此外，通过政策引导和支持，鼓励更多的企业参与到教育教学活动中来，不仅可以培养出更多符合市场需求的高素质人才，也可以为企业的发展提供人才和技术支持。

在构建合作共赢的资源配置模式时，还需要注意的是，校企合作不仅是资源共享，更重要的是理念的共享。企业需要认识到，参与高校人才培养不仅仅是企业社会责任的体现，更是企业自身持续发展的需要。高校也需要根据社会需求和企业发展动态，不断优化教育教学内容和方法，提高教育质量。通过双方的深入合作，形成长期稳定的互动机制，不断提升合作成效，实现教育资源和社会经济资源的高度融合，促进社会经济的持续健康发展。

创新动力与反馈机制的完善对于校企合作与产教融合具有至关重要的意义。这不仅是长效机制构建的核心要素，也是保证教育质量与适应社会经济发展需求的关键环节。深入分析创新动力与反馈机制的要素，能够为湖南高校创新创业工匠培养提供有力的支撑与保障。

在组织架构与运行机制设计中，创新动力是推动校企合作与产教融合深化发展的原动力。创新动力的构建应基于几个核心维度：一是市场需求的快速响应机制，高校与企业应通过共建研发中心、工作坊等形式，实时调整教育与培训内容，确保教育与培训项目紧贴市场脉搏，满足企业发展的实际需求。二是人才培养的个性化与灵活性，通过建立多元化的选课体系，为学生提供更广阔的学习选择空间，激发学生的学习兴趣和创新潜能。三是高校与企业共同参与的激励机制，如成果分享、利润回报等方案，可以有效激发双方的积极性，增强合作的持久力和深度。

反馈机制的完善则是校企合作与产教融合持续优化的保障。良好的反馈机制能够帮助双方及时发现合作中的问题和不足，调整合作策略，实现互利共赢。首先，建立高效通畅的信息反馈渠道是基础，这包括但不限于定期会议、工作报告、在线平台等，确保信息的及时传递与交流。其次，应建立定量与定性评价相结合的评估体系，通过对合作成效的科学评价，为进一步的决策提供依据。最后，面对反馈中暴露出的问题，双方应建立快速响应与问题解决机制，确保问题能够得到及时有效的处理。

此外，创新动力与反馈机制的完善还需要建立在深化改革的基础上，包括教育体制和机制的创新、合作模式的多样化探索等。通过制度创新来激发内部动力，通过开放合作来拓展外部资源，形成一个既有内生推动力又有外部拉动力的发展新模式。同时，加强对教育教学质量的监控和评价，确保校企合作与产教融合不断优化升级，真正实现教育服务经济社会发展的根本目标。

通过创新动力的激发与反馈机制的完善，可以为高校与企业建立起一种动态互动、共生共赢的新型合作关系。这种关系不仅能够促进教育教学的改革创新，提升教育质量与效率，同时也能够为企业提供更为精准的人才支持，促进社会经济的健康持续发展。因此，深入探索与实践创新动力与反馈机制的完善，对于推动新时代湖南高校创新创业工匠培养机制的构建与发展具有重要的意义。

第八章 创新创业教育与专业教育的深度融合

第一节 创新创业教育与专业教育的关系辨析

一、创新创业教育与专业教育的内在联系

创新思维与专业技能的互补性体现在多个层面上，它们是推动现代教育发展，特别是高等教育领域的重要因素之一。在当代社会，经济全球化和科技进步日新月异，对人才的需求不再局限于单一的技能或知识，而是更加重视创新能力和专业技能的综合体现。因此，创新思维与专业技能的紧密结合成为高等教育改革的关键方向之一。

创新思维是指个体在面对问题和挑战时，能够跳出传统思维模式，采用新颖、独特的视角和方法进行思考和解决的能力。这种思维方式强调的是打破常规，鼓励创新和尝试，它可以激发人们的创造力，推动新技术、新产品和新服务的发展。而专业技能则更侧重于个体在特定领域内的知识掌握和应用能力，它是个体在长期学习和实践中积累的，对于专业领域内问题的解决具有直接的指导作用。

在高等教育中，融合创新思维与专业技能的教学策略有助于培养具有创新精神和实践能力的复合型人才。具体而言，创新思维的培育可以通过课堂教学、团队合作、案例分析等多种形式显现。通过这些活动，学生不仅学习到专业的理论知识，还能在实践中锻炼自己的创新意识和思维能力，学会从不同角度和维度分析和解决问题。

专业技能的培养则需要通过系统性的课程学习、实验室实践以及实际工作环境中的实习等途径加以强化。在这个过程中，学生通过对专业知识的深入理解和对技能的反复练习，不仅增强了解决实际问题的能力，还能够在实践中不断探索和创新，将创新思维和专业技能有效结合起来。

值得注意的是，创新思维与专业技能的互补性并非自然形成，它需要教育者有意识地设计教学内容和方法。教育者可以通过整合课程资源、采用项目式学习、搭建跨学科平台等方式，创造条件让学生在掌握专业技能的同时，培育和锻炼自己的创新思维。此外，高等教育机构还应当建立起与企业、研究机构等外部资源的连接，为学生提供更多真实的社会问题和挑战，使他们在解决问题的过程中，不断地运用和提升自己的创新思维和专业技能。

通过这种教育方式的改革，学生将能够更好地适应快速变化的社会和经济环境，具备持续创新和学习的能力。此外，这种以创新思维和专业技能互补为导向的教学模式，不仅能够培养学生的个人能力，还能促进社会整体的创新能力和竞争力提升。因此，在高等教育中深度融合创新创业教育与专业教育，是培养新时代高素质人才的重要途径。

概而言之，创新思维与专业技能的互补性是现代教育体系优化和人才培养模式创新的关键。通过有效地结合这两方面的教育内容，可以为学生提供全面的知识结构和能力框架，为他们将来的发展奠定坚实的基础。在这个过程中，教育者的角色十分关键，他们不仅需要传授知识和技能，更重要的是激发学生的创新精神和创造力，引导学生探索知识的边界，突破自我，不断追求卓越。

在当前教育体系下，创新创业教育与专业教育的融合已成为高校教育改革的重要方向，跨学科学习作为这一融合过程中的关键环节，提供了广阔的机遇，同时也面临不少挑战。

跨学科学习是指在学习过程中打破传统学科间的界限，通过整合不同学科的知识、方法和技能，以培养学生综合问题解决能力的一种学习方式。这种学习方式强调知识和技能的综合运用，鼓励学生在更广阔的视野中发现问题、分析问题和解决问题，从而更好地适应社会的需求。

跨学科学习在创新创业教育与专业教育的融合中发挥着极其关键的作用。一方面，它能够增强学生的创新意识和创业能力。通过跨学科的学习方式，学生能够接触到不同领域的知识和思维方法，这种跨界的知识结合与碰撞，常常能够激发新的创意和创新思维，为创业提供了更加广阔的视角和思路。另一方面，跨学科学习还能够促进学生专业技能的综合应用。在解决实际问题的过程中，常常需要综合运用多学科的知识和技能，学生通过跨学科的学习可以更好地掌握如何将所学的专业知识综合应用于实际，从而提升职业竞争力。

然而，跨学科学习的推进也面临不少挑战。首要挑战是如何构建和完善跨学科学习的课程体系。传统的高等教育课程体系普遍依据学科分类设置，每个学科都有相对固定的知识体系和教学计划。要实施跨学科学习，就需要打破这种固有的界限，整合不同学科的教学资源和内容，设计出既能保证学科深度又能促进学科交叉的课程体系，这无疑对高校的课程规划和教材编制提出了较高的要求。

此外，教师队伍的构建和发展也是实施跨学科学习面临的挑战之一。跨学科教学要求教师不仅要有扎实的自身学科背景，还需要具备一定的其他学科背景知识，甚至需要掌握跨学科整合的教学方法。这就要求教师持续进行跨学科的研究和学习，提升自身的跨学科教学能力。然而，目前高校教师的评价体系仍然以学科专业成就为主，对于促进教师开展跨学科研究和教学的支持不足，这在一定程度上制约了跨学科教学队伍的发展。

学生的接受度和学习效果也是跨学科学习实施中需要注意的问题。跨学科学习打破了传统学习的框架，对学生提出了更高的要求，这就需要学生具备更强的自我学习能力、批判性思维和创新能力。对于习惯了传统学习方式的学生来说，跨学科学习可能会造成学习上的困惑和适应上的困难，如何引导学生有效适应跨学科学习，使其能够充分发挥跨学科学习的优势，是实施跨学科教育过程中需要解决的关键问题。

在实施跨学科学习的过程中，需要高校、教师和学生共同努力，通过不懈的探索和实践，克服挑战，发挥跨学科学习在创新创业教育与专业教育融合中的重要作用，为培养新时代的创新型人才提供有效的教学策略和途径。

实践教学在促进理论与技能融合中起着至关重要的作用，这一点在创新创业教育与专业教育的内在联系中体现得尤为明显。教育的主要目标是培养学生的综合素质和实际能力，而实践教学恰恰是实现这一目标的有效途径。通过实践教学，学生可以将所学理论知识与实际技能有效结合，从而更好地适应社会和工作的需求。

在实践教学中，学生不仅能够亲身体验专业知识的应用过程，还能通过解决实际问题来提高自己的创新能力和解决问题的能力。这种教学方式能够激发学生的学习兴趣，加深对专业知识的理解，并在实际操作过程中不断提升个人的技能水平。更重要的是，实践教学能够帮助学生建立起理论与实践相结合的知识体系，使得学生能够在理论学习中发现问题，在实践活动中寻找解决方法，形成一种理论与实践相互促进的良性循环。

实践教学的形式多种多样，包括但不限于实验、实习、工程实践、创业训练、社会调查等。这些实践活动不仅使学生有机会接触社会，了解行业发展的最新动态，还可以促使学生在解决实际问题的过程中，运用和检验所学的理论知识，培养创新思维和实践能力。例如，在工程实践中，学生可以直接参与到工程项目的设计、实施过程中，这不仅让学生能够将理论知识应用到实际工作中，还能够培养学生的团队协作能力、项目管理能力及应对突发事件的能力。

此外，实践教学还能够促进学生的个性化发展。每个学生的兴趣爱好、能力特长和职业发展方向都有所不同，实践活动为学生提供了展示自己的舞台，使他们能够根据自己的兴趣和专长选择相应的实践项目，从而在探索和实践的过程中发现自我、完善自我。这种学习方式不仅增加了学生的参与感和满足感，也为学生未来的职业发展奠定了坚实的基础。

在实践教学中实现理论与技能的有效融合，还需要教师具备综合素质和能力。教师不仅要有深厚的专业理论知识，还应具备丰富的实践经验和高超的指导技能。教师应当能够根据学生的具体情况，设计合理的实践教学计划，引导学生在实践中学习，在学习中实践。同时，教师还需要不断更新自己的知识体系，掌握行业发展的最新趋势，以便更好地指导学生将理论知识应用于实践中，培养学生的创新意识和实践能力。

综上所述，实践教学对于促进理论与技能融合具有不可替代的作用。通过实践教学，不仅可以促进学生对专业知识的深入理解和掌握，还可以激发学生的创新意识，提高其解决实际问题的能力。因此，高校应该高度重视实践教学的地位和作用，不断探索和完善实践教学体系，为学生的全面发展提供更加坚实的支撑。

二、创新创业教育与专业教育的相互促进

创新创业教育在当今教育体系中占据着越来越重要的地位，这种教育方式不仅能够激发学生的创造力和创新能力，还能促进学生专业技能的提升。通过创新创业教育，学生能够在实际操作和实践中深化对专业知识的理解和掌握，从而有效地将理论知识转化为实际操作能力。

比如，在创新创业项目中，学生需要将自己的想法变为现实，这不仅要求他们运用已有的专业知识解决问题，更需要他们在实践中不断学习新的技能和知识，以适应项目发展的需要。这种过程能够显著提高学生的学习动力和自学能力，使他们对所学专业有更深入的理解。

此外，创新创业教育还促使学生在实践中学习如何与团队合作，了解不同专业领域的知识，这种跨学科的学习方式可以拓宽学生的知识面，使他们能够更全面地理解和掌握专业技能。在团队合作中，面对各种挑战和问题，学生需要发挥自己的专业技能并与团队成员一起寻求解决方案，这种情境促使学生在实际应用中不断提升和完善自己的专业技能。

通过创新创业实践活动，如参与竞赛、项目开发等，学生有机会将理论知识应用于实际问题中，这种应用过程无疑会加深他们对专业知识的理解，同时也能发现理论学习中未曾关注到的问题和不足。这种从实践中学习、从问题中寻找解决方法的过程，极大地促进了学生专业技能的提升和完善。

通过创业项目的孵化和实施，学生能够深入了解行业现状和未来趋势，这种洞察力对于提升学生的创新能力和专业技能至关重要。了解行业趋势能使学生在学习过程中更加注重实用性和前瞻性，使所学专业技能更加符合市场需求和未来发展，从而在长远中提升学生的职业竞争力。

创新创业教育的实施，还能够帮助学生建立正确的职业观和价值观，理解并体会到通过专业技能解决实际问题的重要性和价值。在创新创业活动中，学生面对的不仅仅是技术问题，还有伦理、环保、社会责任等一系列复杂问题，解决这些问题往往需要学生综合运用多方面的专业知识和技能，这有利于学生形成全面发展的专业能力。

综上所述，创新创业教育与专业教育之间存在着密切的联系和相互促进的关系。通过将创新创业教育融入专业教育，不仅能激发学生的创新意识和创业热情，还能在实践中锻炼和提升学生的专业技能，为学生将来的职业发展奠定坚实的基础。因此，高校应积极探索创新创业教育与专业教育的深度融合，为学生提供更加丰富和实践性的学习经历，培养出更多具有创新精神和实践能力的高素质专业人才。

专业教育在为学生提供专业知识和技能的同时，也为创新创业教育的深入实施提供了广阔的视野。通过专业教育，学生能够深入了解特定领域的前沿理论、技术发展趋势和行业需求，为创新创业活动的开展奠定了坚实的基础。专业知识的深度掌握使得学生在面对复杂问题时，能够灵活运用所学理论和方法进行有效解决，这在创新创业的过程中显得尤为重要。

专业教育通过培养学生的批判性思维和问题解决能力，进一步拓宽了他们的创新视野。学生在专业学习中接触到的案例分析、项目实践等形式，不仅提高了他们解决实际问题的能力，更重要的是学会了如何面对问题提出新的见解和解决方案，这种能力对于创新创业而言至关重要。在不断的探索和实践中，学生能够将专业知识与创新创业活动相结合，探索出新的业务模式、产品或服务，这无疑丰富了创新创业的视野与内容。

同时，专业教育中实验、实习、实训等环节的设置，使学生有机会将理论知识应用于实际，通过解决企业或社会实际问题，积累实践经验。这种以问题为导向的学习方式，促进了学生创新能力和创业技能的发展。他们在实际操作中不仅能发现问题、分析问题，还能动手解决问题，这种从实践中学习、在实践中成长的过程，为学生今后的创新创业活动提供了丰富的素材和经验。

此外，跨专业学习的机会也促进了学生创新视野的拓展。在面对跨学科、跨领域的复杂问题时，单一专业知识往往难以作出有效应对。而跨专业的学习则能够让学生接触到不同领域的知识体系，学习到不同学科的解题方法与思维方式，这对于促进学生形成全面的知识结构、提高创新能力和解决复杂问题的能力具有重要意义。在创新创业的过程中，能够综合运用跨学科知识解决问题的能力，能够使项目更具创新性和应用价值。

最终，专业教育丰富创新创业视野的根本目的在于激发学生的创新潜能和创业热情，让学生在掌握专业知识的基础上，跳出传统思维的局限，勇于尝试和创新。通过将专业知识与创新创业教育相结合，最大限度地激发学生的创新思维和实践能力，为学生未来在创新创业道路上的成功奠定坚实的基础。在这个快速发展且充满挑战的时代，培养具有创新精神和创业能力的高素质人才，对于推动社会进步和经济发展具有重大的意义。

第二节　深度融合的路径与方法探索

一、课程体系与教学内容的深度融合

深化项目导向课程开发，是指在教学设计和实施过程中，紧密围绕产业实际需求和技术发展趋势，进行课程内容、教学方法及评价方式的创新与优化。该模式强调通过解决实际问题和项目实践，引导学生主动学习，提高学生的创新能力和实际解决问题的能力。

1. 对相关行业的发展动态、企业的需求进行深入研究

在深化项目导向课程开发的过程中，首先需要对相关行业的发展动态、企业的需求进行深入研究。这一点要求高校与企业和行业保持紧密的合作关系，通过实地调研、企业访问、技术交流等方式，全面了解产业发展方向和企业技术需求，以确保课程设计的针对性和实用性。

2. 注重理论与实践相结合的课程内容的设计

其次是课程内容的设计，需要注重理论与实践的结合。在确保学科基础理论教学的同时，应大量融入企业项目、实际案例分析等实践性教学内容。借助现代信息技术手段，可以构建虚拟仿真实验室、项目实训基地等，为学生提供接近真实工作环境的学习和实践平台。通过这种方式，学生在学习过程中可以不断接触和解决实际工作中可能遇到的问题，提前适应未来的职业角色。

3. 教学方法的创新

教学方法的创新同样重要。项目导向课程开发要求教师转变传统的教学观念，采用引导式、探究式、合作式等教学方法，鼓励和引导学生积极参与到项目实践中。教师的角色更多地是项目指导者和学习顾问，而学生则是主动探索的学习者。通过项目团队合作，不仅能提升学生的专业能力，还能锻炼其团队协作、沟通交流等综合素质。

4. 评价机制的创新

评价机制的创新也是深化项目导向课程开发的一个重要方面。相较于传统的考试评价方式，更应该采用基于项目的评价、过程性评价、同伴评价等多元化评价方法。通过对项目设计、实施过程、最终成果等多个维度的综合评价，更全面地反映学生的学习效果和能力提升，同时也能促进学生持续学习和自我完善。

5. 构建相应的支撑体系

深化项目导向课程开发的成功实施，还需要构建相应的支撑体系。这包括优秀教师队伍的建设、现代化教学设施的配备、充足的项目实训资源、完善的学生指导与服务体系等。只有通过这种多方位的支撑，才能确保项目导向教学模式的有效运行，真正实现教学目标。

通过深化项目导向课程开发，可以有效地促进创新创业教育与专业教育的深度融合，培养适应新时代要求的高素质技术技能型人才。这种以项目为导向的教学模式，有助于激发学生的创新意识和创业精神，为学生未来的职业发展奠定坚实的基础。

在当今教育体系中，强化案例教学与实践应用的结合被视为一项至关重要的工作，旨在通过生动具体的案例以及紧密结合的实践活动，更好地培养学生的创新意识与实践能力，有效提升专业教育的质量。这一教育策略关注于在课程体系和教学内容中融入实践元素，使学生能够在解决实际问题的过程中深化理论知识的理解，促进知识与实践的有机融合。

案例教学，作为一种有效的教学方法，通过引入与课程内容密切相关的真实案例，让学生置身于模拟或实际的工作场景中，分析问题、提出解决方案。这种方法不仅能提高学生的学习兴趣，而且有助于学生理解复杂概念、理论和原理，从而加深对专业知识的掌握。通过将案例教学与课程内容相结合，教师可以引导学生从实际案例出发，探索专业知识的应用，培养学生的批判性思维、问题解决能力及决策能力。

实践应用的结合，则要求将理论教学与实际操作紧密结合起来，通过实验、实训、工程实践等形式，让学生在实践中学习和应用所学知识。这要求教师设计与课程内容密切相关的实践项目，旨在通过实践活动提升学生操作技能，增强学生面对真实工作情境的适应能力。实践应用能够让学生在真实或模拟的工作环境中，体验专业活动，通过动手操作、实地考察、项目合作等方式，深化对专业知识的理解，加强理论与实际的结合。

强化案例教学与实践应用的结合，还需要教师具备高度的专业素质和实践能力，能够精选与课程内容紧密相关、具有典型性和时代性的案例，设计出既能激发学生兴趣、又富有挑战性和实践性的实践活动。此外，教师还需注意引导学生反思，通过讨论、报告、总结等方式，让学生在反思中深化理解，实现知识、能力和价值观的全面提升。

教学内容的选择与设计应贴合社会需求和行业发展趋势，使学生能够学以致用，提前适应未来的职业挑战。同时，课程应当允许一定的灵活性，以适应不断变化的技术环境和市场需求，确保教育内容的实时性和前瞻性。

通过上述措施，可以实现课程体系与教学内容的深度融合，不仅能够提高学生的学习动力和兴趣，而且有助于学生形成系统的知识结构，掌握实际操作技能，培养解决实际问题的能力，进而为学生的未来职业生涯奠定坚实的基础。这种教育模式对于促进学生的全面发展，提升高校教育质量和培养高素质创新人才具有重要意义。

二、教学方法与手段的深度融合

实践教学模式的创新是高教领域中一项极为关键的任务，旨在更好地满足新时代高校创新创业教育的需求，以及适应快速发展的社会经济环境。这种模式强调通过实际操作、项目驱动和问题解决等方式，增强学生的实践能力和创新精神，深化学生对专业知识的理解和应用，从而为未来的职业生涯奠定坚实的基础。

在探索教学方法与手段的深度融合时，关键在于打破传统的课堂教学界限，引入更多元化、实践性强的教学活动。举例来说，通过案例分析法，可以让学生围绕真实的企业问题进行讨论与思考，这不仅有助于学生理解理论知识如何应用到实际情境中，还能激发学生的创新思维和问题解决能力。此外，项目式学习作为一种让学生在真实或模拟的职业场景中进行学习的方法，能够有效促进学生专业技能的提升和创业意识的培养。

创新实践教学模式的关键在于整合资源，构建跨学科的学习平台，让学生在多学科交汇的环境中学习和创新。这种跨学科的学习模式可以鼓励学生从不同的角度和维度分析问题，寻找解决方案，进而促进创新思维的发展。同时，高校可以与企业、研究机构等外部实践基地建立紧密的合作关系，通过校外实习、工作坊、讲座等形式，拓宽学生的知识视野，提升其实践操作能力和创新创业能力。

此外，信息技术的应用也是实践教学模式创新中不可忽视的一个方面。利用在线平台、虚拟实验室等技术手段，可以建设更加灵活多样的学习环境，使学生能够在虚拟情境中进行模拟操作，增强实践学习的体验感和互动性，这不仅有助于提高学生的学习效率和兴趣，还能有效减少实际操作中的成本与风险。

实践教学模式创新的成功实施还需要高度重视教师队伍的建设与发展。教师不仅需要有扎实的专业知识和丰富的实践经验，还需要具备引导学生进行创新实践活动的能力。因此，高校应当为教师提供专业培训和发展机会，鼓励教师参与教学方法的研究与创新，促使教师能够更好地指导学生进行创新实践活动。

综上所述，实践教学模式的创新是一个系统工程，涉及教学理念的更新、教学内容与方法的改革、教学资源的整合利用等多个方面。这一过程不仅要求教育者有前瞻性的教育观念和创新意识，还需要建立适应性强的教学体系和灵活多样的实践平台，最终实现创新创业教育与专业教育的深度融合，为培养新时代高素质人才提供有力支撑。

跨学科项目协作是教学方法与手段深度融合的一个重要体现，也是创新创业教育与专业教育融合的关键实践路径。在现代高等教育中，加强不同学科之间的交流与合作，打破传统学科壁垒，促进学科交叉融合，已成为培养具有创新能力和跨界思维能力学生的必由之路。

跨学科项目协作强调的是通过实际项目将不同专业的学生组织在一起，共同探索问题、寻找解决方案，过程中学生不仅需要运用自己专业的知识技能，还需学会借助其他学科的理论与方法来充实自己的解决方案。这样的学习模式有助于学生建立起更为全面和深入的知识体系，提高解决实际问题的能力。

实现跨学科项目协作，首要任务是构建一个开放的平台，让来自不同专业背景的学生能够在项目中自由组合，形成具有互补能力的团队。为此，院校可以设计与社会需求紧密结合的项目题目，激发学生的主动参与意愿，同时为项目提供必要的资源支持，例如实验场地、资金、指导教师等。

其次，课程体系的构建需要充分考虑跨学科融合的需求，通过设置一些跨学科课程，引导学生学习其他学科的基本理论与知识，为后期的项目协作打下坚实的基础。除传统课堂教学外，还可以采用在线课程、研讨会、工作坊等多种形式，增加学生对其他学科知识的接触和了解。

在教学评价机制方面，也应当对传统以学科知识掌握为主的评价方式进行改革，增加对学生创新能力、团队协作能力、问题解决能力等方面的评价。通过多维度、全方位的评价体系，引导学生重视跨学科学习与协作的重要性。

跨学科项目协作不仅能提升学生的专业技能，更重要的是有助于培养他们的综合素养，包括沟通协调能力、团队合作精神、创新思维等。这些能力在当今社会中具有极高的价值，对学生未来的职业发展有着直接的促进作用。

实践中，有效的跨学科项目协作往往还需要教师在过程中发挥关键作用，他们不仅需要具备自己专业领域的深厚知识，还应对其他学科有所了解，能够在项目进展过程中提供适时的指导和帮助。此外，教师还应当鼓励学生在协作过程中主动学习、相互教学，充分发挥团队中每个成员的特长和优势。

尽管跨学科项目协作在实施过程中可能会遇到种种挑战，如学科差异导致的理解和沟通障碍、团队成员之间的合作摩擦等，但通过良好的项目设计、有效的团队管理策略、灵活的教学支持等手段，这些问题是可以得到有效解决的。通过跨学科项目协作，不仅能够培养学生的专业能力和综合素质，也有助于推动高校教育模式的创新与进步，最终实现培养适应新时代需求的高素质创新人才的目标。

在现代教育体系中，企业家精神的培养已经成为高等教育尤其是创新创业教育的重要组成部分。企业家精神不仅仅是创办企业的勇气和能力，更是一种面对挑战敢于尝试、敢于承担风险、持续创新和追求卓越的精神状态和价值观。在深度融合教学方法与手段的过程中，高校应当形成一种全方位培养企业家精神的教育模式，着力于学生创新能力、实践能力和责任感的培养。

为了有效培养企业家精神，高校需要构建一个多元化、实践性强的教学体系。这个体系应包括理论教学、案例分析、模拟经营、项目实践等多种教学方法，以确保学生能从多角度、多层次理解和吸收企业家精神的核心要素。案例分析法可以让学生近距离观察企业家的决策过程、风险管理和创新实践，从而深化对企业家精神的理解。模拟经营和项目实践则为学生提供了一个施展才华、实践创新的平台，让学生在“学中做、做中学”的过程中，体验创业过程的挑战与乐趣，培养解决实际问题的能力。

除了教学内容和方法的创新，教师队伍的建设也是关键。高校应当重视引入具有实际创业经验的教师或者企业家担任兼职教授，他们的亲身经历和实践经验能够为学生提供生动、真实的学习素材。通过这种“实战派”教师的引领，学生能够更快地理解企业家精神的真谛，更好地将理论知识转化为实践能力。

同时，高校应当强化与企业的合作，建立“校企合作”模式，为学生提供更多的实习机会和创业平台。通过校企合作项目，学生可以直接参与企业的运营管理、市场开发等实际工作，这种真实的工作经历将极大提升学生的创新意识和企业家精神。此外，高校还可以依托企业资源，举办创新创业竞赛、研讨会等活动，搭建学生与企业家、投资人之间的交流平台，拓宽学生的视野，激发创业激情。

培养学生的企业家精神，更离不开高校内部文化氛围的营造。高校应当鼓励学生勇于尝试、不惧失败，塑造一种宽容失败、鼓励创新的校园文化。通过举办创业故事分享会、成功与失败案例分析会等活动，增强学生对企业家精神的认同感，引导学生正确认识创业失败，把握从失败中学习和成长的机会。

在深度融合教学方法与手段的过程中，高校对企业家精神的培养是一项系统工程，它需要学校、教师和学生的共同努力，更需要高校创造一个包容、开放、创新的教育环境。通过多元化的教学方法、实战派教师队伍的建设、校企合作的深化以及创新文化的营造，高校能够有效培养学生的企业家精神，为社会输送具有创新能力和实践能力的高质量人才，为国家的经济发展和社会进步贡献力量。

信息技术在教学中的应用已经成为教育领域创新的重要手段之一，特别是在创新创业教育与专业教育深度融合的过程中，信息技术的运用不仅能够提高教育的效率和效果，还能够为教育实践提供更为丰富和灵活的方式。

随着信息技术的飞速发展，教育方式正经历着从传统的以教师为中心到以学生为中心的转变。在这一转变过程中，信息技术的应用为教师和学生之间、学生与学生之间提供了更为直接和便捷的互动平台。通过网络教学平台、在线讨论组、虚拟实验室等信息技术工具，学生能够突破时间和地点的限制，随时随地进行学习和交流。

信息技术还为教学内容的丰富性和多样性提供了可能。通过互联网，教师能够轻松获取最新的行业资讯、前沿科技成果以及各种教育资源，将这些内容融入教学中，增加教学的时代性和针对性。此外，多媒体技术、仿真模拟技术等可以使抽象的知识点变得直观易懂，提高学生的学习兴趣和理解能力。

在培养创新创业工匠精神的过程中，信息技术的应用尤为关键。通过利用大数据分析、云计算等技术，教学者可以对学生的学习过程进行实时监控和分析，从而针对性地提供个性化的指导和建议，帮助学生更好地发现自身的兴趣点和潜力方向。同时，信息技术还可以为学生提供一个展示创意和创新成果的平台，通过网络的广泛传播，让更多的人了解和认可学生的创新创业项目，为学生未来的发展开拓更多的可能性。

信息技术在教学中的应用还体现在促进开放型学习和终身学习文化的建设上。随着知识更新的加速和职业生涯的多样化，终身学习已经成为个体发展的必然要求。信息技术提供的在线学习资源和平台，使得每个人都可以根据自己的时间和需求选择合适的学习内容，无论是深度学习还是跨领域学习，都能够得到有效的支持和帮助。

然而，信息技术在教学中的应用也面临着一定的挑战。如何确保技术的有效性，避免由于技术使用不当造成的学习分散和注意力流失，如何平衡线上学习与线下实践的比例，使学生能够在掌握理论的同时，加强实践能力的培养，都是在深入融合信息技术与教学方法时需要着重考虑的问题。

因此，信息技术在教学中的深度应用，要求教师不断更新自身的技术知识和教学理念，同时也需要学校和教育管理机构提供相应的技术设施和政策支持。只有这样，才能真正实现教学方法与手段的深度融合，促进创新创业教育与专业教育的有效结合，培养出既具有扎实专业知识，又具备创新创业能力的高素质人才。

三、实践教学与专业实习的深度融合

在新时代高教背景下，创新创业教育与专业教育深度融合的一个重要维度是构建实践教学平台。这一平台旨在通过提供一个实际操作与实验的场所，使学生能够将理论知识与实践技能相结合，从而更好地培养其创新思维与实际操作能力。

（一）构建实践教学平台

构建实践教学平台首要考虑的是平台的内容设计。内容设计需要紧密结合当前产业发展趋势和未来技术方向，涵盖当代技术发展的前沿领域，例如人工智能、大数据、云计算等，确保学生能接触并学习到最新的知识和技术。此外，内容还需与学生所学专业紧密相关联，以保证学生在实践中能有效地将专业知识运用到实际操作中去。

平台的建设也需要注重实践与创新的结合。这意味着平台不仅提供标准化的实验操作流程，更应鼓励学生进行创新实验设计，鼓励他们对实验流程、实验材料等进行自主选择和调整，以此激发学生的创新思维和解决问题的能力。通过实践活动的开展，学生能够在寻找问题、分析问题和解决问题的过程中逐渐形成自己独到的见解和方法。

进一步而言，构建实践教学平台还必须强化校企合作，利用企业资源和实验场所。通过与企业建立合作关系，平台可以引入企业的实际项目，让学生在学习中参与到真实的工作环境，面对真实的工作挑战。这种合作模式不仅能够让学生提前适应将来的职业生涯，而且还能促进企业与高校之间的资源共享，实现互利共赢。

为了确保平台的有效运行，对教师团队的建设也是不可或缺的环节。教师不仅要具备扎实的专业知识，还应具备引导学生进行创新实践的能力。因此，高校应该定期为教师提供专业培训，更新教师的技术知识，提高教学方法的现代化水平，确保能够引导和激励学生在实践中不断探索和创新。

此外，评估和反馈机制也是实践教学平台不可或缺的一部分。应设立科学合理的评估体系，对学生的实践活动进行全面、客观的评价。同时，建立有效的反馈渠道，让学生能够及时了解自己在实践活动中的表现和不足，进而调整学习策略，提高实践能力。

通过上述措施的实施，实践教学平台将能够有效地提高学生的专业技能和创新能力，为学生今后的职业发展奠定坚实的基础。而对于高校而言，这不仅是对传统教学模式的一种补充和完善，更是对教育理念和教育方法的一次重大革新，有助于推动高等教育质量的整体提升，为国家的科技进步和社会发展贡献力量。

（二）加强实习基地合作

加强实习基地合作在新时代湖南高校创新创业工匠培养机制探索中发挥着至关重要的作用。在实践教学与专业实习的深度融合过程中，实习基地不仅是学生了解行业发展、掌握专业技能的重要平台，更是学生创新创业能力提升的关键环节。通过与企业以及其他类型的实习基地建立紧密的合作关系，高校能够有效地将教学内容与行业需求对接，提升学生的职业适应性和创新创业能力。

在深化实习基地合作的过程中，高校应秉持共赢的原则，注重与各类企业和机构建立长期稳定的合作关系。这种合作不仅限于提供实习岗位，更应涵盖共同开展科研项目、共同制定人才培养方案等多个层面。通过这种深入的合作，实习基地可以为学生提供更为真实、更加丰富的实践学习机会，而高校则可以根据实习基地的反馈及时调整教学内容和方法，使之更贴近实际需求。

关键在于建立一套高效的机制来确保合作的顺利进行。这包括但不限于，确立清晰的合作目标、建立双方沟通的长效机制、制定科学的评估与激励体系等。对实习基地而言，参与高校人才培养不仅可以为自身发展引进新鲜血液，还可以通过与高校的合作参与到人才培养过程的前端，提前进行人才储备。对高校而言，与实习基地的紧密合作可以使得教育教学活动更加贴近实际，提升教育的实效性。

（三）构建校企合作的双向互动模式

深度融合的一个重要方向是构建校企合作的双向互动模式。在这种模式下，实习基地不仅仅是接收实习生的地方，同样也参与到课程开发、教学内容的设计等环节。学生能够在实际工作场景中参与项目开发、问题解决，从而获得宝贵的实践经验。同时，基地工作人员亦可参与到教学活动中来，例如作为客座讲师分享行业经验，增强教学内容的行业指导性和实用性。

有效的合作还需要依靠强有力的政策支持和激励机制。地方政府和相关行业协会可以通过制定优惠政策、提供政策指导等方式，鼓励和促进校企合作。同时，通过建立评价和激励机制，对于那些在合作中表现突出、对学生创新创业能力提升贡献显著的实习基地和企业给予表彰和奖励，既可以激发基地合作的积极性，也能促进更多企业和机构参与到人才培养过程中来。

进一步深化实习基地合作还需关注合作质量，确保合作过程中教学质量与教学效果的提升。这需要高校与实习基地密切配合，对实习活动进行全程监管和评价，及时发现问题并采取改进措施。同时，加强对学生实习的指导与支持，确保学生在实习过程中能够获得必要的学习和成长，最终实现教学目标的顺利达成。

通过上述方法和路径的探索与实践，可以有效地促进实践教学与专业实习的深度融合，为新时代湖南高校创新创业工匠培养机制探索提供有力支撑，最终实现高校人才培养目标与社会发展需求的高度一致。

第三节　深度融合的实践案例与效果评估

一、典型案例分析与经验总结

在探索与应用多元化创新创业模式的进程中，重要的是理解这一概念的核心——即通过不同的途径和方式，激发和支持学生的创新精神和创业能力。多元化的创新创业模式体现在多个方面，包括但不限于跨学科教育、产学研协同、校企合作、国际交流、在线与离线结合的教学模式、项目制学习等。

跨学科教育模式促进了不同学科之间的相互渗透和融合，为学生提供了更广阔的知识视野和更为全面的技能训练。在这种模式下，学生能够将来自不同领域的知识综合运用到创新创业项目中，从而增强项目的创新性和实用性。

产学研协同是一种有效激发创新创业活力的模式。高校通过与企业、科研机构的合作，将学生的教学和科研活动紧密结合起来，不仅提升了学生的学习兴趣和研究热情，还大大增强了学生的实践能力和解决实际问题的能力。

校企合作强调的是企业与高校的紧密合作关系。企业参与学生的培养过程，为学生提供实习、实训机会，甚至参与课程的设计和教学，让学生在学习过程中即接触到最新的行业知识和企业文化，这有助于学生更好地理解创新创业的实际需求和挑战。

国际交流模式打破了地域和文化的限制，为学生提供了具有全球视野的学习和交流平台。通过与国外高校的合作交流，学生有机会接触到不同国家的创新创业理念和实践，从而获得灵感、拓展视野，增强国际竞争力。

在线与离线结合的教学模式是创新创业教育中应用较为广泛的一个方面。通过线上教学资源，学生可以自主学习、灵活安排学习时间，而线下则提供实践操作和团队协作的机会。这种模式既保证了教育资源的丰富性，又满足了个体化和多样化的学习需求。

最后，项目制学习作为一种任务驱动型的学习方式，在创新创业教育中占有重要地位。它强调以解决实际问题为导向，让学生在完成项目任务的过程中学习知识、培养技能。这种学习方式不仅增强了学生的主体性和创造性，而且提高了学生解决复杂问题的能力。

通过典型案例的分析与经验的总结可以发现，多元化创新创业模式的探索与应用对于培养新时代高校学生的创新思维和创业能力至关重要。它们为学生提供了更为广阔和多样化的学习空间，让学生在实践中学习，在学习中成长，最终实现创新创业梦想。这种教育模式的成功实践，不仅为高校创新创业教育提供了可借鉴的经验，也为培养更多优秀的创新人才奠定了坚实的基础。

在当今教育领域，创新创业教育与专业教育的深度融合已经成为培养新时代工匠精神的关键策略之一。这种教育模式通过跨界整合资源，构建了一个互利共生的生态系统，旨在培育学生的创新意识、实践能力和终身学习能力。为了深入理解这一教学改革的成效，以下将通过实践案例深度分析探讨教育融合下的具体表现和取得的成效。

实践案例的选择涵盖了从综合性大学到专业技术学院的不同类型教育机构。这些案例显示出教育融合下的实践措施具有多样性和创新性，例如搭建基于项目的学习平台、推动产学研紧密结合的协作模式以及实施面向社会需求的教学内容更新等。

在具体实施过程中，一所以工程教育著称的大学通过引入企业合作项目，使学生能够在真实的工作环境中学习并解决问题。这种方法不仅加深了学生对专业知识的理解，还锻炼了他们的团队合作和项目管理能力。另一方面，一个以艺术设计为主的专科学院，则通过建立创意孵化平台，鼓励学生将创新创意与市场需求相结合，实现了学生作品的商业化转化。这些案例展示了创新创业教育与专业教育深度融合的广泛适用性和有效性。

此外，教育机构还积极探索将信息技术应用于教学过程中，如使用虚拟现实技术进行沉浸式学习体验，使学生能够在模拟的实验室或工作场景中进行实践操作，这种教学手段极大地提高了学习的趣味性和互动性。这些成功的案例充分证明了技术手段在促进教育融合中的价值和潜力。

为了评估教育融合下的实践案例与效果，采用了多种评估方法，包括学生满意度调查、毕业生就业率统计、创业项目成功率分析等。结果表明，相较于传统教学模式，这种融合模式在培养学生的创新思维、实践技能以及市场适应能力等方面表现出显著优势。学生不仅在学习阶段获得了更全面的教育体验，毕业后在职场上的表现也更为突出，这为高校创新创业工匠培养机制提供了有力的实践支持。

经验总结表明，教育融合的成功实践依赖于高校、企业与政府之间的有效沟通与协作。高校需要根据市场需求不断调整教育内容和方法，同时积极寻求与行业的合作，为学生提供实习实践机会。同时，政府的政策支持和资金投入也是推动教育创新的重要力量。此外，评估机制的完善也是确保教育质量的关键，这包括建立反映学生学习效果、毕业生就业质量和社会服务能力的评价体系。

通过深入分析具体的实践案例与效果评估，可以看到创新创业教育与专业教育的深度融合为高校培养新时代的工匠精神人才提供了有效的路径。这种教育模式不仅提高了学生的专业技能，更重要的是培育了学生的创新能力和社会责任感，为他们未来的职业生涯和个人发展奠定了坚实的基础。因此，持续探索和优化这种融合教育模式，对于适应新时代教育和社会发展的需求具有重要意义。

在探索高校创新创业教育与专业教育深度融合的过程中，对于实施的成效进行准确有效的评估是不容忽视的环节。效果评估的方法以及由此得出的经验教训，对于未来优化和调整策略起到关键性的作用。此过程旨在通过科学、系统的评估手段，对创新创业教育项目的效果进行量化与质化分析，既包括教育过程中的各个环节，也涵盖了教育结果的多方面指标，从而为教育决策提供依据，推进教育质量的持续提升。

评估方法通常包括但不限于问卷调查、访谈、案例分析、比较研究及数据分析等。通过这些方法，可以从师生满意度、学习成果、项目实施效率、就业率变化、创业成果等多个维度对教育效果进行全面评估。其中，问卷调查和访谈是获取直接反馈的有效方式，能准确捕捉到师生的真实感受和评价；案例分析帮助深入理解成功的经验或失败的教训，为后续的教育改进提供具体指导；比较研究可以通过对比不同时间节点、不同群体的数据，观察教育政策和实践的变化趋势；数据分析则是通过整合和分析大量的实证数据，客观反映教育效果，为决策提供科学依据。

评估的过程中，需要注意几个关键点。首先是设置合理的评估指标，这些指标不仅要能全面反映教育的各个方面，还要具有可量化、易于比较的特性。其次，评估要注重过程与结果的综合，不仅要关注最终的教育成果，如学生成长和创业成功率，也要对教育实施过程中的各个环节进行监测，如教学内容、方法的适宜性和创新性等。此外，保障评估工作的客观性和公正性也十分重要，应通过多元化的信息来源和多角度的评估方法，确保评估结果的准确性和可信度。

通过细致的效果评估，可以发现一系列有价值的经验教训。例如，深度融合创新创业教育与专业教育，在很大程度上依赖于师资力量的构建和教学资源的整合。有效的教育融合需要教师不仅拥有扎实的专业知识，更要具备跨学科的知识结构和创新创业的实践经验。同时，教育内容和方式的创新也是关键，如项目式学习、创业实训等方法能显著提升学生的综合能力和实践能力。此外，评估还揭示了合作育人的模式极为有效，通过校企合作、国际交流等方式，可以大幅度拓宽学生的视野，提高其创新创业的综合素质。

综上所述，通过科学的评估方法和全面的评价体系，不仅能有效衡量创新创业教育与专业教育深度融合的成效，还能够准确把握教育实践中的优势与不足，为进一步优化教育策略和提升教育质量提供了有力的支持。通过不断地试验、评估和调整，高校创新创业教育实践将更加成熟和完善，更好地培养符合新时代要求的高素质创新型人才。

二、效果评估指标体系的构建与应用

创新创业教育与专业教育的深度融合，在评估其效果时，建立一个科学合理的评估体系是关键。这个评估体系必须基于坚实的理论基础，才能全面、准确地反映融合教育的成效。在构建效果评估指标体系时，理论基础主要包括但不限于教育学、心理学、管理学以及计量经济学等领域的研究成果。这些理论为创新创业教育与专业教育融合的评价提供了丰富的视角和方法论支持，使评估体系更具有科学性和操作性。

教育学理论为评估体系提供了评价教育过程和效果的基本框架。它强调以学生为中心，关注学生的学习过程和结果，强调培养学生的批判性思维能力、解决问题的能力以及终身学习的能力。此外，教育学还关注教育内容的实时更新与适应性，这对于创新创业教育尤为重要，因为这一领域的知识和技能正在迅速发展之中。

心理学理论在评估体系中的应用，则帮助理解学生的学习动机、情感态度以及个性等因素如何影响创新创业学习的效果。这一理论视角认为，学习效果不仅受到知识传授的影响，还受到学生内在心理状态的影响。因此，评估体系需要包含评价学生内在心理变化的指标，如学习动机、自我效能感以及对创新创业教育的态度等。

管理学理论为评估体系提供了组织管理的视角，尤其是在团队建设、项目管理以及创新管理等方面的理论支持。创新创业教育往往涉及项目的实践操作，需要学生具备一定的团队合作和项目管理能力。因此，在效果评估中，考查学生在团队协作、资源整合、风险管理等方面的能力是非常必要的。这一视角认为，创新创业教育的成功与否不仅取决于学生个体的努力，还取决于团队合作与项目管理的效率。

计量经济学理论为评估体系的量化分析提供了方法论工具。它通过统计学原理和模型，对评估数据进行分析，以数学的形式定量地描述创新创业教育和专业教育融合的成效。这种方法能够帮助教育工作者和研究人员准确地测量教育活动的效果，识别效果背后的影响因素，从而为教育决策提供依据。

这些理论基础的融合使用，使得创新创业教育与专业教育融合的效果评估既考虑了教育活动的内涵和过程，也考虑了学生的主观体验和成长，同时还注重了团队协作与项目管理的能力培养，且通过量化分析为评估结果提供了可靠的支持。通过这样一个理论支撑的评估体系，可以全面地反映创新创业教育与专业教育融合的成果，为进一步优化教育过程和策略提供指导。

关键绩效指标在评估创新创业教育与专业教育深度融合的效果中占有不可或缺的作用。关键绩效指标的确定需遵循科学性、针对性、可测量性等原则，以确保能够准确地衡量和反映教育过程和成果的优劣。在构建有效的关键绩效指标体系时，首先需要明确评价目标，即创新创业教育与专业教育深度融合的具体成效预期，这可能包括学生创新意识、创业能力的提升、专业知识与实践能力的结合程度等。

创新意识和创业能力提升是重要的指标之一，要通过学生在创新创业活动中的参与度、实践项目的数量与质量、在竞赛中获得的奖项等方面进行量化评估。而专业知识与实践能力的结合程度，则可以通过学生课程成绩、项目完成情况、实习效果及与企业合作项目的成果等方面来评价。

此外，对教师而言，其引导和参与创新创业教育项目的积极性也是一个不容忽视的评价指标。可以从教师参与创新创业项目的数量和质量、项目取得的成果，以及学生对教师在创新创业教育中角色和贡献的评价等方面进行衡量。

在学校层面，关键绩效指标的构建还需考虑到学校为创新创业教育提供的资源和支持程度，这包括财政投入、政策制定、培训机会、基础设施建设等方面。通过综合评估学校的投入与创新创业成果之间的关系，可以更好地指导学校资源的合理分配，进一步提升教育质量和效果。

在实践案例评估中，通过采集和分析不同学校、不同专业领域创新创业教学模式的相关数据，结合关键绩效指标体系的具体指标，可以对每个案例的效果进行定量与定性分析。这种分析不仅有助于理解和总结哪些做法是成功的，哪些需要改进，还能为其他教育机构提供可借鉴的经验和策略。

关键绩效指标的应用不仅限于教育效果的事后评估，更重要的是其对教育过程的监测和指导作用。通过设定阶段性目标和对应的关键绩效指标，教育管理者和教师可以不断调整和优化教学策略和方法，确保教学活动持续朝着既定目标前进。这种动态调整机制，有助于形成一个持续学习、不断改进的教育环境，最终提升教育效果。

综上所述，关键绩效指标在评估创新创业教育与专业教育深度融合的成果中起着核心作用。通过精心设计和合理应用关键绩效指标体系，可以为教育过程提供清晰的指引，为教育成果提供客观的评估，为教育改进提供有力的支持。因此，构建和应用科学合理的关键绩效指标体系，对于深化创新创业教育与专业教育的融合，培养更多高素质工匠人才，具有重要的意义和价值。

在深度融合的实践案例与效果评估的研究中，数据收集与处理方法是评估指标体系构建与应用过程的核心环节。它涉及的主要观点、概念和信息等，构成了评估工作方式的基础和保障，是通过科学、严谨的方法获取评估所需信息，以便准确地反映实践案例的实际效果和影响力。

数据收集的方法通常包括定性与定量两大类。定量数据收集侧重于通过问卷调查、在线调查、标准化测试等手段，收集可以量化的数据，如参与人数、创业项目的数量和质量、课程完成情况等。这类数据便于进行统计分析，从而可以客观反映出创新创业项目的规模、广度和深度等方面的成效。而定性数据收集则更加注重于收集描述性的信息，比如通过访谈、案例研究、参与观察等方式，了解学生、教师和管理者的意见、态度和感受，从而深入理解创新创业教育与专业教育深度融合的过程、问题和成效。

数据处理方法则根据收集到的数据特性选择相应的统计分析手段。定量数据分析通常借助于描述性统计分析、相关性分析、回归分析等统计方法来揭示数据间的基本趋势、关系和差异性。这些方法有助于从数据中提取出有意义的信息，为评估创新创业教育效果提供客观依据。对于定性数据，则多采用内容分析、主题分析等方法，对收集到的文本数据进行系统化的整理和分析，提炼出关键信息和主题，进而深入理解创新创业教育背后的动因、障碍和成效。

在构建效果评估指标体系的过程中，数据收集与处理方法的选择极为关键。它们不仅需要匹配评估的目的和对象，而且还需要符合科学研究的标准，确保数据的可靠性和有效性。因此，在实际操作中，研究者需要根据具体评估的需求，综合考虑采用的数据收集和处理技术的可行性、有效性以及成本效益，以确保评估结果的准确性和实用性。

数据的收集和处理不仅需要严格遵循科学方法，同时也须注意数据保护与伦理问题，尊重被研究对象的权益，确保信息的安全和保密。这对于提高研究的信誉度、确保参与者的合作意愿具有重要意义。

通过对数据收集与处理方法的深入探讨，可以看到科学、系统的数据收集与处理对于准确评估创新创业教育与专业教育深度融合的成效至关重要。这不仅有助于深入理解实践案例的实际作用，也是优化和调整教育策略，提升教育质量的重要依据。因此，高校和研究机构需要不断完善数据收集与处理的方法和技术，确保评估工作的科学性和实效性，从而更好地服务于创新创业教育的实践和发展。

评估结果的应用与反馈在深度融合创新创业教育与专业教育的背景下，不仅是对湖南高校创新创业工匠培养机制有效性的一个重要考量，也是该培养机制可持续发展和优化的关键因素。实施有效的评估结果应用与反馈机制，对确保教育质量，提升学生的创新能力与创业精神，乃至与时俱进地调整教育策略具有不可忽视的价值。

在构建效果评估指标体系时，通常会涵盖教育活动参与度、学生创新创业能力提升、项目实施效果、教师参与与引导效果、资源配置的有效性等方面。应用这些评估结果需要采取多元化的方式，既包括定量分析，如通过问卷调查、成果统计等方式获取数据，进行数值上的比对分析；也包括定性分析，如通过访谈、案例研究等方式深入理解各项指标背后的实质性变化和具体影响。

评估结果的应用首先体现在教学策略调整上，通过分析评估数据，教育管理者和教师能够发现现有教学模式中的不足，针对性地调整教学内容、方法和手段，以实现更加有效的知识技能传授和创新能力培育。此外，评估结果还有助于优化课程设置，将评估过程中发现的高效实践纳入课程体系，同时淘汰或调整那些效果不佳的课程或模块。

资源的合理配置也是评估结果应用的重要方面。根据评估结果，学校管理层可以更加合理地分配教育资源，如增加对那些效果显著、受学生欢迎的创新创业项目的支持，同时减少或撤销那些效果不佳的项目。这样不仅能够提高资源的使用效率，还能激励教师和学生更加积极地参与到创新创业教育中来。

评估结果的反馈是评估过程的另一个重要组成部分。通过建立规范的反馈机制，将评估结果及时向教师、学生、教育管理者等各方面反馈。这种及时的信息反馈能够帮助各方面充分了解教育效果，提出意见和建议，共同参与到教育过程的改进中。这种参与感和获得感对于提升教育效果，增强学生的学习动力，构建积极向上的校园文化环境都具有积极的作用。

此外，评估结果的应用还应该超越校园的边界，与社会、行业界进行有效对接。将评估过程中收集到的数据和分析结果与行业需求相对接，不仅能够帮助学校更好地理解行业对人才的需求，调整人才培养方向和重点，还可以通过这种对接促进校企合作，开展实践教学、实习实训等活动，为学生提供更多接触实际、应用所学的机会。

评估结果的应用与反馈机制在创新创业教育与专业教育深度融合的过程中起到了桥梁和纽带的作用。它不仅能够确保教育活动的有效性和及时性，还能够激发教育改革的动力，促进高校教育质量的不断提升。通过持续的评估与反馈，可以构建一个动态的、互动的教育改进过程，不断优化创新创业工匠培养机制，为学生提供更加丰富、有效和具有挑战性的学习经历。

第九章 创新创业文化氛围的营造与提升

第一节 创新创业文化的内涵与功能

一、创新创业文化的定义与特征

（一）创新创业文化的内涵

创新创业文化是当下社会经济发展的核心驱动力，也是高校教育培养未来人才不可或缺的重要组成部分。在深入探讨这一文化的概念界定之前，我们需要明确其基本内涵。创新创业文化是指在一定社会经济体系中，包含创新意识、创业精神、创新创业的价值观念以及支持创新创业活动的制度和环境等多个方面，指导和激励个人或组织进行持续创新和创业的一种文化氛围。它不仅涵盖了技术创新、管理创新和模式创新等多维度内容，也强调了创新创业所需的精神驱动和环境支持。

创新创业文化的根本目的是促进社会经济的持续发展和进步，通过激发人们的创新意识和创业热情，鼓励社会成员突破传统思维束缚，勇于探索和尝试，从而持续产生新的产品、技术、服务和管理模式，提高社会的整体活力和竞争力。同时，这种文化也是构建和谐社会的重要基石，通过促进就业、优化产业结构、提升人口素质等途径，为社会发展和人民生活改善提供强大的动力。

（二）创新创业文化的特征

在特征上，创新创业文化体现在以下几个重要方面：首先是鼓励创新和容忍失败的姿态。创新必然伴随着风险和不确定性，这种文化倡导的是一种积极进取、勇于尝试的精神，同时强调即便失败也是成功的宝贵经验，形成一个宽容失败、鼓励再次尝试的社会氛围。此外，合作与共享也是创新创业文化的关键特征之一，强调不同主体间的协作交流和资源共享，以促进信息、知识和技术的快速流动，提高整体的创新效率。再者，这种文化强调以人为本，鼓励个人潜能的发挥和个人价值的实现，通过提供充分的教育资源、创新平台和创业支持等手段，激发人们内在的创新激情和创业动力。

（三）营造和提升创新创业文化的措施

为了有效营造和提升创新创业文化，需要多方面的努力。教育方面，高校应将创新创业教育纳入人才培养体系，通过课程设置、实践平台建设和师资力量建设等措施，培养学生的创新意识和创业能力；政策方面，政府应制定有利于创新创业的政策法规，并提供必要的财政支持和税收优惠，为创新创业活动营造良好的外部环境；社会方面，应倡导整个社会形成尊重知识、尊重创新、鼓励创业的风气，建立多元化的创新创业支持体系，包括投融资服务、咨询顾问服务、技术支持服务等，为创新创业者提供全方位的支持。

通过这些维度的分析，我们可以看到，创新创业文化的概念界定不仅关注文化的内涵和外延，还涵盖了文化的实现路径和功能作用。这一文化不仅是我国实现高质量发展的必然要求，也是高校培养新时代高素质创新型人才的重要任务和责任。

创新创业文化的核心特征是指那些在推动社会经济发展和科技进步中起到基础和关键作用的价值观、信念、行为模式和组织氛围。这些特征共同构成了一个能够激励人们创新创业、支持创新创业活动并促进创新创业成功的文化环境。

在这个文化中，重视创新是其最为显著的特征之一。这种重视体现在社会各界对于新观念、新技术、新产品和新业态的接受和鼓励上。创新思维被视为推动经济发展和社会进步的主要动力，因此，在创新创业文化中，鼓励人们打破常规，勇于尝试新方法解决问题。

创业精神的鼓励和支持是这种文化的另一个核心特征。这包括对创业活动的正面评价和对创业者的尊重与支持。在这样的文化氛围中，创业者被视为经济发展的引擎，其勇气、创新和坚持被广泛认可。因此，社会提供了各种支持创业的政策、资金、技术、培训和咨询服务，以降低创业风险、提高创业成功率。

团队合作与分享精神也是创新创业文化的核心。在这种文化中，人们认识到在复杂多变的商业环境中，个人的力量是有限的，团队合作可以集合多方智慧和资源，更有效地解决问题和应对挑战。同时，分享精神体现在知识、信息和经验的开放交流，旨在促进学习、激发更多的创新灵感和创业机会。

对失败的宽容态度是创新创业文化不可或缺的一部分。在这种文化中，失败被视为学习和成长的必经过程，而非终点或标签。社会对失败者的宽容，为创新创业者提供了尝试和探索的安全网，鼓励他们在失败中吸取教训，勇于再次尝试。

此外，持续学习和自我超越的精神也是创新创业文化的核心特征之一。在这种文化中，人们深知知识和技能的更新换代极其迅速，因此，持续学习被看作是保持竞争力、实现个人和组织成长的必要条件。同时，不断追求卓越、自我挑战和超越，被视为实现个人价值和社会贡献的重要途径。

综上所述，创新创业文化的核心特征包括重视创新、鼓励创业精神、团队合作与分享精神、对失败的宽容态度以及持续学习和自我超越的精神。这些特征不仅为创新创业者提供了一个支持和鼓励的环境，也为社会经济的持续发展和科技进步打下了坚实的基础。通过培育和弘扬这样的文化，可以促进更多的创新创业活动，从而推动社会的进步和繁荣。

（四）营造和提升创新创业文化的意义

创新创业文化是推动经济社会持续发展的重要力量，它融合了知识、技术、经济、社会等多个领域的创新元素，形成了一种引领时代进步、促进个人和集体发展的精神文化力量。这种文化的多元价值表现在多个层面上，不仅影响经济的增长方式，促进产业的结构优化和升级，还在于其对个体心智模式的重塑和对社会风气的净化和提升。

从经济发展角度看，创新创业文化的培育和发展能够促进更多的创新资源配置和利用，激发市场活力和社会创造力。这种文化呼吁不断地进行技术更新和管理创新，提倡通过科技进步和创新模式来实现产业迭代升级，这不仅能够扩大就业、增加收入，还能够提高经济的质量和效益，推动经济结构向更加合理、更具竞争力的方向转型。

从社会进步的视角，创新创业文化的建设有助于塑造一个更加开放、包容的社会环境。这种文化鼓励人们敢于质疑现状、勇于挑战自我，强调在探索未知、实现自我价值的过程中持续学习和成长。这种持续的推进和鼓励能够有效地促进知识的积累和传播，促使社会舆论和价值取向更加积极向上，为社会的和谐发展提供精神动力。

在个体层面，创新创业文化能够激发人们的创造潜力和创业热情，帮助他们建立自信心和责任感，促使个体不断突破自我，实现自我价值。这种文化背景下，个体能够更加自由地表达自己的想法和创意，更加勇敢地面对失败与挑战，从中汲取经验，促进个人的全面发展和成长。

对教育体系而言，创新创业文化的培育对于激发学生的创造思维和实践能力，建立终身学习的观念至关重要。这种文化鼓励学校和教育机构开展更多的创新实践活动，通过案例学习、项目合作等形式，让学生在实践中掌握创新创业的知识和技能，培养面向未来的创新人才。

此外，创新创业文化还具有重要的国际价值。在全球化的背景下，这种文化能够帮助国家和地区提升自身的国际竞争力，促进跨文化的交流与合作，推动全球范围内的知识共享与技术传播，为解决全球性问题如环境保护、可持续发展等贡献力量。

综上所述，创新创业文化的多元价值在于其能够促进经济发展和产业升级，构建和谐社会，提升个体能力和品质，优化教育体系，以及提升国家在国际舞台上的影响力和竞争力。这种文化的培育和发展需要社会各界的共同努力，包括政府的政策支持、企业界的积极参与、教育机构的创新引领以及社会公众的广泛参与，共同塑造更加灵活、开放、包容的创新创业文化环境。

二、创新创业文化在高校中的作用与功能

激发学生的创新意识和创业热情是高校创新创业文化建设中的重要一环，直接影响到学生的创新能力和创业实践活动。在当前社会经济发展的背景下，创新和创业已成为推动社会进步和经济发展的重要力量。高校作为人才培养的沃土，肩负着培养创新型、创业型人才的重要责任。因此，理解创新创业文化的内涵、作用与功能，对于构建一个有利于学生全面发展的教育环境至关重要。

创新创业文化在高校中的作用主要体现在为学生提供了一个积极探索、勇于实践的氛围。这种文化环境能够让学生在学习过程中，不仅仅是获取知识，更重要的是学会思考、学会创新。它能够有效提升学生解决复杂问题的能力，增强其在未来职场中的竞争力和适应力。此外，这种文化还能激发学生的内在动力，引导他们主动探索未知领域，勇于面对挑战。

要激发学生的创新意识和创业热情，首要的是重视创新创业教育的实践性和体验性。通过组织各类创新创业比赛、工作坊、沙龙等形式多样的活动，让学生在实践中学习、在实践中成长。这些活动不仅能够丰富学生的校园生活，还能帮助他们积累实际操作经验，提高解决

实际问题的能力。

同时，高校应该建立健全的创新创业支持系统，为学生的创新创业活动提供必要的物质和精神支持。这包括但不限于提供创业孵化空间、投资引导基金、创新创业指导师等资源。通过这些支持措施，学生能够在学校的帮助下，将自己的创业想法转化为现实，进一步增强他们的创业信心和决心。

除了构建支持体系，高校还应加强创新创业教育与专业教育的融合。在课程设置上，可以引入创新创业相关课程，让学生从理论层面对创新创业有所了解和认识。更为重要的是，在专业课程的教学中融入创新创业的元素，鼓励学生将所学知识应用于现实问题之中，培养他们的创新思维和实践能力。

培养一个良好的校园创新创业文化，还需要全校师生的共同努力。教师在这一过程中扮演着至关重要的角色，他们不仅是知识的传递者，更是创新创业文化的引导者和实践者。教师应通过自己的言传身教，激发学生的创新意识，引导学生积极参与创新创业活动。同时，学生之间的交流与合作也是推动创新创业文化发展的重要途径。通过团队合作，学生可以互相学习、互相激励，共同提高。

总的来说，创新创业文化的营造与提升，需要高校在多个层面上下功夫。从提供实践平台到构建支持体系，从课程融合到师生共同努力，各种措施相辅相成，共同营造一个有利于学生创新意识和创业热情培养的校园环境。通过这样的努力，可以有效提升学生的创新创业能力，为他们未来的职业生涯和个人发展奠定坚实的基础。

提高高校教育教学质量与效果，是现代高教系统中极为重要的一环。随着社会的不断发展和创新创业活动的日益活跃，对高校人才培养的要求也在不断提高，这就需要高校不断优化和提升教育教学的质量与效果，以适应新时代经济社会发展的需要。创新创业文化在高校中的作用与功能，正是在于通过营造良好的创新创业氛围，鼓励学生主动学习、积极探索，最终提高教育教学的质量与效果。

创新创业文化深入到教育教学的各个方面，可以极大地激发学生的创新思维和创业精神。它不仅仅是一种外在的、强制性的要求，更是一种内在的、自觉的动力。在这样的文化氛围下，学生能够在日常学习中不断提出问题，积极思考，勇于创新，不畏失败。这种教育模式能够使学生在实践中学习，在探索中成长，最终实现自我价值的提升。

更进一步，创新创业文化能够促进教师教学方法和手段的革新。在这种文化的影响下，教师更倾向于采用启发式、探究式、参与式的教学方法，而不是传统的填鸭式教育。这种教学方法的转变，有利于提高教学互动性和学生的参与度，从而使教学更加生动、有效，进一步提升教育教学质量与效果。

此外，创新创业文化还能促进学科交叉融合，推动教育内容的创新。在创新创业氛围的激励下，高校逐渐打破学科壁垒，鼓励不同学科之间的交流与合作。这种跨学科的教学模式，有助于学生拓宽知识视野，培养复合型创新人才，更好地适应社会对高素质创新人才的需求。

创新创业文化在高校中的推广，还能够有效提高学生的实践能力和创业能力。通过设置创新创业相关课程，开展创新创业实践活动，如创新工作坊、创业竞赛等，学生能够在实践中学习创新创业的方法和策略，积累实践经验，提高问题解决能力。这样的教育模式对于培养学生的创新能力和创业精神，以及提升其适应社会变化、引领社会发展的能力具有重要意义。

通过上述措施，创新创业文化在高校中的推广和实践，能够显著提高高校教育教学的质量与效果。这不仅体现在学生创新意识和创业能力的提升上，更体现在教育理念的更新、教学方法的改革、课程内容的创新以及学科结构的优化上。这种教育模式的转变，无疑能更好地满足社会对高素质人才的需求，对促进国家和社会的创新发展具有深远的影响。通过创新创业文化的深入推广，高校能够培养出更多具有创新精神和创业能力的优秀人才，为社会的可持续发展提供强大的人才支持和智力支撑。

构建和谐校园文化环境是高等院校创新创业文化推广与深化的重要基础。高校作为培养创新创业人才的摇篮，其文化氛围对学生的价值观、行为模式乃至创新创业精神的培育具有决定性影响。和谐的校园文化环境能够为创新创业提供肥沃的土壤，让学生在积极、健康、开放的氛围中成长。

在和谐校园文化环境中，尊重和肯定个体差异成为共识。学生们的个性和创新精神得到重视和鼓励，他们的不同意见和尝试被认可为创新发展的原动力。这种环境鼓励学生敢于突破传统，勇于尝试新思想、新方法，为创新创业活动的开展提供了强大的精神支撑。

和谐校园文化的建设还体现在师生关系的平等、开放上。教师不仅是知识的传递者，更是学生创新创业路上的引导者和伴行者。他们通过建立互信互敬的师生关系，为学生提供个性化的指导和支持，营造出充满挑战与机遇的学习环境。这种关系的平等与开放促进了知识的交流与碰撞，增强了学生的创新能力和创业意识。

进一步地，高校通过举办各种创新创业活动、比赛和讲座等，丰富校园文化生活，提供了实践平台，让学生能够将理论知识应用于实际，检验和改进自己的创意。这些活动不仅增强了学生的实践能力和团队协作能力，也加深了他们对创新创业文化的认同和归属感。

在构建和谐校园文化环境的过程中，还要注重创新资源的整合和开放。通过校企合作、校际交流等方式，整合校内外的创新资源，为学生提供更广阔的学习和实践平台。公开透明的资源共享机制能够促进知识的自由流动，为学生提供更多的学习机会和挑战，激发其创新创业潜能。

此外，高校还应通过完善的制度保障和激励机制，进一步强化和谐校园文化环境的构建。通过制定明确的创新创业政策、提供必要的支持和服务、设立奖学金和激励措施等，为学生的创新创业活动提供坚实的后盾。在保障学生基本权益的同时，充分激发其创新创业的动力和热情。

构建和谐校园文化环境是一个系统工程，需要高校以开放的心态、创新的举措、完善的机制，营造一个充满活力、支持创新、鼓励创业的校园文化生态。在这样的环境下，学生能够自由探索、勇敢创新，释放创新创业潜能，成为真正的时代新人，为社会的发展贡献自己的力量。

第二节 创新创业文化氛围的营造策略

一、校园文化活动的丰富与拓展

多元化文化节庆活动的设计与实施是推动校园创新创业文化氛围营造的重要手段。通过精心设计和合理实施多样的文化节庆活动，不仅可以丰富校园文化生活，激发学生的创意思维和创新能力，而且有助于营造一种鼓励创新、庆祝创业的校园文化氛围。在设计多元化文化节庆活动时，应充分考虑活动的包容性、创新性和互动性，确保活动能够吸引广泛的师生参与，激发他们的创新意识和创业热情。

为了设计具有吸引力的多元化文化节庆活动，首要任务是确保活动主题的多样性和包容性。可以结合传统节日和现代元素，设计一系列既展现地方文化特色，又融合国际视野的节庆活动。例如，结合湖南独有的文化资源，举办以"湖湘文化"为主题的创新创业节，通过系列讲座、工作坊和比赛等形式，展示湖湘文化与创新创业的深度融合。同时，也可以引入国际节日元素，如举办"国际创新创业文化周"，邀请世界各地的创新创业教育机构参与，促进国际交流与合作。

创新性是设计多元化文化节庆活动的另一个关键。活动内容不应局限于传统形式，而应引入新鲜元素和创新方法。比如，利用数字技术创建虚拟节庆活动平台，邀请学生参与线上创新大赛、虚拟实境体验等新型活动，不仅拓宽了活动形式，也为学生提供了更多展示创新成果的机会。此外，活动的设计还应注重突出实践和体验，如通过模拟创业项目赛、创新工作坊等让师生身临其境地感受创新创业过程，从而激发他们对创新创业的热情和兴趣。

互动性是确保文化节庆活动成功实施的另一要素。活动应鼓励师生之间、学生之间的交流与合作，通过团队参与和互动环节加深他们对创新创业文化的共识。例如，在活动中设置创业故事分享会，邀请校内外成功的创业者分享经验，并设有问答互动环节，使师生能够直接从创业实践者那里获得灵感和指导。同时，还可以通过建立创新创业社群、开展联合项目等方式，促进不同学科背景的师生围绕共同的创新创业目标进行交流合作。

实施多元化文化节庆活动时，还需注意活动的持续性和影响力。一方面，要定期举办各种节庆活动，形成稳定连续的创新创业文化活动体系，让创新创业氛围成为校园文化的重要组成部分。另一方面，通过各种媒介渠道，如校园网站、社交媒体等，广泛传播活动信息和成果，扩大活动影响力，吸引更多师生的关注和参与。

通过这些策略的实施，可以有效地设计和开展多元化文化节庆活动，从而在校园内营造出一种鼓励探索、庆祝创新的氛围。这不仅有助于激发学生的创新潜能和创业精神，也为高校创新创业教育提供了丰富的实践平台，最终实现科教铸魂、培育新时代工匠的目标。

在高校培养新时代下创新创业工匠的过程中，创新竞赛与项目展示平台的建设是一个重要的环节。这不仅能够为学生提供一个将理论知识转化为实践技能的舞台，还能够有效提升学生的创新意识和创业能力，同时为高校营造良好的创新创业文化氛围。

创新竞赛与项目展示平台是一种能够集中展现学生创新成果的平台，它既是一种竞争机制，也是一种合作机制。通过组织各类创新竞赛和项目展示，可以激发学生的创新激情和探索欲望，培养学生的团队协作能力、问题解决能力和批判性思维能力。此外，这些活动还为学生提供了一个自我展示的机会，让他们能够得到企业和社会的关注，从而增强就业竞争力。

创建这样一个平台首要的是要确保其开放性和包容性。高校应当鼓励来自不同学科、不同专业、不同年级的学生参与，无论是理工科学生还是文科学生，都应当有机会展示其创新思想和创业项目。因此，设计的竞赛项目和展示内容要多样化，既要有技术创新类的，也要有社会创新、文化创新类的，以此来满足不同学生的兴趣和特长。

在营造氛围上，高校需要通过一系列政策支持和激励机制来激发学生的参与热情。比如，为获奖的项目提供一定的奖学金支持、创业指导服务以及孵化平台资源接入等。同时，通过邀请行业内的专家和优秀校友开展讲座、研讨，不仅可以提供给学生更多的学习和交流机会，还能搭建起学生与行业之间的桥梁，帮助学生更好地理解行业需求和发展趋势。

除了竞赛和展示外，日常的创新氛围营造也不容忽视。高校可以通过设置创新实验室、创业工作坊等，为学生提供日常的实践和探索空间。这些场所应当对学生开放，鼓励学生自主开展研究和项目实践，同时提供必要的技术和财政支持。

在推动这些活动的过程中，教师的角色也非常关键。高校应当鼓励教师参与到创新教育的实践中，通过课题研究、实践指导等方式，帮助学生提升创新能力和实践技能。同时，教师也可以通过自身的研究和社会联系，为学生提供更多的实践机会和资源。

最终，通过创新竞赛与项目展示平台的建设与完善，不仅能够提升学生的创新能力和实践技能，还能够极大地丰富校园文化生活，营造浓厚的创新创业氛围，从而为培养新时代湖南高校创新创业工匠奠定坚实的基础。

在当今社会，创新与创业已成为推动社会发展的重要动力，高校作为培养创新创业人才的沃土，有必要营造良好的创新创业文化氛围。校园创业社团与工作坊的互动促进计划，是营造这样一个氛围的有效手段之一。该计划旨在通过校园内各种创业社团与工作坊之间的紧密合作与交流，来鼓励和激发学生的创新思维和创业精神。在实施这项计划时，应重视以下几个方面：

首先，加强创业社团与工作坊之间的联系。通过组织定期的交流活动、联合举办创新创业讲座和竞赛，让创业社团的成员与工作坊的参与者能够相互学习、相互启发。这种形式的交流不仅能够拓宽学生的知识视野，还能够激发他们的创新思维，增加不同领域间的融合与创新。

其次，利用工作坊作为实践平台，让创业社团的学生能够将理论知识与实践相结合。在工作坊中，学生可以实际操作，如进行产品设计、原型制作等，这样的实践机会对于培养学生的动手能力和解决实际问题的能力具有重要意义。同时，工作坊还可以提供技术指导和资源支持，帮助创业社团的学生将创意转换为具体的产品或服务。

再次，鼓励创业社团与工作坊共同参与社会实践活动。通过与企业、非政府组织等外部机构的合作，组织学生参与实际的创新创业项目。这样的社会实践活动不仅能让学生把在学校学到的知识运用到实际中，还能增强他们的社会责任感和团队合作能力，为将来走向社会打下坚实的基础。

此外，对于在互动促进计划中表现突出的学生和团队，学校应给予一定的物质和精神上的奖励，以此来激发更多学生的参与热情。奖励机制可以包括资金支持、创业辅导、参加专业训练营的机会等，这些都将为学生的创新创业之路提供更多可能。

最后，在推进校园创业社团与工作坊的互动促进计划的过程中，还应着重提升教师指导的专业性。通过定期组织教师就创新创业领域的最新发展进行学习和研讨，提高他们在指导学生创新创业实践方面的能力。同时，也可以邀请创业成功人士、行业专家进校交流，为学生提供更多学习与启发。

综上所述，校园创业社团与工作坊的互动促进计划，通过强化内部交流、提供实践平台、参与社会实践以及建立奖励机制和提升教师专业性等措施，有效营造和提升了校园内的创新创业文化氛围。这样的氛围不仅有助于激发学生的创新思维和创业精神，还能促进学生综合能力的提升，为他们未来的创新创业之路奠定坚实的基础。

二、创新创业典型的培育与宣传

塑造创新典型的形象对于营造和提升高校中的创新创业文化氛围具有重要的意义。在新时代背景下，创新已成为国家发展的核心驱动力，促使高校更加重视培育具有创新精神和创业能力的人才。通过塑造一批创新典型的形象，不仅可以直观展示创新创业的成功案例，鼓舞和激励更多学生积极投身创新创业实践，而且还能够形成浓厚的创新文化氛围，为高校创新创业教育提供有力的精神动力和文化支撑。

塑造创新典型的形象首先需要精准定位创新典型的选取标准和范围。这包括但不限于对学科领域的开拓者、技术创新的引领者以及社会问题解决方案的创造者等各个方面的领军人物进行认定和选取。这些创新典型应当是在各自领域中取得显著成绩、影响深远的人物，他们的事迹和精神能够代表和引领时代潮流，具有强烈的示范效应和传播价值。

在创新典型的培育和宣传过程中，应当注意多元化的表现手法。利用网络平台、社交媒体、校报校刊等多种渠道，全方位、多角度地展示创新典型的事迹和精神风貌。同时，结合视频访谈、专题报道、互动讲座等形式，使其故事更加生动鲜活，更容易产生共鸣。通过这些形式的多样化，可以让创新典型的形象更加立体化，更加接地气，从而更容易被广大师生所接受和认同。

此外，塑造创新典型的形象还需要依托校园文化的建设和完善。将创新典型的故事和精神融入到校园文化中的各个方面，如设立创新人物雕像、命名学术交流中心、开展主题性的文化活动等，使创新文化成为校园文化的重要组成部分。通过这种方式，可以使创新典型的影响力渗透到学校的日常教育和学生的学习生活中，进一步强化其示范和引领作用。

培育和宣传创新典型的形象，还需注重创新典型与学生之间的互动与链接。可以通过组织创新典型进校园活动、创新创业竞赛、工作坊、导师制等形式，搭建平台和桥梁，使学生有机会近距离感受创新典型的风采，从而受到激励和启发。在实践中寻找创新灵感，增强解决实际问题的能力，从而培养出更多具有创新意识和创业能力的人才。

较终，塑造创新典型的形象并非一蹴而就，而是需要高校持续不断地投入资源和精力，构建长效机制。这不仅包括定期更新创新典型的选取和宣传，更包括不断完善校园创新文化的建设，创造更多让创新典型成长和涌现的土壤和环境。通过这些努力，可以不断提升高校创新创业文化的内涵和层次，构建更加健康、活跃的创新生态系统，为培养新时代的高素质创新型人才提供有力支撑。

强化创业故事的传播力度，是在创新创业文化氛围营造中不可或缺的策略之一。这种策略的核心在于通过有效传播那些成功或有教育意义的创业故事，来激发和提升大众尤其是高校学子的创业热情和创新意识。一个生动、鼓舞人心的创业故事能够深刻影响人们的心灵，激励他们勇于追求自己的创业梦想，这对于培育一种鼓励创新、敢于尝试的社会风气至关重要。

要有效地强化创业故事的传播力度，首要的任务是挖掘和收集那些有价值、有意义的创业故事。这些故事可以来源于历史上的商业巨头，也可以来自当下的创业新星。重要的是，这些故事需要能够体现创业的过程中所面临的挑战、所付出的努力、所经历的失败，以及最终取得成功的喜悦。如此，才能更全面、更真实地向人们展示创业之路的不易，从而激发人们内心的共鸣和对创业的深刻理解。

此外，对于这些创业故事的包装和传播方式也需要精心设计。在数字媒体和互联网技术日益发达的当下，利用多媒体、社交平台、网络短视频等多种形式进行创业故事的传播，可以极大地提高故事的覆盖面和影响力。通过图文结合、视频讲述等生动形式，可以使得创业故事更加形象和感人，更容易引发人们的情感共鸣，从而加深对这些故事的记忆和认同。

教育机构和政府部门在强化创业故事传播过程中起到的作用同样重要。高校可以通过开设创业课程、组织创业讲座和创业分享会等方式，定期邀请成功创业者来校分享他们的经验和故事，这样不仅可以为学生提供学习和交流的机会，也可以近距离地感受创业者的魅力和实力，从而在学生心中种下创业的种子。同时，政府和相关部门可以通过颁奖认定、媒体报道等方式，对有突出贡献的创业者和创业故事进行表彰和宣传，进一步提高这些正能量故事的社会影响力。

值得注意的是，在传播过程中，应当注重故事的真实性和正面价值的引导。过度夸大或虚构创业故事不仅会失去教育意义，反而会误导公众的创业观念和价值取向。因此，传播中需对故事进行客观、真实地呈现，强调创业的过程中既有困难和挑战，也有收获和成功，鼓励人们以正确的态度和方法面对创业路上可能遇到的问题。

通过以上手段，强化创业故事的传播力度能够有效提升社会对创新创业的关注度和认可度，进而营造出一种鼓励创新、支持创业的良好文化氛围。这种文化氛围的形成和发展，对于激发人们的创业激情、促进创新创业活动的蓬勃发展、推动社会经济的健康发展都具有重要的促进作用。因此，强化创业故事的传播力度是构建创新型国家、推进高质量发展不可或缺的重要环节。

第三节　创新创业文化氛围的提升途径

一、制度创新与政策支持

政策激励措施在提升创新创业文化氛围中扮演着至关重要的角色。制定优惠政策和提供有力支持是政府及相关部门激发高校师生参与创新创业活动积极性、主动性的有效途径。从多个维度综合考量，政策激励措施主要包括经济支持、精神鼓励、服务保障和环境营造四个方面。

在经济支持方面，设立专项基金支持高校创新创业项目是一种常见且有效的措施。这类基金既可以来自政府，也可以源于企业和社会的捐赠。通过提供启动资金、项目研发经费、风险投资等资金支持，降低师生创新创业的门槛和风险，增强其创新创业的动力和自信。此外，通过对成功案例给予奖励，如税收优惠、科研成果转化奖励等，也是鼓励创新创业活动的重要经济激励措施。

精神鼓励方面，构建正面激励机制以表彰创新创业中取得显著成绩的个人和团队至关重要。可以通过设立创新创业奖项、举办成果展示会等形式，对优秀项目和个人进行公开表彰。这样不仅能给予直接的荣誉感和成就感，还能在高校内部营造尊重创新、鼓励创业的良好氛围。

服务保障方面，提供全方位的创新创业服务是政策激励措施中不可或缺的一环。这包括但不限于开设创新创业相关课程和讲座、建立创业孵化基地、提供项目申报咨询和指导等。通过这些举措，可以有效降低师生创业的信息不对称问题，提供必要的知识和技能支持，从而提升其创新创业的能力和成功率。

在环境营造方面，创造一个开放包容的创新创业文化至关重要。政府及相关部门应通过优化政策环境、简化创业手续、加强知识产权保护等方式，为创新创业活动提供良好外部环境。与此同时，高校内部也需要构建一个支持和鼓励创新创业的文化，如鼓励师生跨学科合作、加强与企业和社会的联系等，从而为创新创业提供更加肥沃的土壤。

通过上述措施的实施，可以有效激发和提高高校师生的创新创业热情，为建立和优化创新创业文化氛围提供强有力的支持。政策的引导和支持是构建创新型国家和社会的核心力量，同时也是推动高教系统不断适应新时代要求，培养更多创新型人才的重要保障。通过综合运用各类政策激励措施，不仅能促进高校创新创业项目的增多和质量的提高，也能在更广泛的社会层面上形成鼓励创新、支持创业的良好风气，为实现经济和社会的可持续发展提供不竭动力。

服务体系建设是创新创业文化氛围提升的重要途径，它不仅能为创新创业者提供全面的支持，还能促进高校和社会资源的有效整合，从而为新时代的湖南高校创新创业工匠培养机制注入新的活力。在构建完善的服务体系过程中，需要从以下几个方面着手。

首要要素是搭建信息服务平台，这是服务体系建设的基础。通过这个平台，能够及时为创业者和创新者提供各类市场动态、政策环境、科技进展等信息，为他们的决策提供参考。同时，这个信息服务平台还能作为各类资源对接的桥梁，帮助创新创业者找到所需的技术、资金、人才等资源。

资金支持是服务体系不可或缺的一部分。无论是创新还是创业，都避免不了对于资金的需求。因此，必须努力优化资金支持机制，比如设立专门的创新创业基金，为有潜力的项目提供种子资金、启动资金等。此外，还可以通过政府引导，鼓励社会资本、风险投资等进入创新创业领域，形成多元化的资金支持体系。

人才培养和团队建设则是服务体系的重要组成部分。高校要积极探索与行业、企业的合作模式，通过设立实习基地、联合实验室等方式，为学生提供接触实际问题、参与项目实践的机会，以此培养出更多具备工匠精神的创新创业人才。同时，还要通过举办创新创业比赛、研讨会等活动，鼓励学生建立跨学科团队，促进知识和技能的交叉融合。

政策制定和法律支持是保障服务体系顺畅运作的基础。高校和政府部门要相互协同，针对创新创业过程中可能遇到的问题，比如知识产权保护、税收减免、创业教育等，制定出相应的政策措施。同时，应当完善相关法律法规，为创新创业者提供更为安全、稳定的运营环境。

创业导师制也是服务体系中不可忽视的环节。邀请有经验的企业家、专家担任导师，为创新创业者提供一对一的指导和咨询服务，这不仅能够帮助他们提高创新能力和商业运营能力，还能够帮助他们找到合适的合作伙伴。

除此之外，创新创业文化的培育也是提升服务体系建设的重要环节。通过举办各类创新创业主题活动、分享会、工作坊等，营造浓厚的创新创业氛围，激发全校师生的创新创业热情，同时向社会传递创新创业的正能量。

在服务体系建设过程中，高校需要发挥主体作用，整合校内外资源，积极寻求政府、企业和社会的支持与合作。通过构建完善的服务体系，不仅能为创新创业者提供全方位的支持，还能进一步强化创新创业文化，最终实现高校创新创业工匠培养机制的持续优化和提升。

在探索创新创业文化氛围的提升路径时，制度创新与政策支持是基础，而案例示范与经验分享则是落地的关键。通过具体的成功案例和丰富的经验交流，不仅可以为创新创业者提供可行的操作指南，还能够激发更多人的创新热情，形成浓厚的创新创业文化氛围。

制度创新提供了创新创业活动的规范指导和保障，政策支持为创新创业者提供了优惠条件与资源平台。但是，这两者的成效往往需要通过具体的案例来展示其实际应用和导向作用。案例示范具有直观性和可信性，能够清晰展示政策如何在实际中得以有效执行，以及制度如何在实际操作中发挥作用。此外，案例还能够体现创新创业活动的多样性和灵活性，展现出在不同环境下，创新创业者如何通过制度和政策的支持实现自身价值，进而激发更多人的创业热情和创新动力。

经验分享则是知识传递和智慧启发的重要渠道。它不仅包括技术、管理、市场等方面的知识分享，更包括对创业过程中遇到的困难、挑战以及如何解决这些问题的深入讨论。这种经验的分享能够帮助创业者避免重复走弯路，快速找到适合自己的发展路径。此外，经验分享还能够促进创新创业者之间的交流合作，建立起一种相互支持、共同成长的社群文化，进一步加强创新创业文化的内在凝聚力。

通过案例示范与经验分享，可以将抽象的政策和制度转化为具体、可操作的行动指南，使得创新创业者能够在实践中有的放矢，同时也为其他潜在的创新创业者提供了学习的范本和启示。这种模式的成功实施，需要依托于完善的信息交流平台，比如举办创新创业大赛、论坛、讲座等活动，搭建线上交流平台等，以保证信息的广泛传播和交流的高效进行。

此外，高校和政府机构应当发挥积极的引导和支持作用，鼓励创新创业者分享自己的经验和教训，为他们提供展示的舞台和机会。同时，还需要通过构建一套科学的评价和激励机制，对那些在创新创业活动中取得突出成绩的个人或团队予以表彰和奖励，以此来强化案例示范的效果，进一步激发社会各界对创新创业的关注和支持。

通过这种方式，不仅能够促进创新创业文化的深入发展，还能够帮助构建一个更为开放、包容、活跃的创新生态环境。在这样的环境下，更多的人将会被吸引参与到创新创业行列中来，共同推动社会的进步与发展。

二、师生共同参与的文化建设

促进校园多元文化交流对于高校而言，是提高创新创业文化氛围的重要途径之一。在这个过程中，师生共同参与的文化建设发挥着不可或缺的作用。校园作为知识传播和文化交流的重要场所，具备了多样化的文化资源和社会背景。这样的环境为促进多元文化交流提供了天然的优势。

多元文化交流的核心在于尊重差异、包容多样性和促进相互了解。高校应鼓励学生和教师来自不同国家、地区、民族和文化背景的交流与合作，通过这些交流活动，可以有效地拓宽师生的视野，增强他们对不同文化的认识和理解，从而培养出具有全球视野的创新创业人才。

在具体实践中，高校可以通过组织多种形式的跨文化交流活动来促进多元文化的融合。例如，可以定期举办国际文化节、多元文化主题讲座、跨文化工作坊等活动，邀请来自不同文化背景的学者、专家和学生分享他们的文化知识和经验。通过这些活动，不仅可以增加师生对全球多样性文化的理解，而且还能激发他们对创新和创业的兴趣与热情。

此外，高校还应该利用现代信息技术，如社交媒体、网络论坛和在线交流平台，为师生提供更为便捷的跨文化交流渠道。通过这些平台，师生可以更容易地接触到不同文化的思想和观点，进一步促进文化的交流与融合。线上交流也为那些身处偏远地区的学生提供了平等参与多元文化交流的机会，使得文化交流活动的覆盖面更为广泛。

在促进多元文化交流的同时，高校还需要关注培育学生的文化敏感性和跨文化沟通能力。这不仅仅是通过理论教育来实现，更重要的是通过实践活动中的亲身体验来达成。比如，可以鼓励学生参与国际志愿者活动、国际交换学生项目等，亲自到不同文化背景的国家和地区去学习和体验，真正做到身临其境地感受和学习不同文化。

对师生而言，参与多元文化交流活动不仅是获取知识的途径，更是一种提升个人综合素质的重要方式。这种跨文化的学习和交流经历能够培养师生的全球竞争力，为他们今后涉足国际化的创新创业领域奠定坚实的基础。

综上所述，在高校创新创业教育中，通过师生共同参与的文化建设活动，营造和促进多元文化的交流氛围，对于开阔师生视野、提升跨文化竞争力以及培养具有全球视野的创新创业人才具有重要意义。这不仅可以增强师生的文化认同感和归属感，而且还有助于打造一个充满活力、包容性强的校园文化环境，从而有效地推动创新创业教育的深入发展。

在探索创新创业文化氛围的提升途径中，搭建共创共享平台显得尤为重要。这种平台的建立不仅是物理空间的创设，更是一个促进师生间互动交流、知识共享与创新灵感碰撞的生态系统。在这样的平台上，教师和学生能够跨学科、跨领域地合作，实现知识与经验的互补，从而促进创新创业项目的高效孵化。

该平台的构建首要是依托先进的信息技术，利用网络资源和社交媒体工具，打造一个虚拟的合作空间。在这个空间里，每一位成员都可以自由地分享自己的想法和成果，无论是研究论文、项目原型还是创业计划书。这样的自由交流不仅能激发成员间的创造力，还可以及时地收集反馈，促进项目的迭代更新和优化。

除了虚拟空间的建设，实体空间也同样重要。高校可以在校园内设立创新工作室、创业孵化器等实体平台，为师生提供必要的物理资源和技术设备。这些实体平台不仅能为师生提供进行实验、原型制作的场所，更是促进面对面交流和团队合作的重要场所。这种实体与虚拟的结合，可以极大地提升创新创业文化的氛围，促进知识的内化和创新能力的提升。

在共创共享平台上，举办各类比赛和活动也是提升创新创业文化氛围的有效途径。比如创意大赛、创业挑战赛、黑客松等，这些活动不仅可以吸引师生的广泛参与，还可以将校外的创业资源和投资者引入校园，为师生提供更多接触市场的机会。通过这些活动的举办，师生能够在实践中学习和锻炼，不断提高自身的创新创业能力。

促进师生共同参与的文化建设，还需要高校从制度层面给予支持和鼓励。学校可以制定相应的政策，明确创新创业活动在教师评价体系中的比重，对于在创新创业活动中表现突出的师生给予奖励和表彰。这种制度上的激励机制，可以有效提高教师和学生参与创新创业活动的积极性。

进一步说，建立一个包容性强的文化环境也是搭建共创共享平台的关键。这样的环境鼓励尝试和容错，让师生不畏失败，勇于实践自己的创意和创业计划。只有在这样的文化氛围中，师生的创新潜能才能得到充分发挥，共创共享平台才能真正成为培育创新创业工匠的沃土。

在共创共享平台上，师生的交流和合作不局限于校内，还应拓展到校外。高校可以与企业、研究所等建立合作关系，为师生提供更多接触实际问题的机会。这种校企合作不仅能够使师生的创新创业活动更加贴近市场需求，还可以为他们提供转化成果的途径，实现知识和技术的有效转移和商业化。

搭建共创共享平台的目的在于打造一个促进创新创业的生态系统，这要求平台不仅是知识和资源分享的场所，更是思想碰撞和精神交流的空间。通过师生的共同努力，这样的平台能够培养出更多具有创新精神和创业能力的高校工匠，为新时代的湖南乃至全国的经济发展和社会进步贡献力量。

加强师生创新能力培养是构建高校创新创业文化的重要组成部分，它要求教育机构不仅提供理论知识的学习，还要着重于实践能力和创新思维的培养。这一过程中，教师与学生的共同参与成为推动这一文化营造的关键因素。

教育体系中的教师不再仅是知识的传递者，而是成为学习者发展创新能力的引导者和支持者。教师通过自身的研究实践，将最新的科研成果和创新方法引入课堂，激发学生的好奇心和探索欲。同时，教师还需要通过设计具有挑战性的项目和问题，鼓励学生跳出书本知识，应用所学进行实际问题的解决。在这一过程中，学生的主动性和自主性被极大地提升，创新意识和能力也随之增强。

学生在提高创新能力的过程中，不应被动地接受知识。他们需要积极地参与到科研项目、竞赛活动与社会实践中，通过实践活动感受创新的过程，体验失败与成功，从而培养解决复杂问题的能力和面对挑战的勇气。高校应当为学生提供丰富的平台和资源，包括创新实验室、创业孵化器等，以支持学生的创新实践。

同时，高校应当建设鼓励创新的制度环境。这包括制定激励政策，对在创新创业中取得成效的师生给予奖励和表彰，从而形成全校范围内重视创新、敢于尝试的风气。此外，创新能力的提升还需要校内外资源的整合，加强与企业、研究机构的合作，使师生能够接触到最前沿的创新成果和实践平台，拓宽视野，提升能力。

培养师生的创新能力也需要注重个性化和差异化的教育策略。每位学生的兴趣、能力和发展方向各不相同，教育过程中应充分考虑个体差异，提供个性化的学习计划和指导。这种差异化的教育不仅能更好地激发学生的潜力，还能让他们学会在不同的团队角色中发挥特长，为未来的创新团队合作奠定基础。

加强师生创新能力的培养是一个系统工程，它需要教育者不断更新教育理念，探索更有效的教学方法。同时，也需要学生积极投身于创新实践，培养创新思维和实践能力。只有通过师生的共同努力，才能有效地构建和提升高校的创新创业文化氛围，为社会培养出更多具有创新精神和实践能力的高素质人才。

举办创新创业竞赛活动是提升创新创业文化氛围的有效途径之一。这种活动不仅能够激发学生的创新热情和创业动力，而且还能够促进师生之间的交流合作，共同推动学校创新创业文化的建设。创新创业竞赛活动通过模拟真实的创业环境，让参与者在寻找商机、团队建设、项目规划、市场营销等方面得到实践，从而培养他们的创业思维和实际操作能力。

在举办这类竞赛活动时，需要注意活动的设计与实施应以增强参与者创新创业能力为目标，围绕创新理念的提出、创业计划的制定、商业模式的验证等核心环节组织。活动可以设置不同的阶段，比如创意提交、项目策划、路演展示等，每个阶段都需要参与者在导师的指导下，完成相应的任务，这既能增强活动的趣味性，也能确保活动的专业性和实用性。

通过邀请有成功创业经验的校友或社会知名创业者作为评委或导师，参与活动的指导和评审，可以为竞赛活动增添实战色彩。这些经验丰富的创业者不仅能提供宝贵的指导意见，更能将自己的创业故事和经验传授给学生，极大地激发他们的创业激情与创新思维。

此外，创新创业竞赛活动的成功举办还需要依托强大的宣传平台和丰富的资源支持。通过校园网站、社交媒体、校园广播等多种渠道进行广泛宣传，能够有效提高活动的知名度，吸引更多师生的关注和参与。同时，通过与企业、政府部门以及其他教育机构的合作，可以为竞赛活动提供资金支持、技术指导、场地资源等，从而确保活动的顺利进行。

举办创新创业竞赛活动还可以作为一种手段，将创新创业教育融入课程教学中，鼓励教师在教学过程中引入创业案例分析、项目实践等内容，以实际行动促进师生共同参与学校创新创业文化的建设。这样做不仅能够提升学生的理论知识和实践能力，更能够培育他们面对困难挑战时的创新思维和解决问题的能力。

通过组织举办各类创新创业竞赛活动，可以极大地促进学校内外创新创业资源的整合与利用，为学生提供一个展示创意、实践创新、尝试创业的平台。这不仅有助于激发学生的创新潜能，还能够促进校园创新创业氛围的整体提升，为社会培养出更多具有创新意识和创业能力的高素质人才。通过这样的活动，学校可以不断探索和完善创新创业教育的方法和路径，进一步推动创新创业文化的深入发展。

第十章 新时代湖南高校创新创业工匠培养的未来展望

第一节 未来发展趋势与挑战分析

一、高等教育改革与发展的新趋势

（一）教育模式创新的优势

技术驱动下的教育模式创新正成为高等教育改革与发展的明显趋势。随着信息技术的迅猛发展，特别是云计算、大数据、人工智能等技术在教育领域的广泛应用，技术不仅改变了人们获取信息的方式，也深刻影响了教育教学方法和教育理念的创新。在这样一个背景下，教育模式创新已经变得不可避免，它要求教育者不仅要掌握传统的教学知识和技能，还需要了解和应用最新的技术，以适应这种变化。

互联网和数字化技术的应用正在推动教育资源的数字化和网络化，这不仅极大地丰富了教育资源，也使得教育内容更加个性化和多样化。学习者可以根据自己的需要和兴趣，随时随地访问这些资源，突破了时间和空间的限制。此外，信息技术的应用还使得教育过程更加互动和合作，学习者可以通过网络平台与其他学习者或教师进行交流和合作，这种交流和合作不仅可以增强学习效果，也可以培养学生的团队合作能力和社会交往能力。

人工智能技术的发展为教育个性化和智能化提供了可能。通过对大数据的分析，可以准确地评估学生的学习能力、学习风格和学习需要，从而为每个学生提供定制化的学习计划和学习内容。此外，人工智能技术还可以通过智能问答、智能推荐等形式，给学生提供实时的学习支持，帮助他们解决学习过程中遇到的问题。

虚拟现实和增强现实技术的应用则为教育带来了全新的学习体验。通过这些技术，学生可以进入虚拟的学习环境，进行沉浸式的学习体验。这种学习方式不仅可以增强学生的学习兴趣，也可以提高学习效率。特别是在科学实验、医学教育、历史教育等领域，虚拟现实和增强现实技术能够提供难以在现实环境中实现的学习体验。

（二）教育模式创新的挑战

尽管技术驱动下的教育模式创新带来了许多优势，但也面临着不少挑战。首要挑战是如何保证教育质量和教学效果。虽然数字化和网络化的教育资源极大地丰富了教育内容，但也存在信息过载的问题，如何从海量的信息中筛选出真正有价值和适合学习者需要的内容，是一个需要解决的问题。此外，虽然信息技术能够提供更多的互动和合作机会，但在线学习的自律性和互动性如何与传统教室教学相结合，也是一个值得探索的问题。

此外，技术的普及和应用还需要相应的硬件和软件支持，以及教师和学生的技术应用能力。对于一些资源不足的地区或学校，如何提供必要的技术支持和培训，以使所有学生都能享受到技术带来的教育改革成果，是一个亟待解决的问题。同时，随着教育技术的发展，如何保护学生的隐私和安全，防止数据滥用和信息泄露，也是技术驱动下教育模式创新需要面对的重要挑战。

技术驱动下的教育模式创新，不仅仅是一项技术革新，更是一场教育理念和教育方法的革命。它要求教育者对教育价值和目标有更深的理解和思考，只有这样，才能有效地利用技术支持和促进教育的发展，培养出适应新时代需要的高素质人才。

跨学科融合培养模式作为未来高等教育改革与发展的一大趋势，正日益受到教育工作者及学术界的重视。这种培养模式的核心理念在于打破学科之间的界限，通过整合不同学科的教学资源和研究方法，培养学生具有创新思维和解决复杂问题的能力。

在当今社会，科技日新月异，社会对高素质复合型人才的需求与日俱增。面对这一挑战，跨学科融合培养模式显得尤为关键。这种模式鼓励学生跨出本专业范畴，学习和掌握其他学科的知识和技能。比如，一个学习计算机科学的学生，同时也能学习心理学、设计思维等非计算机科学领域的课程，以此来拓宽他的知识领域，增强解决实际问题的能力。

此外，跨学科融合培养模式也强调实践与理论的结合。通过项目为导向的学习方式，学生可以在真实或接近真实的环境中，将所学知识运用到解决具体问题中去。这种学习方式不仅能够增强学生的实践操作能力，还能促进学生团队合作能力和跨学科沟通能力的培养。

企业和社会的需求也是推动跨学科融合培养模式兴起的重要因素。随着技术的发展和行业界限的模糊，很多新兴的行业和职业都需要具备多学科知识背景的人才。因此，高等教育机构在招生和培养方案制定时，更倾向于采用跨学科融合的方式，以实现人才培养目标与社会需求的对接。

然而，跨学科融合培养模式的实施也面临着一系列挑战。这包括课程设计的难度增加、教师跨学科教学能力的提升需要、学校管理体制的调整等。要实现高质量的跨学科教学，就需要教育工作者跳出传统学科框架，采取更为开放和包容的态度，同时，也需要大力改革现有的教学体系和管理机制，提供必要的支持与资源。

为了应对这些挑战，高等教育机构可以采取一系列措施，比如加强教师之间的交流与合作，鼓励和支持教师进行跨学科教学研究和实践；优化课程结构，设计更多集成了不同学科知识的课程，以及增加学生的跨学科项目实践机会。

跨学科融合培养模式的推广，对于满足新时代经济社会发展需要具有重要意义。它不仅能够为社会培养出更多高质量的复合型人才，还能促进高等教育自身的改革与发展，从而在全球化的背景下增强国家的教育竞争力。尽管实施过程中可能会遇到一系列困难和挑战，但只要持续探索和优化，跨学科融合培养模式无疑将成为高等教育改革的一大亮点，为培养新时代的创新创业工匠人才贡献力量。

二、创新创业工匠培养面临的新挑战

（一）技能需求的变化

全球化竞争的加剧不仅让世界变成了一个紧密相连的网络，也使得各行各业的技能需求发生了显著变化。在这种环境下，创新创业工匠的培养面临着一系列新的挑战。技能需求的变化主要表现在几个方面：跨界融合能力的增强、快速适应新技术的能力、持续学习与创新思维的培养。

跨界融合能力在今天显得尤为重要。随着科技的发展和行业界限的不断模糊，不同领域之间的交叉与融合成为常态，如信息技术与传统制造业的深度结合，就诞生了智能制造等新模式。这要求工匠们不仅要掌握本领域的专业知识，还要具备跨领域的通识教育和实践能力，能够灵活运用不同领域的技能和理论解决问题。

快速适应新技术的能力也是判断一个工匠是否能够在全球化竞争中立足的关键。技术的更新迭代速度越来越快，从人工智能、大数据到物联网、区块链，每一次技术革命都极大地改变了产业结构和就业格局。因此，工匠们必须具备快速学习和掌握新技术的能力，以确保自身的技能不会因市场需求的变化而变得过时。

持续学习与创新思维的培养是应对全球化竞争加剧下技能需求变化的另一个重要策略。在知识更新换代的时代背景下，仅仅依靠学校教育所获得的知识和技能是远远不够的。工匠们需要培养自主学习的习惯，持续地获取新知识，提升自己的能力水平。同时，创新思维的培养也至关重要，它不仅能够激发个人潜能，促进个人成长，还能够推动产业的进步和社会的发展。

（二）教育者和教育机构调整培养策略

面对全球化竞争加剧下的技能需求变化，高等教育机构在培养创新创业工匠的过程中必须做出相应的调整。这包括但不限于课程内容的更新，教学方法的创新，以及实践机会的增加。课程内容需要与时俱进，反映最新的技术发展和市场需求。教学方法也应当鼓励学生的主动学习和批判性思维，帮助他们培养解决实际问题的能力。此外，通过增加实习、实训等实践机会，学生可以将理论知识与实际操作紧密结合，从而更好地适应未来的职场环境。

培养适应全球化竞争需求的创新创业工匠，要求教育者和教育机构不断探索和创新。这不仅是对学生的一种期望，更是对整个教育体系的挑战。在这一过程中，政府、高校、企业和社会各界应当形成合力，共同构建一个有利于工匠培养的生态环境，为创新型国家的建设贡献力量。

技术进步与创新模式的快速演变为创新创业工匠培养带来了前所未有的挑战。随着信息技术、智能制造、生物科技等领域的飞速发展，新技术不断涌现，对于工匠人才的培养提出了更高的要求。工匠在掌握传统技能的同时，还必须跟上技术的更新换代，掌握新的技术知识和技能，以适应未来市场的需求。

技术进步推动了创新模式的快速演变，从而影响了创新创业的路径和方法。例如，互联网、大数据和人工智能的发展为创新提供了全新的平台和工具，推动了产业结构的调整和升级。这要求创业工匠不仅要有深厚的专业知识和技能，还需要具备跨界融合的能力，能够在不同技术领域之间进行有效的整合，发挥创新的综合效应。

在技术快速演变的背景下，传统的教育和培养模式已经难以满足工匠人才培养的需求。因此，教育机构和企业需要探索更加灵活、开放的培养模式，比如通过实践项目、工作坊、创业孵化等形式，强化学习与实践的结合，促进学生的创新能力和实践技能的发展。同时，搭建校企合作平台，让学生在真实的工作环境中学习和锻炼，更好地适应快速变化的技术和市场需求。

快速演变的创新模式也要求创业工匠具有更加开阔的国际视野和更强的全球竞争能力。在全球化的经济背景下，工匠人才的培养不仅要立足本土，更要放眼世界，理解全球市场和技术发展趋势，把握国际合作和竞争的机遇与挑战。这就需要创新创业教育能够提供更多国际交流和合作的机会，帮助学生建立全球视野，增强跨文化交际能力。

数据安全和隐私保护在技术进步和创新模式演变中也成为一个重要的挑战。在大数据、云计算等技术的支撑下，创新活动可以更有效地收集和利用数据，但同时也带来了数据安全和隐私保护的问题。这要求创业工匠不仅要了解相关技术，还需要掌握数据安全和隐私保护的知识，确保创新活动符合法律法规的要求。

环境可持续性问题也是技术进步与创新模式快速演变中不可忽视的挑战。随着社会对可持续发展的重视，创新活动需要考虑其对环境的影响，推动绿色技术和可持续的创新模式。这要求创业工匠既要有强烈的环境意识，也要掌握相关的绿色技术和管理知识，以推动创新活动的可持续发展。

综上所述，技术进步与创新模式的快速演变为创新创业工匠培养带来了一系列新的挑战，包括快速变化的技术知识和技能需求、跨界融合能力的提升、灵活开放的培养模式的探索、国际视野和全球竞争能力的培养、数据安全与隐私保护的关注，以及环境可持续性的考虑。应对这些挑战，需要教育机构、企业和社会各界共同努力，不断探索和创新创业工匠培养的理论和实践，为社会培养能够引领技术进步和创新模式演变的高素质工匠人才。

在新时代的背景下，高校创新创业工匠培养面临着教育资源配置与产教融合的新挑战。这一发展趋势凸显了重要性与复杂性的融合，不仅要求高校在教育资源配置方面做出战略性调整，更加强调了产教融合的实践与创新。

教育资源配置的最大挑战在于如何高效、公平地利用有限的资源，以满足日益增长的创新创业教育需求。在实践中，这不仅涉及课程内容、实验设施的优化，也包括教育技术和信息化工具的应用，以及外部合作资源的整合能力。教育资源配置的目标在于创造一个多元化、开放式的学习环境，这样的环境可以促进知识的交流与共享，激发学生的创新潜能和创业精神。

产教融合作为教育资源配置的延伸，面临的挑战则更加多元。产教融合要求高校与企业、行业之间建立更紧密的合作关系，共同参与课程开发、实践教学和科研项目等。这种合作模式旨在缩小理论与实践之间的鸿沟，让学生能够直接接触到行业的最新发展和技术应用。然而，如何平衡学术自由与市场需求、如何确保教育质量在合作中不受侵蚀、如何构建长期稳定的合作机制都是产教融合过程中必须面对和解决的问题。

同时，新技术的快速发展对高校教育资源的配置和产教融合提出了更高要求。例如，人工智能、大数据、云计算等技术的应用不仅改变了教学方法和学习方式，也为定制化学习和远程教育提供了可能。高校需要不断更新教育资源配置策略，利用新技术优化学习环境和教学过程，同时也需要与产业界密切合作，确保教育内容和技能训练紧跟行业发展的步伐。

教育公平是教育资源配置的另一个重要挑战。在追求创新创业教育质量的同时，高校必须关注教育资源的公平分配，确保所有学生都有机会接触到优质的学习资源和实践机会。这不仅涉及经济困难学生的资助政策，也包括针对不同地区、不同背景学生的差异化教学设计。

对于高校来说，实现教育资源配置与产教融合的有效结合，需要不断创新思维和策略。构建跨学科的课程体系、推进教学方法和评价机制的改革、促进校企合作的深度发展，都是应对这些挑战的有效途径。同时，也需要高度重视师资队伍的建设和专业发展，提升教师的产业敏感度和实践能力，以更好地引导和支持学生的创新创业活动。

在未来，随着全球化和技术革新的加速，教育资源配置和产教融合将面临更加严峻的挑战。但通过不断适应、创新和改进，高校创新创业工匠培养可以充分发挥其在新时代教育变革中的引领作用，为学生打造一个既具有挑战性也充满机遇的学习和发展环境。

第二节 未来发展战略与规划建议

一、战略定位与目标设定

（一）高校与行业相结合，形成特色鲜明、优势互补的人才培养模式

行业趋势与高校角色定位对于新时代湖南高校在培养创新创业工匠方面具有重要的引导和推动作用。在当今日益激烈的全球竞争环境中，对高校而言，紧密跟随和预判行业发展趋势，精准定位其在创新创业教育中的角色，已经成为培养具有国际竞争力创新创业人才的关键。

随着科学技术的快速发展，尤其是信息技术、人工智能、大数据等新兴技术的广泛应用，传统行业正在经历深刻的变革，同时也催生了一大批新兴行业。这些变化对高校创新创业教育提出了更高要求，不仅需要培养学生的专业技能，还要强化其创新意识和创业能力，培育学生适应未来职业发展的综合素质。在这一过程中，高校需充分利用自身科研、教育和人才培养等优势，与行业发展趋势相结合，形成特色鲜明、优势互补的人才培养模式。

首先，高校必须深入研究和掌握行业发展趋势，结合地方经济社会发展需要，针对性地设置专业和课程。通过与行业企业的紧密合作，开展实践教学和项目研究，为学生提供更多接触真实工作环境的机会，从而提升其解决实际问题的能力。

其次，高校应加强与国内外知名高校和研究机构的交流合作，引进先进的教育理念和教学方法，不断提升教学质量和科研水平。通过建立开放、灵活的学习平台，鼓励学生跨学科学习和研究，培养其综合素养和国际视野。

再次，创新创业教育不能仅仅停留在知识传授层面，更重要的是要注重培养学生的创新思维和实践能力。高校可以通过举办创新创业大赛、创业孵化项目等活动，为学生提供展示自我、实践创意的舞台，同时，也为他们搭建与企业家和投资人交流的桥梁，增加获得投资和合作的机会。

最后，高校还需加强对学生创新创业精神的培育，通过课堂教学、讲座、研讨等多种方式，增强学生面对挑战和失败的勇气与韧性，激发其持续创新和自主创业的动力。

（二）高校自身角色定位

高校在定位自身角色时，应将自己视为创新创业教育的引领者、实践者和推广者。作为引领者，高校要通过整合资源，建立合作机制，引导社会各界重视和支持创新创业教育；作为实践者，高校要深耕教育教学改革，探索适应新时代要求的人才培养模式；作为推广者，高校还需通过系列活动和成果展示，将创新创业文化传播给更广泛的社会群体，营造良好的创新创业氛围。

在这一战略定位与目标设定的过程中，高校需密切关注全球科技前沿与行业发展动态，理清自身与行业发展的关系，找准角色定位，不断优化和创新创业教育内容和方式，以适应不断变化的社会需求，最终实现以创新引领发展，以创业带动就业，为社会培养出更多高质量的工匠精神人才，促进社会经济的持续健康发展。

长期发展目标与近期行动方针是高等教育机构在新时代背景下，对于创新创业工匠培养机制进行深入探索与实施的关键内容。这一主题的探讨，旨在横向对比国内外高校的成功经验，纵向贯穿创新精神与工匠精神的历史与现实，以此为基础，制定出符合湖南高校发展现状与未来趋势的战略规划。

在长期发展目标的设定上，湖南高校需要明确其在创新创业教育领域的战略地位，即成为国内领先、具有国际影响力的创新创业教育示范区。这一目标的实现依托于高校深耕创新教育资源，整合行业、学术和研究资源，构建开放、共享、互动的创新创业教育生态系统。在此基础上，高校还需培养一批具有全球视野、创新精神和工匠精神的领军人才，为社会提供持续创新的动力源泉。

近期行动方针方面，则更侧重于具体操作策略和步骤，以实现长期发展目标的阶段性进展。首要行动是加强师资队伍建设，通过引进国内外优秀教师和创业导师，提升教育教学质量。同时，加大投入，建设与创新创业相关的教学及实验实训设施，为学生提供实践的平台与资源。除此之外，制定针对性的课程体系改革方案，强化学生的创新意识和实践能力，以及企业家精神教育，为学生日后投身创新创业活动打下坚实的基础。

在此基础上，高校应深化产学研合作，通过建立合作机制，联合企业与研究机构共同参与教学科研项目，为学生提供多元化的学习与实践机会。另外，高校还需要积极探索创新创业教育的国际化路径，如开展国际创新创业教育合作项目，增强学生的国际竞争力和全球视野。

在政策支持方面，湖南高校要主动对接国家和地方相关创新创业政策，争取更多的政策资源和资金支持。同时，建立健全创新创业激励机制，通过奖学金、创业基金、技术支持等多种形式，鼓励并支持学生和教师参与创新创业活动。

教育评价体系也是近期行动方针中不可忽视的一环。高校需对现有的教育评价体系进行改革，建立一套科学、合理、多元化的评价体系，真正将创新能力、实践能力和工匠精神作为学生评价的重要标准，促使学生在创新创业道路上不断前行。

通过上述长期发展目标与近期行动方针的实施，湖南高校将在新时代背景下，为创新创业工匠培养机制的创新与发展注入新的活力，助推湖南乃至全国高等教育事业的发展，培养出更多具有创新精神和工匠精神的高素质人才，为社会经济的发展贡献力量。

跨领域合作与资源整合策略在新时代湖南高校创新创业工匠培养机制中占据重要位置。这一战略旨在通过打破传统学科壁垒，促进不同领域间的沟通与合作，实现知识、技术、人才及其他资源的有效整合，从而为学生提供更为广泛和深入的创新创业教育与实践机会。

跨领域合作首先要求教育机构在课程设计、项目实施与研究活动中，提倡并实践跨学科的思维方式。这种做法能够激发学生的创新思维，提高解决复杂问题的能力。具体而言，可以通过设置跨学科课程、组织多学科交叉的项目团队、开展跨领域的科研活动等方式，促进不同领域知识和技能的交叉融合。

资源整合方面，建议高校加强内部与外部资源的连接和共享。内部而言，高校应优化资源分配，建立并完善教育、科研、产业等多方面资源的共享机制，以促进资源的高效利用。对外则应积极拓展与企业、研究所及其他教育机构之间的合作，通过建立联合实验室、共同举办研讨会和论坛、共享研究成果等形式，形成资源共享和成果转化的有效渠道。

此外，高校与企业间的紧密合作是跨领域合作与资源整合的重要方面之一。通过实施产学研一体化战略，不仅能够为学生提供实践实习的机会，增强其创新创业能力，还能促进高校科研成果的技术转移和产业化，实现学校与企业的共同发展。

对于目标设定而言，跨领域合作与资源整合策略需要明确以下几点：一是提升学生的综合素质和创新创业能力；二是推动高校科研成果的转化和产业升级；三是形成开放、协同、高效的创新生态系统。这些目标不仅指引着战略实施的方向，也为评估策略的效果提供了标准。

实现跨领域合作与资源整合，还需要高校建立相应的支撑体系。这包括制定灵活多样的政策措施，激励教师和学生参与跨领域项目；构建有效的沟通协调机制，确保不同学科、不同部门间的顺畅合作；提供必要的物质和财务支持，为跨领域活动的开展创造良好条件。

面对未来，跨领域合作与资源整合策略要适应国内外教育和科技发展的新趋势，不断更新合作模式和整合方式。特别是要充分利用信息技术，比如人工智能、大数据等，推动教育内容、方式、管理等各方面的创新，以更好地服务于学生的全面发展和社会的长远需求。

这种跨领域合作与资源整合不仅有助于优化培养机制，提升创新创业教育的质量和效率，同时也为高校自身的转型发展提供了新的机遇。通过这种持续的探索和实践，湖南的高校将能够培养出更多适应新时代要求的创新型、创业型工匠人才，助力社会经济的全面发展。

二、发展路径与规划建议

（一）优化多元化合作模式

多元化合作模式优化对于湖南高校创新创业工匠培养具有至关重要的作用。通过打造一个综合性、多元化的合作生态系统，可以为学生提供更为广阔、深入的实践与学习平台，从而提升其创新创业能力以及工匠精神的培养。

在当前时代背景下，高校之间以及高校与企业、科研机构之间的合作已成为趋势。然而，要实现更加深入的合作模式优化，需要从以下几个方面着手：

一是推动校际合作，打破地域、学科的界限，利用不同高校间的资源优势，共享教育资源。例如，高校可以通过建立创新创业教育联盟，共同开发课程与项目，实现教学资源的互补与共享。这不仅有助于提升高校的教育质量，也能为学生提供更多样化的学习机会。

二是拓展与企业的合作，构建产学研一体化创新生态。高校应与行业内的领先企业建立稳固的合作关系，依托企业的实践平台与技术资源，共同设计创新项目与实习实训基地。通过企业导入的实际问题驱动教学内容的更新，既可以增强学生的实践操作能力，也能促进学生工匠精神的培养，增强其解决实际问题的能力。

三是利用现代信息技术，建立虚拟合作平台，打破时间与空间限制。高校可以利用信息技术手段，如在线教育平台和虚拟实验室，与国内外的高校、科研机构、企业进行远程合作。这种方式不仅可以扩大合作的范围，还可以提高合作的效率与质量，为学生提供更加丰富多元的学习资源与合作机会。

四是加强与政府及社会机构的合作，共同构建创新创业生态系统。高校应积极响应政府关于创新创业教育的各项政策和措施，与政府机构、非营利组织以及行业协会等建立合作关系。通过共同举办创新创业比赛、研讨会、工作坊等活动，不仅能够为学生提供一个展示自己的平台，同时也能够吸引更多的社会资源投入到创新创业教育中。

通过优化多元化合作模式，可以使高校在创新创业工匠培养方面形成合力，打造具有综合竞争力的人才培养体系。这种体系不仅能为学生提供理论与实践相结合的教育模式，还能为他们未来的职业发展奠定坚实的基础。为实现这一目标，高校需要在战略层面进行规划，将合作教育模式的实施视为提升教育质量与效果的重要手段，不断探索与实践，以适应新时代对高素质创新型人才的需求。

（二）创新教育生态系统的构建

创新教育生态系统的构建是面向未来，推动湖南高校创新创业工匠培养机制向更广阔领域和更高层次发展的关键所在。这一系统的目标在于整合教育资源，激发创新活力，培养具有创新精神和实践能力的高素质人才。在这一框架下，多方面的要素需要紧密配合和相互作用，以形成一个持续自我完善和进化的教育环境。

构建创新教育生态系统首要关注的是创新教育理念的更新。这意味着高校需摒弃传统的知识填鸭式教育模式，转而采用以学生为中心，以问题为导向的教育方式。学生应被鼓励进行跨学科学习，结合理论与实践，通过解决实际问题来学习新知识和技能。这种教育理念的转变将促使学生主动求知、勇于创新，更好地适应未来社会的需求。

紧跟教育理念的更新，高校需要构建多元化、开放式的教育资源平台。这涵盖了课堂教学资源、在线学习资源以及实践操作平台。教学资源不再仅限于教科书和传统的教学大纲，而是包括最新的科技发展、产业动态和国际视野的融合。在线教育平台和MOOC的利用可打破时空限制，为学生提供更加灵活、个性化的学习体验。此外，通过与企业和研究机构的合作，建立实验室、创新工作室和孵化器等实践平台，为学生提供将理论应用于实践、进行科研创新和创业实践的机会，这是培养未来工匠精神和实践能力的关键。

人才培养机制的创新也是构建教育生态系统的重要环节。高校应根据社会和产业发展的实际需求，设计和优化专业课程，培养学生的多元化技能和综合素养。通过设立创新创业教育课程、举办竞赛、研讨会和讲座等多种形式，施行灵活多样的教育教学方法。同时，鼓励师生共同参与科研项目和创新实践活动，加强师生之间的互动和交流，提升教育的实效性和吸引力。

此外，高校还需加强校际、地区间以及国际的合作与交流。通过建立合作网络，共享教育资源，进行学术和科研成果的交流，能有效提升整个教育生态系统的创新能力和竞争力。特别是与海外高校和研究机构的合作，可以引进国际先进的教育理念和教学方法，为学生提供更加广阔的视野和学习机会。

构建创新教育生态系统是一项系统工程，需要政府、高校、企业和社会各界共同努力。政府应提供政策引导和支持，为创新教育活动提供充足的资金和资源保障。高校需不断探索和实践，形成自己独特的教育模式。企业和产业界应与高校紧密合作，共同开发适应市场需求的创新人才培养项目。此举不仅能促进教育资源的有效利用和优化，也将为社会培养出更多具有创新意识、创业能力和社会责任感的高质量人才，为未来的社会发展提供强大的智力支持和人才保障。

在新时代湖南高校创新创业工匠培养机制探索中，人才培养质量监控与评估机制的完善是核心部分。这一主题的关键在于构建一个全面、科学、高效的质量控制系统，确保人才培养过程的优化和人才输出质量的提升。随着教育领域的持续变革以及新技术的应用，传统的评估和监控机制已经难以满足当前高校创新创业教育的需求，因此，探索更加前瞻性、适应性强的评估体系显得尤为重要。

（三）质量监控与评估机制的完善

质量监控与评估机制的完善应该从多个维度进行构思。首先，建立一个动态的评估体系尤为重要。这意味着评估标准和方法应当根据教育内容的更新、社会需求的变化、学生能力发展状况等因素进行相应的调整，确保评估体系具有时代性和前瞻性。例如，通过引入项目化评估、过程性评估与结果性评估的方法，既能全面反映学生的学习过程，又能准确衡量教育成果的实际应用价值。

其次，强调数据驱动的评估机制。高效的数据收集、处理和分析能力是确保评估质量的关键。通过建立大数据平台，汇聚教育活动数据、学习行为数据、成果转化数据等，利用数据挖掘、人工智能等技术对数据进行深度分析，可以为教学改革提供科学依据，同时为学生提供个性化的学习和发展方案。

再次，注重多元主体的参与。传统的评估主体通常局限于教师和教育管理者，但在创新创业教育中，企业、行业协会、校友以及社会各界人士的意见和反馈同样重要。通过建立校企合作机制、邀请行业专家参与课程设置和评估标准制定、组织校友和社会各界进行项目评审，可以确保教育内容和评估标准更加贴近实际，同时增加教育活动的透明度和公信力。

最后，完善教师发展机制也是质量监控不可或缺的一部分。教师是教育活动的直接执行者，其教学能力和创新意识直接影响教育质量。因此，高校应建立教师能力提升计划、促进教师教学方法与内容的创新，为教师参与创新创业教育研究和项目实践提供支持和激励。通过设立创新教学奖励机制、提供教育研究基金支持等措施，激发教师的创新教学热情，提升教育活动的质量和效果。

在具体操作中，应用评价结果反馈机制也是提高培养质量的重要策略。这包括及时向教师和学生反馈评估结果，以便及时调整教学策略和学习方法。同时，通过定期发布教育质量报告、组织教育质量论坛等活动，不仅可以增强教育质量监控的透明度，还可以促进高校之间的经验分享和互学，共同推动高校创新创业教育的质量提升。

综上所述，人才培养质量监控与评估机制的完善需要高校在评估体系构建、数据利用、多元参与、教师发展及反馈机制等方面进行综合考量和创新实施。通过这样一个多维度、动态调整、包容开放的评估与监控体系，可以有效提高人才培养的质量和效率，为湖南乃至全国高校创新创业教育的发展贡献力量。

第三节 对未来湖南高校创新创业教育的展望

一、教育理念的不断更新与发展

在当今世界，教育已成为国家竞争力的核心要素，尤其是高等教育在全球创新与发展中发挥着举足轻重的作用。随着全球化的加深，全球教育趋势对本土教育改革与创新提出了新的要求。湖南高校在践行创新创业工匠精神的过程中，必须深度融入全球教育趋势，通过本土教育创新不断提升自身竞争力。

（一）本土教育创新

融入全球教育趋势的本土教育创新，涉及多个方面。首要的是理念更新。全球化背景下的教育理念，强调的是开放性、包容性与协同性。湖南高校应积极拥抱这一理念，打破学科壁垒，推动跨学科、跨文化的教学和研究，促进学术的国际化与市场化。此外，教育的个性化和多元化也是未来发展的必然趋势。湖南高校需要根据社会需求和学生特点，设计灵活多样的教育方案，既满足个体发展，又适应全球化的人才培养需求。

教育内容的更新也是重要一环。随着科技的快速发展和知识更新速度的加快，传统知识体系和教学内容已难以满足新时代的要求。湖南高校必须紧跟时代步伐，不断更新教育内容，特别是加强创新创业教育和科技前沿知识的融入，培养学生的创新意识和实践能力。同时，高校应重视培养学生的全球视野和国际竞争力，加强外语教学和国际交流，使学生能够适应全球化的工作环境。

教学方法的创新也十分关键。传统的填鸭式教学已经难以满足现代教育的需求，更加注重学生主体性、互动性和实践性的教学方法成为趋势。湖南高校应采用项目式学习、翻转课堂、在线开放课程等现代教学方法，提升教学效果和学习兴趣。同时，高校还应加大对教育科技的投入，利用大数据、人工智能等新技术提高教学质量和管理效率。

教育评价机制的改革也是本土教育创新的关键。传统的以考试成绩为主的评价体系，已经难以全面反映学生的综合素质和能力。湖南高校应探索多元化、个性化的评价方法，如过程评价、同伴评价、自我评价等，注重评价的发展性和导向性，真正实现以评促学、以评促教、以评促改。

（二）本土文化的传承与发展

在融入全球教育趋势的同时，湖南高校还需要注重本土文化的传承和发展。高校应将湖湘文化融入教学内容和校园文化之中，培养学生的文化自信和民族自豪感。通过本土文化和国际视野的结合，既能够增强学生的全球竞争力，又能够促进中国文化的传播和发展。

综上所述，湖南高校在新时代背景下，要积极探索与全球教育趋势融合的本土教育创新路径。通过理念更新、教育内容和教学方法的创新、评价机制的改革以及本土文化的传承，不断提升高校的教育质量和创新能力，为培养具有全球视野和创新创业精神的高素质人才奠定坚实基础。

在新时代的教育背景下，湖南高校创新创业教育正面临着前所未有的挑战与机遇，尤其是在培养具备创新创业精神和实践能力的工匠型人才方面。教育理念的不断更新与发展要求我们必须从多个维度去探讨与实施策略，其中之一就是跨学科学习与实践的深度融合。这一策略不仅能够推动传统教育模式的转型，更是培养新时代工匠精神的关键所在。

跨学科学习与实践的深度融合，旨在打破学科间的隔阂，促进不同学科知识的交流与整合，进而为学生提供一个全方位、多角度的学习生态环境。这种学习模式鼓励学生将来自不同学科的理论知识应用到实际问题的解决中，拓宽了他们的知识视野，增强了解决复杂问题的能力。

在实施跨学科学习与实践中，高校可以构建多学科交叉的课程体系，通过项目式学习、案例教学等形式，将学生置于真实或模拟的复杂问题情景之中，引导他们运用来自不同学科的知识与方法，共同探索问题的解决之道。这种教学模式不仅加深了学生对知识的理解，还锻炼了他们的团队合作能力、创新思维和实践操作能力。

此外，高校还需加强与产业界的合作，将企业真实的创新创业项目引入课程中，让学生在解决实际问题的过程中学习新知识、发展新技能。这种校企合作模式不仅能够让学生提前接触和适应未来职场的需求，也为企业输送了具备跨学科背景和实践经验的高素质人才。

在推动跨学科学习与实践的深度融合的过程中，教师的角色也发生了转变。教师不再是单一学科的知识传授者，而是成为学生学习过程中的引导者、协作者和问题解决者。因此，高校需要通过培训等形式，提升教师的跨学科教学能力，使其能够有效地支持学生跨学科学习与实践活动。

跨学科学习与实践的深度融合，对于高校来说是一场深刻的教育变革。这种变革要求高校在课程设计、教学方法、评价体系等方面进行全面的创新，以适应新时代对创新创业工匠人才的培养要求。尽管这一变革过程将充满挑战，但只有不断探索、勇敢实践，才能真正实现教育理念的不断更新与发展，为湖南乃至全国高校创新创业教育的发展做出积极贡献。

二、教育模式的持续创新与优化

（一）在线与离线资源的融合

在新时代的高校创新创业教育中，融合在线与离线教学资源不仅是一种势在必行的趋势，也是推动教育模式持续创新与优化的重要手段。这一教育模式的核心在于打破传统教育的时空限制，利用现代信息技术手段，实现资源的最大化利用和教学效率的最大化提升。

在线教学资源具有开放性强、容易获取、更新速度快的特点，能够为学生提供大量最新的学术资料和研究成果，极大地拓展了学习的深度和广度。通过在线平台，教师可以将教学内容数字化，学生可以根据自己的学习进度灵活选择学习时间和学习内容。这种方式在提高学生自主学习能力的同时，也能够让教师更好地跟踪学生的学习进程，及时给予反馈和指导。

离线教学资源则主要包括传统的课堂讲授、实验实训、社会实践等形式。这些资源侧重于提供直接的人际交流和实践操作的机会，有助于学生固化和深化在线学习的内容，同时培养学生的团队协作能力和解决实际问题的能力。

（二）在线与离线资源的融合途径

融合在线与离线教学资源，意味着将这两种资源的优势进行有机结合。具体而言，可以通过以下几个方面实现：

① 建立统一的教学资源平台。高校可以搭建一个集在线学习资源上传、下载、分享以及离线教学资源预约、反馈等功能于一体的平台，方便师生更高效地进行教学活动。

② 实施混合式教学模式。混合式教学模式将在线学习与传统课堂教学有机结合起来，既能够让学生通过在线平台自主学习，又能够通过课堂交流和实践活动加深理解和掌握。

③ 优化课程设计。课程设计应充分考虑在线与离线资源的特点和优势，合理分配学习内容和学习时间，使在线学习与离线学习相辅相成，相互促进。

④ 加强教师培训与支持。教师是实现在线与离线教学资源融合的关键，高校应定期举办教学方法和技术培训，帮助教师掌握混合式教学的技巧，提高教学效果。

通过融合在线与离线教学资源，高校创新创业教育将能够更好地适应新时代的教育需求，充分挖掘每位学生的潜能，培养出更多具有创新精神和实践能力的优秀人才。这种教育模式的持续创新与优化，不仅能够提升教学质量和学习效率，还能够为学生提供更为丰富多样的学习体验，助力学生全面发展。随着教育技术的进一步发展和应用，未来湖南高校在创新创业教育领域的探索与实践将会更加深入，对推动社会经济发展和科技进步具有重要意义。

（三）跨学科教育合作模式

跨学科教育合作模式在未来湖南高校创新创业教育领域中占据了至关重要的地位。这种模式旨在打破传统学科界限，通过不同学科间的合作与交流，培养学生在多元化知识背景下的创新能力和实践能力。由于各学科拥有各自独特的视角和方法，跨学科教育合作能够为学生提供一种全新的学习体验，进而激发他们的创新思维和解决问题的能力。

在跨学科教育合作模式中，教育机构可以利用不同学科之间的互补性，设计出富有挑战性的项目任务，鼓励学生从多个角度思考问题，形成全方位的解决方案。这种模式下，学生不仅能学到专业的知识技能，还能学会如何在团队合作中沟通协作，如何在不同学科知识的融合中寻找创新的灵感。

与此同时，跨学科教育合作模式也促进了教师之间的合作。教师们可以共同开发课程，分享教学资源，定期举办研讨会，探讨教学方法和实践经验。这种跨学科的教师合作不仅丰富了教师自身的教学内容和方法，也为学生创造了更加开放和灵活的学习环境。

为了有效实践跨学科教育合作模式，高校需要制定具体的策略和措施。比如，建立跨学科教育平台，提供共享资源，促进不同学科之间的交流与合作；调整课程设置，增加跨学科项目课程，让学生有机会参与到跨学科团队中；还可以设立跨学科创新实验室，搭建创新创业项目的孵化平台，为学生的跨学科合作与创新项目提供物质和技术支持。

此外，跨学科教育合作模式还要求高校改进评价体系，采取更为全面和灵活的评价标准，不仅评价学生在专业学科的学习成果，还要评价他们在团队合作、跨学科交流和创新能力等方面的表现。这种全方位的评价体系有利于激励学生积极参与跨学科学习和创新实践，同时也有助于教师对教学效果进行及时调整和优化。

实施跨学科教育合作模式，对学生、教师乃至高校管理层都提出了新的要求。学生需要具备开放的心态和良好的学习适应能力，教师则需掌握跨学科教育的方法和策略，高校管理层则要为跨学科合作创造有利条件，包括优化管理架构、提供资金支持和技术设施等。只有如此，跨学科教育合作模式才能在高校创新创业教育中发挥出应有的效果，真正促进学生的全面发展和创新能力的提升。

随着科技与社会的不断进步，未来的工作和生活将更加强调跨学科知识的综合运用和创新能力。因此，跨学科教育合作模式不仅是当前高校教育改革的重要方向，也是培养新时代学生适应未来社会的必经之路。通过持续的创新与优化，跨学科教育合作模式将更加成熟和完善，为湖南乃至全国的高等教育事业做出更大的贡献。

（四）产学研一体化实践平台建设

产学研一体化实践平台建设，是指在高校中实施产、学、研紧密结合的创新教育和培养模式，通过校企合作、科研项目协同、创新实践基地共建等方式，促进学生理论与实践能力的双向提升，为社会和行业输送具有创新精神和实践能力的高素质人才。

在这一模式下，高校以市场需求为导向，背靠科研实力，前瞻布局，通过与企业、研究所等社会资源的深度融合，打造具有特色的教育教学体系。企业在参与人才培养过程中，不仅提供实习实训基地，还将最新的技术问题、研发需求引入校园，成为教学研究的直接对象，实现教学内容和技术前沿的同步更新。

此外，产学研一体化实践平台还强调跨学科融合，鼓励学生跳出专业边界，围绕项目展开跨学科学习和团队合作，通过解决实际问题来深化对专业知识的理解并拓宽视野。此举有助于培养学生的系统思维和创新设计能力，使其能够适应快速变化的社会和工业需求。

建设产学研一体化实践平台，也意味着教师队伍构建的转型。教师除了传授理论知识外，还需要具备一定的工程实践和科研项目经验，能够引导学生在实践中学习，在解决实际问题的过程中提升自我。这不仅要求教师定期走出校园，深入企业和研究所进行学习和交流，也鼓励企业的工程师和科研人员作为兼职教授、讲师进入高校，分享最新的行业动态和科研成果。

为了让产学研一体化实践平台的建设发挥最大效能，还需要建立相应的激励和评价机制。对于参与平台建设的教师、学生和合作企业，应根据其在人才培养、科学研究、成果转化等方面的贡献，给予适当的奖励和支持。同时，建议制定细致的评价标准和流程，定期对平台的运行效果进行评估和优化，确保其持续发展和适应时代变化的需要。

产学研一体化实践平台的建设，也需要高校在制度和机制上做出相应的调整与优化。比如改革人才培养方案，将一体化实践活动纳入学生的培养计划和学分体系，形成具有实践特色的人才评价标准；改善科研管理制度，鼓励教师围绕产学研平台开展科研项目，促进科研成果的转化应用；加强与地方政府、行业协会的联系，为平台建设争取更多的资源和政策支持。

通过上述路径，产学研一体化实践平台能够在培养创新创业工匠人才方面发挥核心作用，将高校教育与社会需求紧密对接，为学生提供广阔的实践和创新平台，同时也为地方经济的发展和产业升级注入新的活力和动力。随着时间的推移，这种教育模式意味着不仅能为学生提供更为全面和深入的学习经验，也为高校创新教育模式提供了有力的范例。

（五）学生个性化发展路径规划

在未来湖南高校的创新创业教育中，学生个性化发展路径规划将成为一项核心的发展策略。这项策略的目的在于通过深入地挖掘和满足每一个学生的独特需求和潜力，从而促进学生全面而均衡的成长，增强其在创新创业领域的实际操作能力和创新思维能力。

在实施个性化发展路径规划时，教育者需深刻理解学生的个人特点，包括兴趣、能力、学习风格和职业发展目标等，这要求教育者不仅要具备高度的专业素养，还要有着细致入微的观察力和同理心。通过全面的了解，教育者能够为学生设计出更加合理、个性化的学习计划和职业发展策略，使教育更加贴近学生的实际需求，从而有效提升学生的学习动力和创新创业能力。

个性化发展路径的规划还需要高度的灵活性和开放性。随着社会的快速发展和创新技术的不断涌现，新的职业岗位和技能要求也在不断地变化中，这就要求教育模式能够快速适应这些变化，及时调整和优化学生的个性化发展路径。为此，教育者需要密切关注行业动态和发展趋势，通过构建与行业紧密相连的学习平台和实践基地，为学生提供丰富的实践机会和前沿知识学习，确保教育内容和方法的时效性和前瞻性。

此外，技术的应用在学生个性化发展路径规划中起着至关重要的作用。现代信息技术，尤其是大数据、人工智能等新兴技术的运用，能够帮助教育者更精准地把握学生的学习进度和能力发展状态，实现教育资源的个性化匹配和推荐。例如，通过智能教学系统搜集学生的学习数据，系统能够根据学生的学习表现和进度，自动推荐适合学生的学习资料和课程，同时为教师提供决策支持，帮助其更好地进行教学设计和指导。

在个性化教育的实践过程中，促进学生自主学习和自我管理能力的培养也非常重要。学生应被鼓励根据自己的兴趣和职业规划，主动参与到学习计划和职业发展策略的制定中来，学会设置合理的学习目标，评估学习成果，不断调整与优化自己的学习方式和路径。通过这种方式，学生可以更加主动地规划自己的学习和未来，增强适应未来变化的能力。

实现学生个性化发展路径规划，还需要构建多元化的支持系统。这包括师资队伍的建设、课程体系的优化、学习资源的丰富以及评估机制的改进等。其中，师资队伍的建设是基础，需要吸引和培养一批既懂得创新教育理念，又熟悉创新创业实践的教师；课程体系的优化，要求课程内容不仅要紧跟科技和产业发展的最新趋势，还要能够灵活调整，以适应不同学生的学习需求；学习资源的丰富化，意味着要通过线上线下多渠道，提供多样化的学习材料和交流平台，满足学生个性化学习的需求；评估机制的改进，则需要建立更加公正、全面、灵活的评价体系，以促进学生全面发展。

通过这些策略的实施，可以为学生提供一个更加个性化、灵活和开放的学习环境，有助于培养出更多具有创新精神和创业能力的工匠人才，为社会的发展做出更大的贡献。

三、教育质量的全面提升与保障

（一）深化教育评价体系改革

深化教育评价体系改革，对于提升湖南高校在新时代创新创业教育质量方面具有重要的意义。现阶段，教育评价体系作为衡量高校教育成效的关键指标，其科学性、合理性直接影响到教育质量的提升与保障。改革教育评价体系，意味着对现有评价体系中存在的问题进行系统性的分析与优化，确保评价体系更加全面地反映教育教学活动的各个方面，从而更准确地引导和促进教育教学质量的提升。

教育评价体系改革的核心在于打破传统的以考试成绩为主要评价指标的模式，转向更加注重能力培养和个性化发展的综合评价模型。这一转变不仅要求评价内容的多元化，也要求评价方式的创新。具体而言，评价内容应包括学生的知识掌握程度、创新创业能力、实践技能、团队协作能力以及社会责任感等多维度能力的评估。同时，评价方式也应从单一的笔试评价，拓展到项目评价、过程评价、实践评价等多样化评价方式，以更全面地反映学生的综合能力和素质。

此外，教育评价体系改革还需要建立以反馈为导向的评价机制。这一机制要求评价结果不仅仅用于学生的成绩认定，更重要的是要能够为教育教学活动提供反馈，指导学生学习方法的改进和教师教学方法的优化。具体来说，高校应建立定期的评价结果反馈与讨论机制，通过数据分析等方法，把握教育教学过程中的问题和不足，及时调整和优化教育教学策略，从而实现教育质量的持续提升。

进一步地，深化教育评价体系改革也需要加强对创新创业教育成效的评价。创新创业教育作为新时代高校教育的重要组成部分，其评价不仅要关注学生创新思维和创业能力的培养，还要关注创新创业项目的实际效益和社会影响。因此，高校应建立与创新创业教育相适应的评价指标体系，不仅评价学生在创新创业领域的知识和技能，也要评价他们的项目如何解决实际问题，如何促进社会进步。通过这样的评价，能够鼓励学生将所学知识运用到实践中，促进创新创业教育与区域经济社会发展的深度融合。

改革教育评价体系的目的，最终是为了更好地服务于学生个性化发展和能力提升的需求，促进高校教育内容、教育方法以及管理模式的全面创新。通过建立更加科学合理、全面反映教育教学实际情况的评价体系，可以有效促进学生全面、均衡发展，同时为社会培养更多符合新时代需求的高素质创新创业人才，为区域经济社会发展提供有力的人才支撑和智力支持。因此，深化教育评价体系改革是新时代湖南高校创新创业教育质量全面提升与保障的关键所在。通过这一改革，可以为学生提供更加公平合理的学习评价环境，为教师提供更加科学有效的教学指导，为高校提供更加精准的教育质量改进方向，共同推动湖南高校创新创业教育走向更加广阔的未来。

（二）加强师资队伍建设

在新时代湖南高校创新创业教育的发展过程中，加强师资队伍建设是确保教育质量全面提升与保障的关键环节。师资队伍是高校创新创业教育的基础与核心，他们的专业素养、教学能力以及创新意识直接影响到学生的学习效果和创新创业能力的培养。

为了加强师资队伍建设，湖南高校可以从以下几个方面入手。首先，高校需要提高教师的招聘标准，引进具有丰富创新创业经验和高级别学术成就的教师。这些教师不仅能向学生传授深厚的学科知识，还能分享他们在创新创业过程中的实际经验和教训，从而激发学生的创新热情和创业意识。

其次，高校应该加强对现有教师的培训和发展。这包括定期组织教师参加创新教育方法和创业指导技巧的培训课程，鼓励教师参与创新创业项目，以及提供机会让他们与企业、创业者进行交流合作。通过这些措施，教师能够不断更新自己的知识体系，提高教学和指导学生创新创业的能力。

再者，建议高校创建多元化的师资队伍。这意味着除了学术型教师外，还应该包含具有实际创业经历的企业家、行业专家以及外籍教师。这样的师资队伍能够从不同角度和层面为学生提供指导，并帮助他们建立更为广阔的视野和更为实用的能力。

此外，高校还应增强师资队伍的研究能力。鼓励和支持教师参与创新教育和创业实践的研究项目，促使他们在教学实践中不断探索和总结有效的创新创业教育模式。通过研究成果的分享和交流，可以不断完善和优化高校的创新创业教育体系。

最后，高校需要建立有效的激励机制，以激发教师在创新创业教育中的积极性与主动性。这包括为教师提供足够的时间和资源进行研究，为在创新创业领域取得突出成果的教师提供物质和荣誉奖励，以及建立教师职业发展通道，鼓励他们在创新创业教育领域不断进步和发展。

通过上述措施，可以有效加强湖南高校师资队伍的建设，为新时代的创新创业教育提供有力的人才支持和质量保障。强有力的师资队伍将成为高校创新创业教育成功的关键，有助于培养出更多具有创新精神和创业能力的高素质人才，从而推动社会经济的发展和进步。

（三）优化课程内容与教学方法

优化课程内容与教学方法是未来湖南高校创新创业教育质量全面提升的关键，这一战略的实施需紧密结合创新创业教育的根本目的和实践需求。为了培养具有创新精神和实践能力的工匠精神人才，高校须系统性地重构课程体系，刷新教学手段和内容，使之与时俱进，响应社会和产业的变革。

教学内容的优化，首要聚焦于实际应用与前沿技术的结合。高校应积极探索与地方企业、研究所的深度合作，整合行业资源，将真实的业界问题和案例引入课堂，让学生在解决实际问题的过程中学习和成长。这种教学模式不仅能增强学生的问题解决能力，也能培养他们的创新思维和实践技能，从而更好地适应未来的工作环境。

在教学方法的创新上，强调学生中心、互动参与的教学理念显得尤为重要。高校应采用项目导向学习、翻转课堂、工作坊式教学等现代教学方法，通过真实的项目任务驱动学习，促进学生的积极参与和团队合作，提升学习的主动性和实践性。例如，通过创建学生创业项目、参与企业实训、进行市场调研等活动，学生能在实践中深化理论知识，获得更为丰富的学习体验。

此外，课程内容的持续更新也是保证教育质量的重要一环。随着科技进步和社会需求的不断变化，高校应定期审视和调整课程内容，确保教学内容与时代同步，反映最新的技术发展和行业趋势。这不仅需要教师不断学习和研究，也需要建立起开放的课程更新机制，吸纳外部专家的意见和建议，形成校内外智库的联动，为课程内容的刷新提供强有力的支撑。

强化教师队伍的建设是实现课程内容与教学方法优化的基础。教师既是知识的传播者，也是技能的引导者和价值观的塑造者。因此，高校需通过引进和培养具有实战经验和创新意识的教师，提高教师队伍的整体素质。这包括对教师进行定期的创新教学法培训，鼓励教师走出校园、深入行业，参与科研项目和社会实践，这样不仅能丰富教师的实践经验，也能提升其教学效果和学生的学习效果。

结合实践的考核评价体系统一是对学生学习成效的重要反馈机制。传统的应试教育模式已经无法满足创新创业教育的要求，因此改革考核评价体系，采取项目成果、团队合作、实践操作等多元化评价方式，能更真实、全面地反映学生的学习成效，同时也激励学生注重过程中的积极探索和实际操作，进一步促进教育质量的提升。

综上，优化课程内容与教学方法是提高湖南高校创新创业教育质量的关键环节，这既需要教育内容的不断更新，保持与时俱进，也需要通过教学方法的创新，增强学生的学习兴趣和实践能力。同时，强化教师队伍建设，改善考核评价体系也是不可或缺的支撑措施。通过这些综合手段的实施，可以为未来湖南高校创新创业教育的质量全面提升提供保障，培养出更多符合新时代需求的创新创业工匠。

（四）加强校企合作与实践基地建设

在当今教育领域中，加强校企合作与实践基地建设已经成为提高教育质量的关键战略之一。在湖南高校的创新创业教育中，这一策略的实施尤为关键，它涉及如何更有效地整合资源、提高学生实践技能和创业能力的问题。

校企合作,一方面,为学生们提供了真实工作环境的实习机会。企业作为专业实践的场所，能够提供与学校教育相辅相成的实践经验。通过与企业合作，学生们可以直接参与到企业的项目中，实践他们在课堂上学到的理论知识。这种形式的教育不仅可以提高学生的专业技能，还可以培养他们的团队合作能力、沟通能力和解决问题的能力。

另一方面，企业也可以通过这种合作模式向学校提供反馈，帮助学校更好地调整课程设置，使教育内容更加贴近实际需要，进一步提升教育质量。此外，企业参与到教育过程中，还能够发现并培养潜在的优秀人才，对企业自身的发展也有着积极的促进作用。

实践基地建设是校企合作的另一重要方面。通过建立校内外的实践基地，学校可以为学生创造更多接触实际工作的机会，让学生们在学习的同时能够亲身体验和解决实际问题。这些实践基地可以是与企业合作的研发中心，也可以是学校自建的创新实验室或创业孵化器等。这样的实践基地不仅能够提供设备和资源，更重要的是能够提供一个开放的平台，鼓励学生进行创意思维的碰撞和创新项目的实践。

为了确保校企合作与实践基地建设的有效性，高校需要建立起一套完善的管理和运营机制。这包括但不限于建立校企双方沟通的桥梁、设计合作项目的评估体系、制定合作协议中的权益保障措施等。同时，高校还需要根据合作的具体情况，为不同的合作项目配备专业的指导教师，确保学生在参与实践活动时能够得到有效的指导和帮助。

通过上述措施的实施，湖南高校的创新创业教育将能够在教育质量全面提升的同时，更好地满足社会的需求。学生通过校企合作和实践基地的学习和实践，不仅能够更快速地适应未来的工作环境，而且还能够在创新创业的道路上走得更远。这样的教育模式，无疑会为湖南乃至全国的经济发展和社会进步贡献出更多有能力、有创新精神的年轻人才。

参 考 文 献

[1] 邵文佳,刘宇.基于“工匠精神”的应用型高校“双创”人才培养模式探究：评《做应用型人才创新创业教育的领航者》[J].中国教育学刊,2024(2):112.

[2] 王丽娜.建筑中的工匠精神对高校创新创业人才培养的启发[J].建筑结构,2022,52(21):164-165.

[3] 江佳雯.新时代高校工匠精神培养的路径与载体研究：基于大学生创新创业活动的视角[J].大众标准化,2022(8):126-128.

[4] 王超,黄达,王庚华.工匠精神视域下高校创新创业人才职业素养培养探析[J].产业创新研究,2022(1):157-159.

[5] 尹贞姬.基于工匠精神的高校创新创业人才培养模式的研究与实践[J].长春大学学报,2021,31(8):38-41.

[6] 朱利.“工匠精神”下高校双创人才培养策略与应用[J].食品研究与开发,2021,42(9):237.

[7] 马小卫,郭新荣.创新创业视角下高校学生“工匠精神”的培养策略[J].教育评论,2020,(11):101-105.

[8] 周红梅,林宪平.应用型人才培养与“工匠精神”的融合策略[J].中学政治教学参考,2020(27):88.

[9] 赵雷.“工匠精神”视域下的高校创新创业教育[J].食品研究与开发,2020,41(13):235.

[10] 吕凯,刘海霞.高校创新创业教育中工匠精神的培育策略[J].长春师范大学学报,2020,39(5):170-172.

[11] 李大军,邓玉华.地方应用型高校环境类创新创业人才培养路径与实践：以湖南工学院为例[J].科教文汇(下旬刊),2021(33):107-109.

[12] 雷东阳,旷浩源.面向新农科的高校农学类创新创业型人才培养模式探索与实践：以湖南农业大学种子科学与工程专业为例[J].教育现代化,2019,6(A0):5-7.

[13] 包本刚,程智开,谭娟,等.关于应用型地方高校创新创业教育培养途径的思考：以湖南科技学院为例[J].湖南第一师范学院学报,2019,19(5):85-89.

[14] 易慧玲.湖南科技学院：新常态下地方高校应用型旅游管理专业课程体系优化[J].当代旅游,2019,(10): 189-190.

[15] 周丽娟,温辉,邓晓军,等.创新创业教育融入高校人才培养体系的深度研究：以湖南工业大学为例[J].科技与创新,2019(17):17-19.

[16] 彭文武,陈晓亮,刘小凤,等.地方高校工商管理专业改造升级与“双创”教育联动路径研究[J].湖南工业职业技术学院学报,2019,19(4):75-78.

[17] 焦娜,王菁.应用型农林院校经济管理专业“双创”人才培养方案与模式研究[J].商业经济,2018(6):174-177.

[18] 陈强.地方高校基于创新创业教育人才培养的实践研究：以湖南城市学院为例[J].科教文汇(上旬刊),2016(25):27-28.

[19] 彭婷.中国梦背景下湖南高校创新创业人才培养研究[J].现代经济信息,2015(23):460.

[20] 李长云,朱艳辉,刘强,等.地方高校信息类“T”型人才培养模式研究与实践[J].企业科技与发展,2014(12):219-221.